ベターホームの

お料理一年生

この本を使われる方に

お料理は好きですか？　炊事に自信がありますか？　結婚前の若い女性や新米主婦はもちろんのこと、ベテラン主婦でも、いざ包丁を持ってみて迷うことが、けっこうあるものです。

あるいは、今まであたり前だと思ってやってきたことが、実はとんでもない自己流で、他にもっとずっと手ぎわよく、上手にできる方法があるのに気づくこともあるでしょう。

この本では、ふつうの料理の本以前の、基礎の基礎をとりあげています。あまりにも初歩的と思われることまで、あえてとりあげました。お母さんが娘と一緒に台所に立っているような本にしたのです。

素材も道具も、そして生活様式もどんどん変わっている現代に合うよう、昔からの知恵や技術を再検討し、合理的で役に立つ方法を選びました。

素材別に説明してありますが、文中に登場する、いわゆる料理用語は、巻末のさくいんにアイウエオ順に並べてあります。他の料理の本を見ていて、わからないことばが出てきたら、このさくいんで引いてください。

目次

キッチンメモ

野菜

肉・卵・乳製品ほか

調理の基礎

調理研究／ベターホーム暮らしの研究室　撮影／石塚英夫　黒部徹

PART 1

調理道具

台所はいろいろな道具でいっぱい。それなのに、どこかに不便を感じながら使っている…。結婚するのだけれど、何をそろえていいのかわからない…。そんな声がよく聞かれます。

おいしい料理を能率的に作るために、これだけはもっていたい、という調理道具をご紹介しましょう。

高価な、美しい調理道具より使いやすく、手入れしやすい器具を選ぶ目が大切です。

包丁

種類と使いみち

家庭で作る料理のほとんどは、牛刀1本でこなせます。さらに、細かい作業のためにペティナイフ、魚をおろすことの多い家庭なら、出刃包丁があると便利です。

刃の素材は大きく分けて、はがね、ステンレス、セラミックの3種。はがねやステンレスはとぐことができます。

選ぶときは何種類か握ってみます。軽すぎず、重すぎず、手にしっくりする重さが適当です。

牛刀 	肉・魚・野菜・パンなど万能向き
ペティナイフ 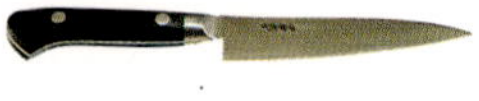	野菜・くだものの皮むきなど
出刃包丁 	魚をおろす・開く 骨を切る

包丁の各部分の呼び方

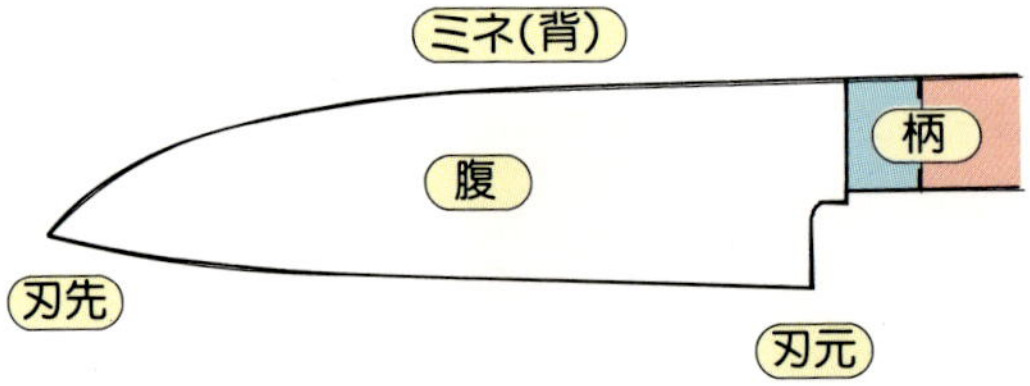

毎日の手入れ

ひとつの材料を切り終えたら、そのつど洗います。塩分や酸のあるものを切ったあとは、ていねいに。しまうときは湯をかけ、ふきんでふいて、完全に水気をとります。

はがねの包丁は、水気が少しでも残っているとさびます。ステンレス包丁でも、さびたものにふれるとさびることがあります。

1日の台所仕事の終わりに

1 平らな場所に刃をぴったりつけて置き、クレンザーをつけてこすります。あれば、だいこんやにんじんの切れ端の平らなところでこすると、傷がつかず、ピカピカになります。

2 みがき終わったら水洗いします。柄も忘れずに洗い、最後に湯をかけて、ふきんでふきます。はがねの包丁は、熱湯をかけると切れ味がにぶるので気をつけます。

包丁をとぐ

よく切れない包丁を使うと、材料の切り口がグズグズになってしまいます。見た目も悪く、材料の組織がこわれるので、味にも影響します。どんなによい包丁でも、手入れが悪ければナマクラ包丁になってしまいます。できれば10日に1度くらい日を決めて、とぐ習慣をつけましょう。

とぐ道具には、砥石《といし》のほかに、さまざまな簡易とぎ器、電動とぎ器があります。

砥石は粒子の細かさによって、種類がありますが、家庭では中砥《なかと》と呼ばれる、800~1000番のものを用意します。

刃こぼれした包丁は、凹凸がなくなるまでとげば使えます。とぎ屋さんや、刃物とぎを扱っている金物店などでやってもらいます。

1 たっぷりの水に砥石を浸します。小さな泡が出なくなるまでおいて、充分に水を含ませます（15分以上）。

2 ぬれぶきんの上に砥石をのせます。包丁の刃を手前に向けて斜めに置き、右手でしっかりと柄を持ちます。左手の中指を中心に包丁の腹にあて、刃を砥石にぴったりつけます。そのまま包丁を上下に30～40回動かします。

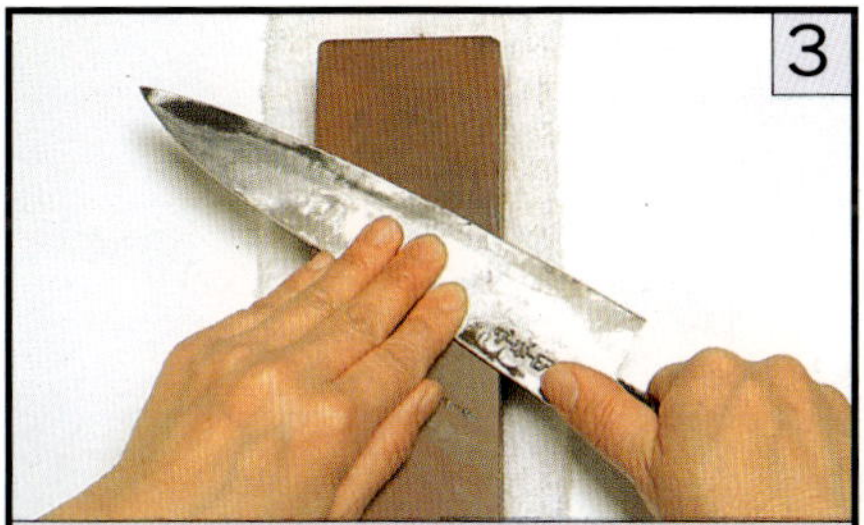

3 1度に全体をとげないので、ずらしながら、同じようにとぎます。包丁を裏返して同じことをくり返します。

4 最後に包丁のミネ側を2～3㎜くらい上げて角度をつけ、角度を一定に保ちながら、刃を10～15回とぎます。反対側も同様にとぎます。

▲といでいるうちに、ドロドロの液が出てきますが、これは研磨剤になるので、洗い流さずそのまま続けます。

▲角度を最後につける「平とぎ」という、初心者にもとぎやすい方法です。最初から刃先に角度をつけてとぐ方法もあります。

正しい姿勢

体の右側を少し後ろにして斜めに立ち、足は自然に開き加減にします。

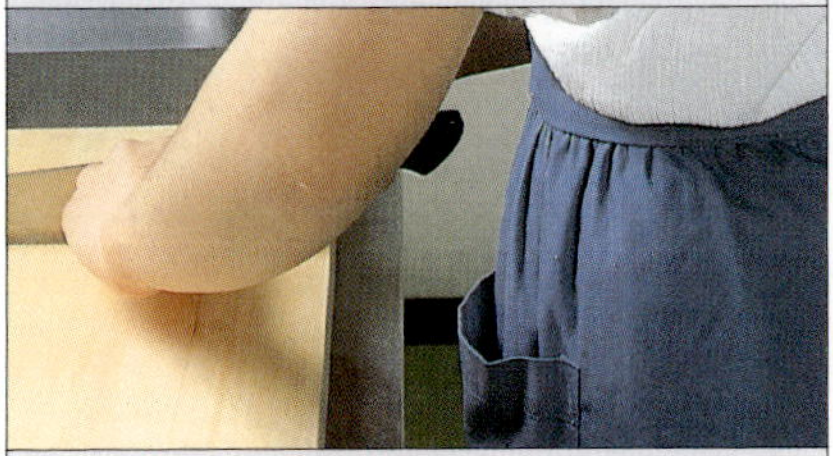

体を調理台から握りこぶしひとつ分くらい離します。

間違った姿勢をとると

体をまっすぐにして立つと、包丁がまな板に対して斜めになり、まな板の広さを有効に使えません。

正しい包丁の握り方（右ききの場合）

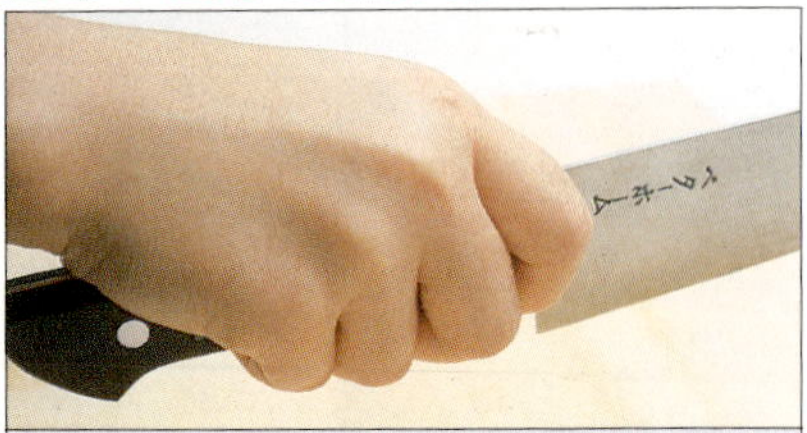

右手は、柄を手のひらで包むように持ちます。なるべく柄のつけ根をしっかり握ります。

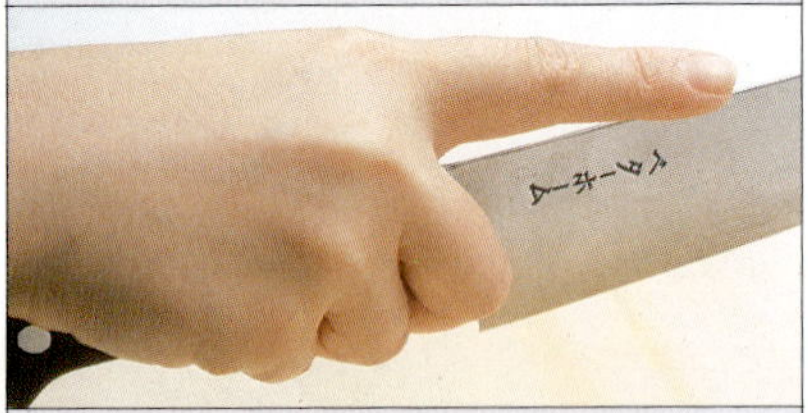

人さし指を伸ばし、包丁のミネにあててもかまいません。

左手で材料を軽く押さえる

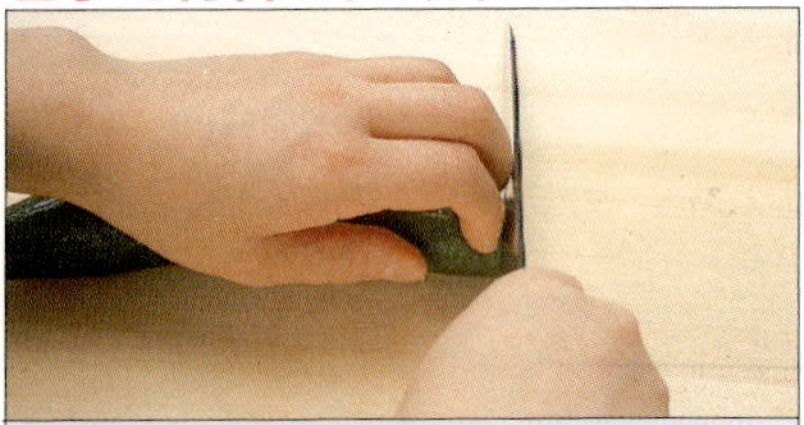

左手は、指を折り曲げ、中指の第１関節を包丁の腹にあてるようにします。この左手をずらすことによって、切る厚さを調節します。

これは危険！

指を伸ばしたり、親指で押さえたりすると、とても危険です。切り方も平均しません。

まな板

選ぶポイント

素材　水に強く、適度なかたさがあって、包丁の刃のあたりがよい、ひのきが最適です。

大きさ　適当な大きさがないと、切ったものがこぼれて不便です。

使い分ける

片面を野菜・くだもの用、反対側を魚・肉用と使い分けます。においが移るのを防ぐだけではなく、まな板を通して肉や魚の細菌が生野菜などにつかないようにするためです。使い始める前に、まな板の隅に目印をつけましょう。

正しい使い方

まな板が動かないように、ぬれぶきんをしぼったものを下に敷きます。

乾いたものを切るとき以外は、必ず水でぬらし、ふきんでふいてから使います。そうしないと、汚れやにおいがしみこみ、とれにくくなるからです。使ったあとは、必ずそのつど洗います。

魚や肉を切ったときは、まず水で洗ってから湯で洗います。いきなり湯をかけると、たんぱく質が固まり、汚れが落ちにくくなります。

手入れ

1日の台所仕事の終わりにクレンザーをつけ、たわしで洗います。水気をよくふき、風通しのよい場所に置きます。

雑菌の繁殖を防ぐため、できるだけ日光にあてましょう。

殺菌・漂白　月に1度くらい、殺菌効果のある漂白剤を薄めた液につけます。洗いおけに液を作り、軽くしぼったぬれぶきんで、まな板を包んで入れます。ふきんに液がしみて、おけの外に出ている部分も漂白できます。

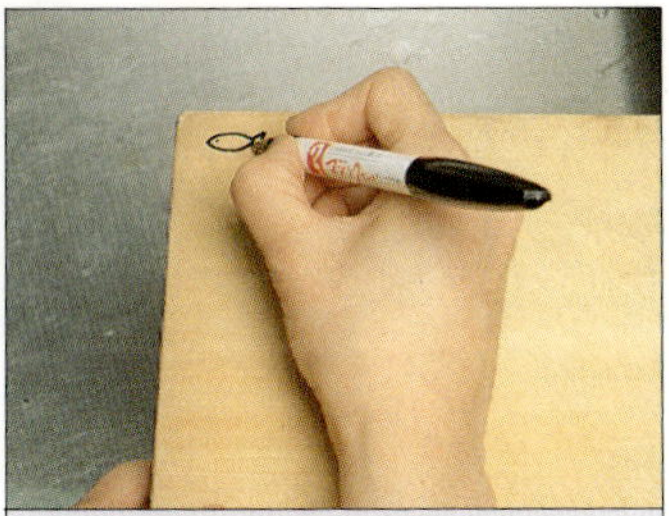

目印は、水で消えないペンで。

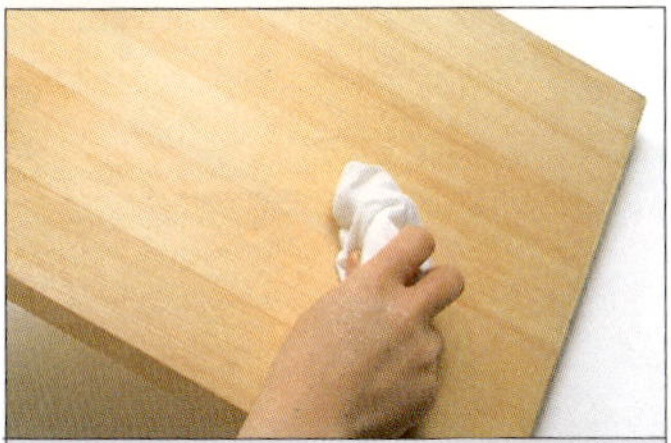

ぬれたままだと、ものを置いたときにすべりやすくなります。

洗ったあと、熱湯をかけると乾きやすくなります。

途中で返し、両面を漂白します。

深鍋(半《はん》寸《ずん》胴《どう》鍋《なべ》)

スープ、シチューなど、長時間煮こむ料理に使います。水分の蒸発が少ない、口の狭いもの、火のあたりがやわらかい厚手のものを選びます。

あまり深いものは、かき混ぜにくく、扱いにくいので避けます

片手鍋

コトコト煮こむ煮ものや、スープ、ミートソースなどのソース類を作るのに向いています。

かき混ぜたり、動かしたりすることが多いので、柄がしっかりしたものを選びます。

保温がよいようにやや厚手で、しかも片手で持ち上げるので、あまり重くないものが適当。軽いアルミニウム製が向いています。

●アルミニウム製の鍋の使い方

使い始め　米のとぎ汁、または水に野菜くずを入れて、10分くらい沸とうさせます。こうすると黒く変色するのを防げます。

鍋の内側が黒くなるのは、自然にできた酸化アルミニウムの被膜に、使用する水道水に含まれている鉄イオン、カルシウムイオンなどが吸着されて着色するためといわれています。体に害はありませんが、気になるなら、クレンザーやナイロンたわしでこすって落とし、もう1度使い始めと同様にします。ただし、アルマイト加工をしてあるものは、スポンジなどやわらかいもので洗います。

使ったあと　中の料理は長時間入れたままにせず、容器に移しかえます。スポンジなどやわらかいもので洗い、ふきんで水気をふきとってからしまいます。

アルミ鍋はから炊きすると変形するため、洗ったあと火にかけて乾燥させたりしてはいけません。

アルミ鍋は酸・アルカリに弱いので、ジャム作りや重そうを使う料理には向きません。

ゆきひら鍋

持ち手とそそぎ口がついた鍋。ふたもそろえておくと便利です。

ゆでもの、煮もの、みそ汁など、いろいろな用途に使うためには、加熱時間が短くてすむ、アルミニウム製が便利です。表面にへこんだような模様があるのを打ち出しといい、表面積を広くして、火のまわりをよくしているのです。

浅鍋（ソトワール）

魚や肉を重ねないでソテーしたり、煮たりするときには、底が平らで広い浅鍋が便利です。形くずれせず、煮汁も少なくてすみます。保温がよい、厚手のアルミニウム製を選びましょう。

ほうろう鍋

鉄やアルミニウムは、酸に弱いので、くだものを煮たり、酢を多く使う料理のために、ひとつあると便利です。

鉄をガラス質で包んであるものですから、強くぶつけたりすると、ひびが入ります。

また、からだきすると割れることがあるので、絶対にやめましょう。

傷がつきやすいので、やわらかいスポンジで洗います。

中華鍋

いためもの、揚げもの、中国風煮ものに使います。木製のせいろをのせて、蒸しものにも使える万能鍋です。写真のような両手鍋のほかに、北京鍋と呼ばれる片手鍋があります。

フライパン

いためもの、ソテーのほかパネソテーのような揚げものにも使えます。3〜4人家族なら直径24〜26cmのものが手ごろでしょう。余裕があれば、オムレツや目玉焼き用に、直径18〜20cmのものをそろえます。

あまり深くなく、柄が持ちやすく、底が平均に平たく、縁の幅が広いものを選びましょう。

こげつきにくく、手入れもらくな、厚手の鉄製が適当です。

土鍋

鍋料理、雑炊やおかゆに使います。陶製の鍋は、から炊きしたり、熱いうちに水につけたりすると、ひびが入ったり割れたりします。

火にかける前には、底やまわりの水気をふきとります。しまう前に水気をよくふきとり、乾かします。

●鉄鍋の使い方

使い始め 鉄鍋は中火にかけ、煙が出なくなるまでから焼きして、表面のさび止め膜をとります。洗剤液でよく洗います。

次に、古い油を8分目くらい入れて弱火に20分ほどかけます。さめるまでそのままおいて鍋に油をなじませます。

使ったあと 洗って火にかけ、乾かしてからしまいます。

フライパン・中華鍋など鉄鍋は、使いこんで油がなじむほど、使いよくなります。

ざる類

万能こし器

ボールざる

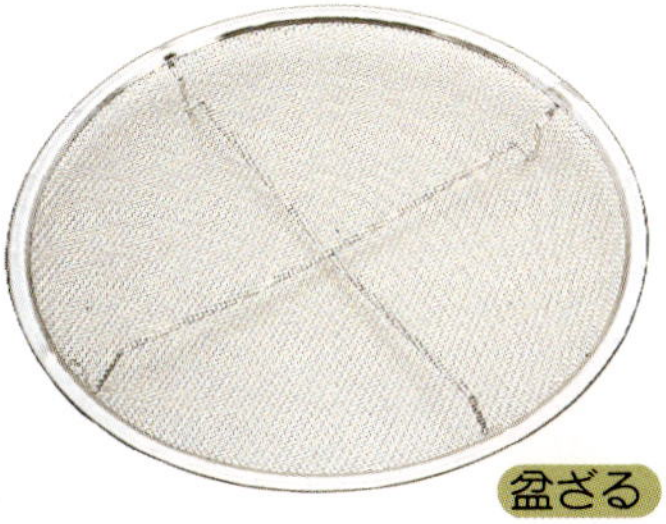
盆ざる

洗った野菜や米の水きり、ゆであがっためん類をあげるにはボールざる。

だしやスープをこしたり、粉類をふるったり、ふり洗いに使うなら、持ち手のついた万能こし器。

魚に塩をふるとき、ゆでた野菜をさますときには平らな盆ざる。

手持ちの鍋やボールに合った大きさのものを選びます。

材質は、さびにくくてじょうぶなステンレス製を選びましょう。

ボール

調理の下ごしらえやお菓子作りなど、広範囲に使います。

熱、酸、アルカリに強く、じょうぶなステンレス製が最適です。

大きさは、直径10cmくらいから直径27cmくらいまでの間で大中小と、いくつかそろえておくとよいでしょう。

バット（調理トレー）

平たい長方形の器で、フライに衣をつけたり、魚をつけ汁につけたりするとき使います。

家族数などから、よく使う大きさのものを2～3枚そろえましょう。ステンレス製が適当です。

ほかに、中に網の入った揚げバットがひとつあれば、揚げもののとき便利です。

計量スプーン・計量カップ

じょうぶなステンレス製で、目盛りの見やすいものを選びます。

スプーンは、大さじ(15 cc)、小さじ(5 cc)の2本、カップは200 ccのものが1個あれば充分です。

計量スプーンの½・⅓・¼

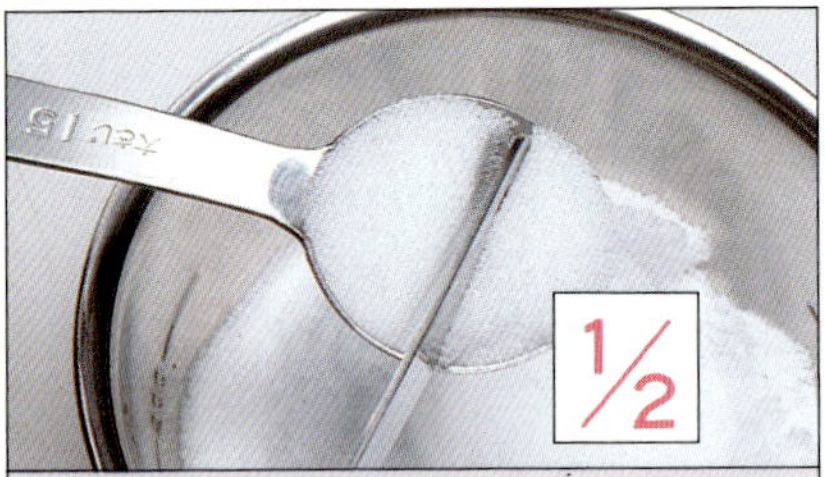

すり切りにしたあと、へら状のもので中心から½量をとり除きます。

中心から3等分して分け、⅓ずつ2回とり除いて残りを使います。

½にしたものを、さらに半分に分けてとり除きます。

砂糖などのはかり方

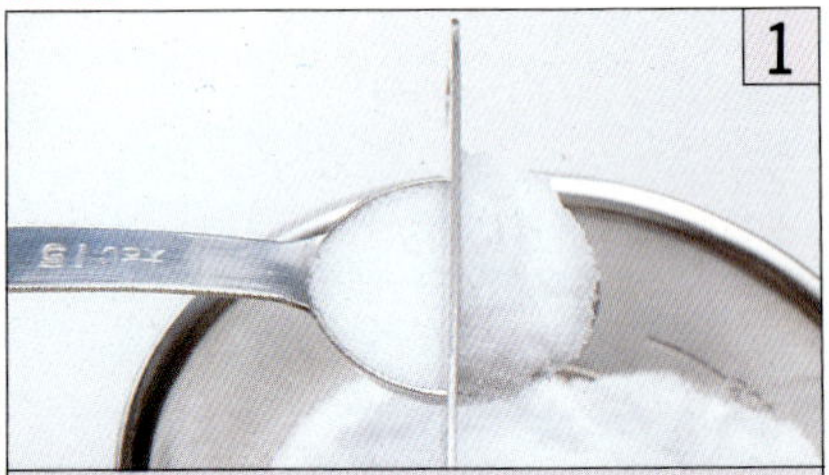

1 かたまりのない状態を軽くすくいとり、平らなへら状のもので、縁からすり切りにします。

2 これが砂糖大さじ1です。

入れすぎです

液体のかさのはかり方

液が縁までいっぱいになり、しかも動かしたときにこぼれない程度まで入れます。

計量カップではかるときは、平らなところにカップを置いてはかります。

主な調味料・粉などの量と重さ

	カップ1 200cc	大さじ1 15cc	小さじ1 5cc
水	200（g）	15（g）	5（g）
酢	200	15	5
酒	200	15	5
ワイン	200	15	5
しょうゆ	230	18	6
みりん	230	18	7
砂糖	110	8	3
塩	210	15	5
みそ	230	18	6
バター	—	14	5
牛乳	210	16	6
生クリーム	200	14	5
油	180	13	4
マヨネーズ	—	12	5
トマトケチャップ	230	16	6
ウスターソース	—	16	5
小麦粉	100	8	3
かたくり粉	—	10	4
パン粉	40	3	1
カレー粉	—	7	2

塩少々

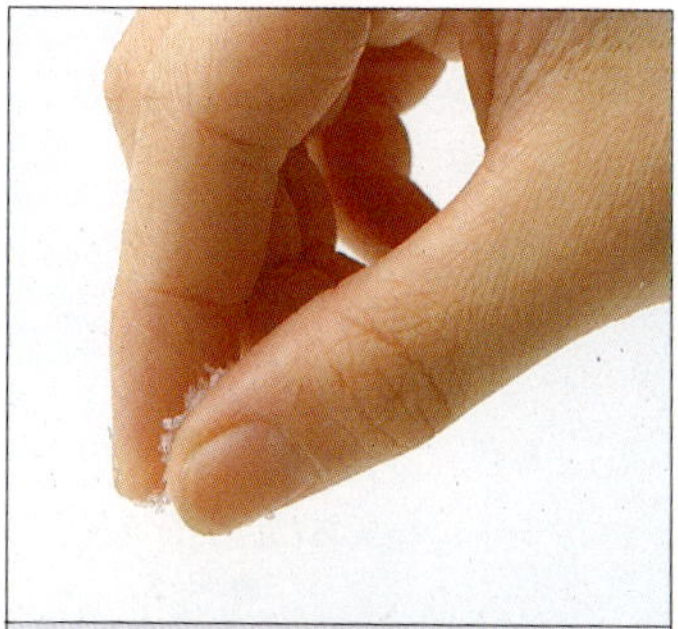

親指と人さし指でつまんだ量くらいです。

基本分量

大さじ１＝15cc
小さじ１＝５cc
カップ１＝200cc（180ccのものも一部あります）

ccで表されるかさと、ｇで表される重さの数字は違います。たとえばしょうゆは比重が大きいので、小さじ１（かさが５cc）でも重さは６ｇです。混同しないように気をつけましょう。

卓上ばかり

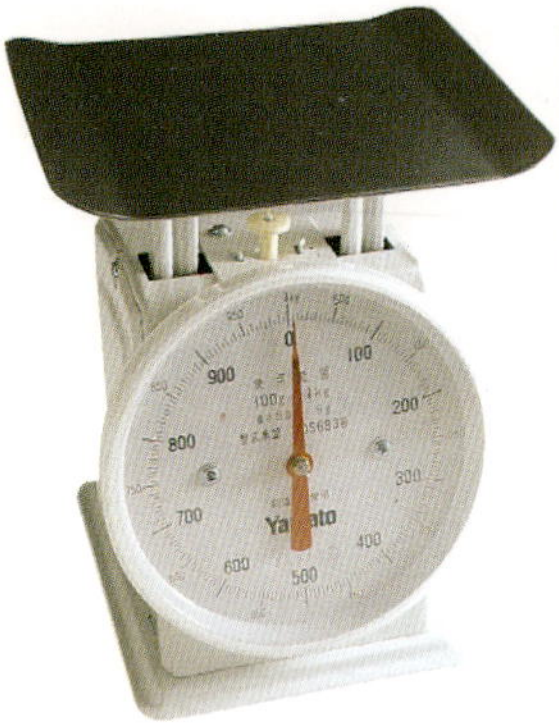

重さのはかり方

台ばかりは、平らな場所に置き、目盛りがゼロに正しく合っていることを確かめます。はかるものは皿の中央に置きます。

少量のものや、はかりの皿が汚れるものをはかるときは、軽い受け皿を置きます。受け皿の重さを前もってはかっておくことを忘れずに。

▲粉類は重さ（g）ではかるほうが正確です。特にお菓子作りのように、正確さが大切なものは、必ずgではかります。デジタルはかりなら、より正確です。

選ぶポイント

1kgばかりか、せいぜい2kgまでのものを選びましょう。それ以上になると、家庭ではかる少量のものでは不正確になりやすいのです。

正しい使い方

強い衝撃や急激な温度変化を与えないように保管し、ガスコンロのそばなど、高温のところで使わないこと。ものをはかったら、すぐおろすように心がけます。ずっとのせておくと、はかりが狂いやすくなります。

使用後は乾いたふきんで汚れをふき、常に水平にしておきます。

タイマー

目盛りが見やすく、60分はかれるものを選びます。短時間の設定のときは、余分に回してもどすと正確です。

玉じゃくし

みそ汁、スープ、カレーなど、汁ものをすくうのに使います。レードルは、先がとがった卵形で、ソースなどをそそぎかけるのに向いています。

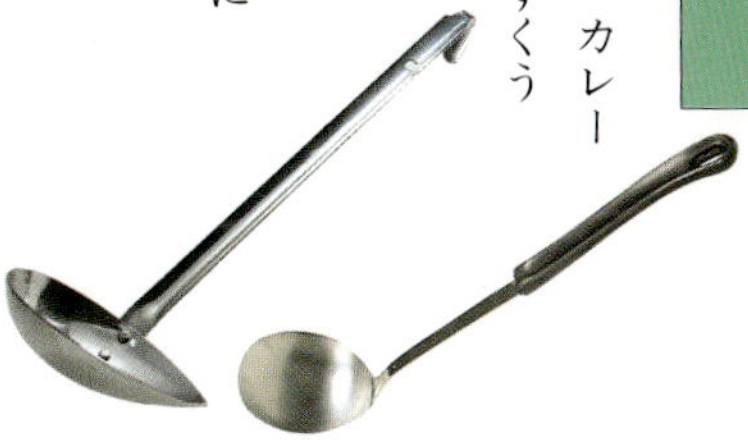

調理ばさみ

手で持ってみて、握りやすく、適度な重さのあるもの、刃のかみ合わせがなめらかで、切れ味のよいものを選びます。

さびにくくて、手入れがらくなステンレス製がよいでしょう。

フライ返し

フライパンで焼いたものを、ひっくり返したり、いためものをかき混ぜたり、できあがったものを皿にとり出したりと、いろいろに使えます。じょうぶで、油汚れの落ちやすいステンレス製で、柄と返し部分の角度が大きすぎないものを選びます。

へら類

ゴムべらは、ボールや鍋肌についたものを、きれいにかき集めることができます。火にかけて使ってはいけません。

穴あき木べらは、底が平らで、鍋肌になじむので、かき混ぜながら煮たり、いためたりするときに。木しゃもじは、ごはん用にそろえます。

木製のものは、ぬらしてから水気をふいて使うと、汚れにくくなります。

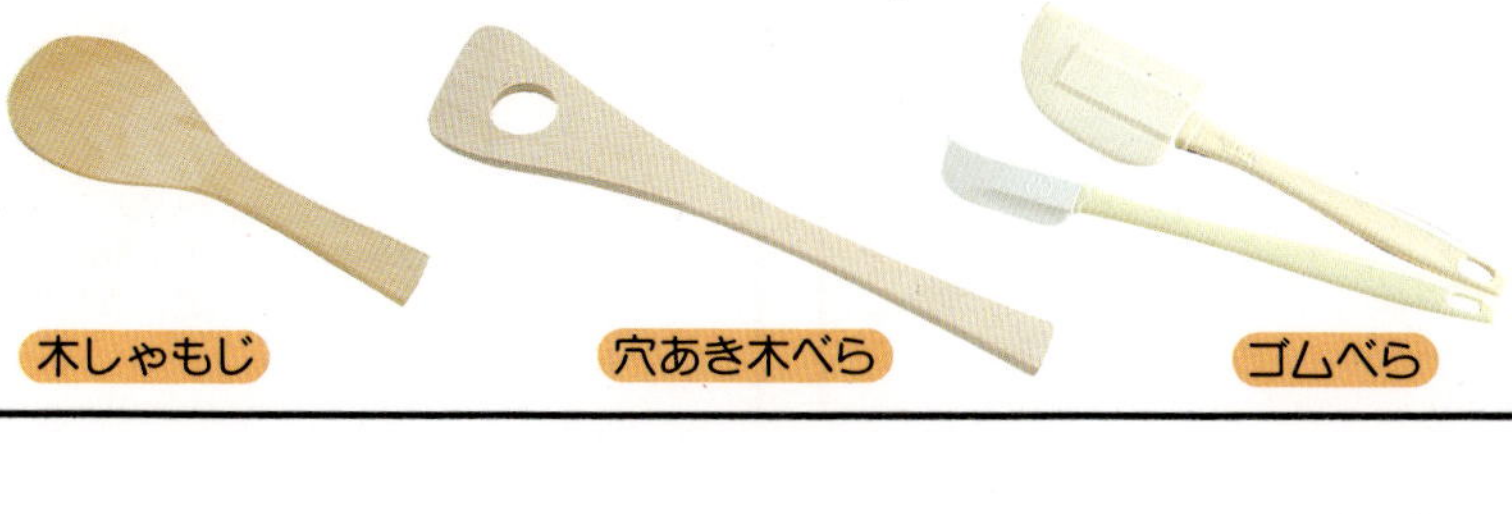

木しゃもじ　穴あき木べら　ゴムべら

網じゃくし

揚げたものを引き上げたり、揚げ玉やかすをとり除くのに使います。ほかに、少量のゆでものの水きりにも。

柄がしっかりしていて、しゃもじ部分が小さすぎないものを選びます。網目は1～1.5㎜角が適当。

網目の中に油汚れがたまりやすいので、たわしでよく洗います。

油こし器

そそぎ口が二重になった、アルミかステンレス製を。

アクとり

網目は網じゃくしより細かく、アクがきれいにすくえます。

鍋の近くに湯をおいて、すくったアクをすすぎながら使います。

泡立器

ワイヤーがステンレス製で、じょうぶなもの、柄が持ちやすく、ワイヤーとの接続部分がしっかりしているもの、ワイヤーの本数が多いものを選びましょう。

お菓子作りには、全長24㎝くらいが適当です。長さ10㎝くらいのものは、合わせみそやドレッシングを混ぜたりするのに便利です。

すり鉢・すりこぎ

すり鉢は、ごまやみそをきめ細かくすりつぶすのに使います。あまり小さいと、安定せず、力も入らないので、直径24㎝程度のものを選びます。すりこぎはその2倍くらいの長さのあるものにします。

すり鉢もすりこぎも、使い終わったらたわしでよく洗い、溝に残った汚れも竹串などできれいに落とします。

ふきん

ふきんは、食器ふき用、調理用、台ふきんの3種類に分け、それぞれ多めの枚数を用意します。

1度使ったふきんは、きれいに見えても細菌がどんどん増えていきます。

水でゆすいで何度も使ったりせず、乾いた新しいふきんを使うようにします。

ふきんの材質

食器ふき用　白のさらし木綿、綿麻混紡、綿レーヨン混紡のものなどが向いています。

調理用　だしをこしたり、野菜の水気をふきとるのに使います。さらし木綿が最適。

台ふきん　テーブルや調理台をふきます。吸水性がよく、乾きやすいかやふきんが最適です。ただし、レンジまわりの油汚れには使い捨て用の布を使います。

ふきんの手入れ

使い終わったら、せっけんで洗います。洗ったふきんは必ず、完全に乾かします。

洗ってもとれないシミや黄ばみが気になるようなら、漂白剤を薄めた液につけて漂白します。殺菌効果のある漂白剤なら、消毒にもなります。

乾いたふきんは、1枚ずつたたんで、清潔な引き出しなどにしまいます。洗いたてのふきんをいちばん下（立てて並べるのならいちばん奥）に入れると、順ぐりに使えます。

使い古して、漂白しても白くならないふきんは、適当に切って、使い捨て布に。レンジまわりや油汚れの皿をふいたり、鍋に油をひいたりするのに重宝です。

おろし器

だいこんおろしは、繊維をつぶさないようにするとおいしいので、刃の鋭いものが向きます。目もあらすぎず、細かすぎないものを。

しょうがやわさびは、目が細かいもので、「の」の字を描くようにゆっくりおろすと、香りが出ます。

＊以上のほかに、炊飯器、やかん、魚焼き網、レモンしぼり、栓抜き、缶切り、皮むき器、さい箸、竹串、たわし類などをそろえるとよいでしょう。

電子レンジ

食品を温めるだけでなく、蒸す、煮る、ゆでると同じような調理が手早く、簡単にできます。特にかぼちゃやブロッコリーなどアクのほとんどない野菜の加熱は、ゆでるよりも色がきれいで、栄養素も残ります。食器で作れば、鍋などがいらないのも魅力です。

調理のコツ

・出力によって、必要な加熱時間が違います。500Wが標準的ですが、W数が大きければ加熱時間を短縮します。

・ふたやラップをすると早く加熱でき、食品の乾燥も防げます。逆に、天ぷらの温めなど、カラリと仕上げたいものは蒸気を逃がすために、ふた類はしません。

加熱ムラを防ぐには

・加熱するものの大きさや厚さを同じにします。重ならないように並べます。

・加熱時間の長いもの、大きなものは、途中で混ぜたり(⇩172ページ)、返したりします。

・庫内に汚れがあると、電波がそこに吸収されるので、まめに掃除をします。

クッキングカッター

材料をまとめてカッターにかけるだけで、きざむ、混ぜる、するといった下ごしらえが簡単にできます。

ハンバーグやぎょうざなど、みじん切りの多い料理、魚のすり身、だいこんおろしなど、かなりの手間が省けます。とろろも一気にできます。

洗うときは、カッターの刃に気をつけます。材料がこびりつかないうちに、早めに洗うとらくです。

PART 2

魚介類

魚を買ったら、すぐ調理し、その日のうちにいただきましょう。2～3時間なら、密閉容器に入れて、冷蔵庫のいちばん冷えるところに置きます。

すのこつきで、ふたのできるバットなどに入れて、汁が魚にもどらないようにすると、ベストです。

どうしても翌日までおきたいなら、火を通すか、調味料に漬けて。

1尾丸ごとで買った魚は、帰ったらすぐ腹わたを出してから、真水でよく洗って、冷蔵庫に入れます。切り身やさし身はふつう洗いません。

あじ

目が澄んでいる
体全体が銀色に光っている

旬	夏

種類
一般に鮮魚で出回るのはまあじ。干物はむろあじとまあじです。しまあじは、主にさし身に使われる高級魚です。

こんな料理に
たたき、酢じめ、塩焼き、から揚げ、あえもの、フライ、ムニエル、マリネなど。

尾頭《おかしら》つきの下ごしらえ

尾と頭がついた、姿のままを尾頭つきと呼びます。塩焼き、煮つけ、から揚げ、ムニエルなどに調理するときに。

▶あじには、ぜいご（ぜんご）と呼ばれるかたいうろこがあるので、尾頭つきにするときは、必ずとり除きます。

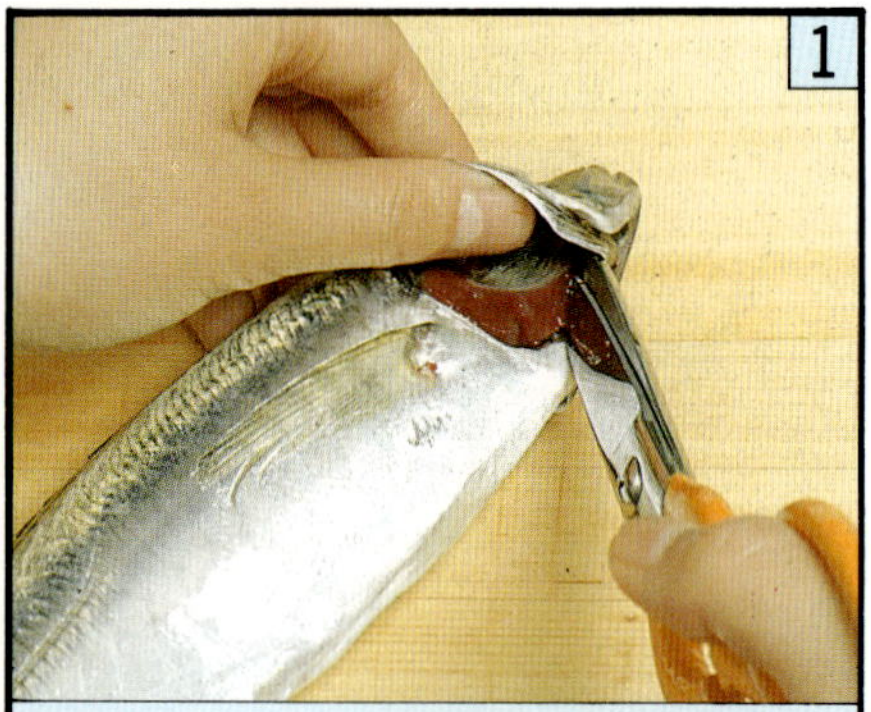

1 えらをとります。えらぶたを広げ、腹側にあるえらのつけ根をキッチンばさみで切り離します。

2 背側のえらのつけ根も切り離します。

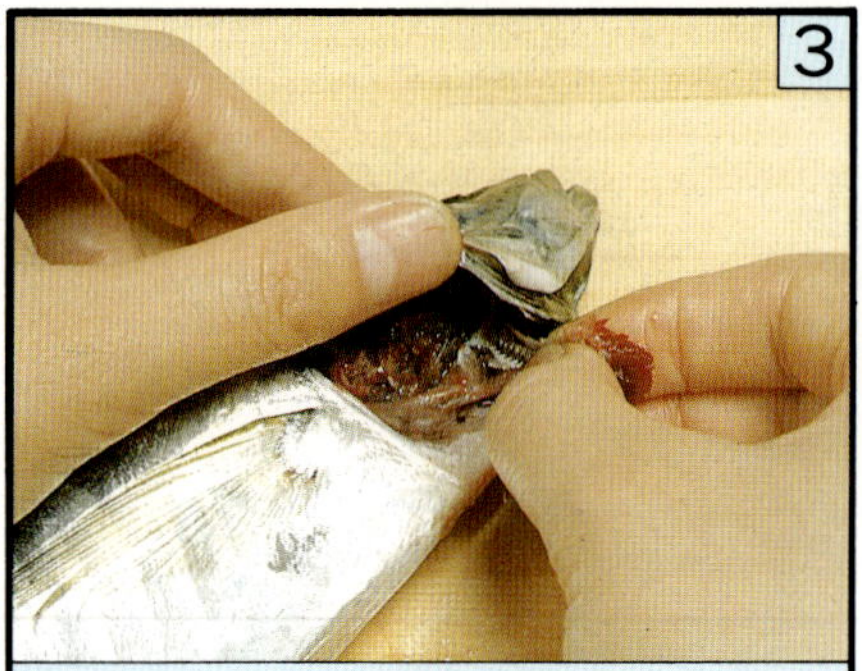

3 指でえらをとり出します。反対側のえらも同様にしてとります。

4 ぜいごをとります。尾のつけ根から包丁を入れ、包丁を前後に細かく動かして、そぎとります。

5 頭を向こう、腹を右に置き、胸びれの下に小さく切り目を入れます。

6 包丁の先を切り目に入れ、腹わたをかき出します。

7 水を流しながら、切り口に指先を入れ、残った腹わたと中骨の血を洗います。

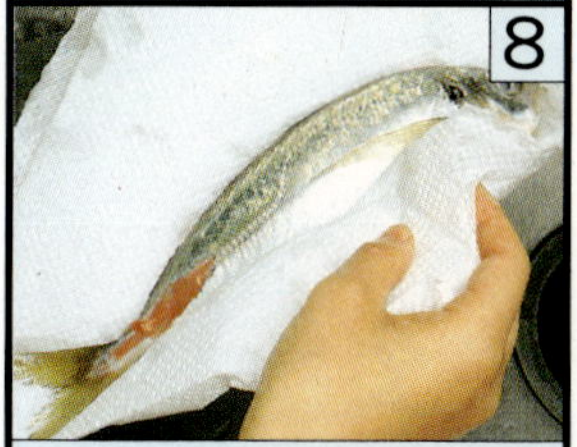

8 ペーパータオルかかたくしぼったぬれぶきんで、水気をふきます。

9 焼くときは、塩をふります。ざるに魚をのせて、20㎝くらい上から、塩（魚の重さの1～2%）を指と指のすきまから魚の両面にふります。さっと洗い、水気をふきます。

▲塩の量のめやすは、中くらい（約100g）のあじ4尾に対して、小さじ1強です。ざるにのせるのは、魚から出る汁が魚につき、生ぐさくなるのを防ぐためです。

▼魚を買ってきたら、腹わたを出すところまですぐに処理し、冷蔵庫に入れます。

●魚に塩をふったら

塩をふってからあまり長くおくと、うまみが失われ、身がしまりすぎてまずくなります。いわしなど身がやわらかくて小さいものは、5～10分、たいなど大きいものは30分くらいおきます。

あじの塩焼き

頭を左、腹を手前にして盛ります。葉しょうがの甘酢漬けや酢れんこんなどを添えます。

●化粧塩

姿焼きにするときは、焼く直前に、尾と胸びれに指先で塩をすりこみます。尾とひれが焼けこげて落ちるのを防ぎます。

三枚おろし

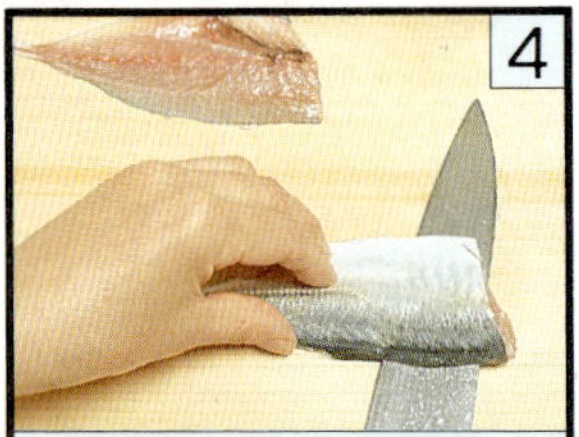

4骨のついているほうを下に置き、中骨の上に包丁を入れ、尾に向けて切って、身と骨を離します。

5 2枚の身と、中骨の3枚になりました。

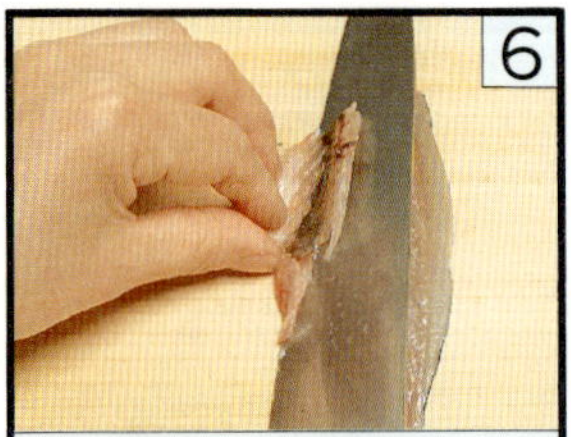

6両方の腹骨をそぎとります。

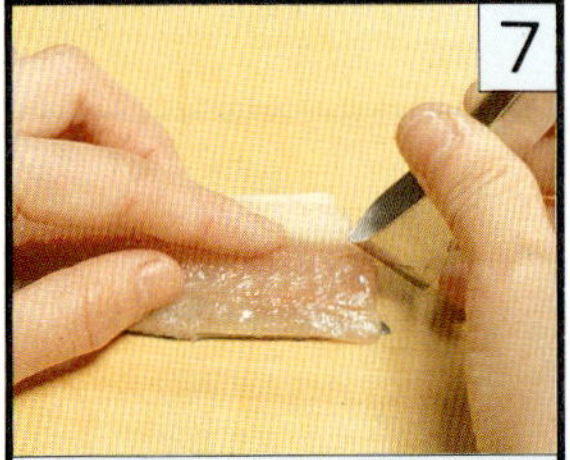

7中骨のあとに残った小骨をとります。指先でさぐりながら、骨抜きで頭のほうに向けて抜きます。

大名おろし

三枚おろし(⇨38ページ)の方法ですが、中骨に身が多く残るぜいたくなおろし方なので、この名があります。身がくずれやすい魚を3枚におろすときに、この方法を使います。

二枚おろし

1胸びれの下に包丁を入れ、頭を1気に切り落とします。皮を残すときはぜいごをとります(⇨24ページ)。

2尻びれのところまで切りこみを入れ、腹わたをかき出します。水でよく洗って、水気をふきとります。

3頭の切り口から中骨の上にそって包丁を入れ、尾に向けて切っていき、2枚に切り離します。

▲ここまでが二枚おろし。骨のついている身とついていない身の2枚になります。

あじのたたき

●材料（2人分）
あじ……中2尾
しょうが（みじん切り）……1かけ
万能ねぎ（みじん切り）……2～3本

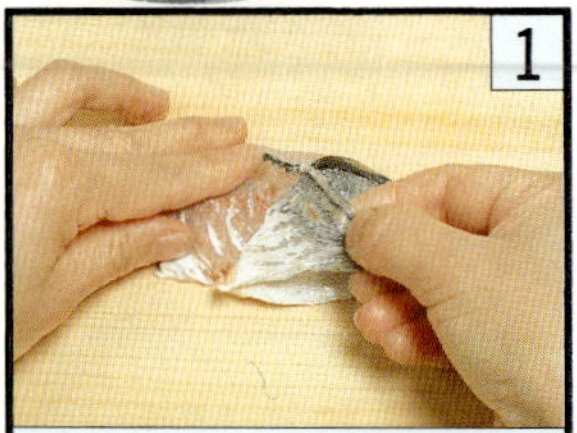

1 3枚におろして小骨をとったあと、皮をむきます。身を押さえ、頭のほうから尾に向けて一気にむきます。

2身をあらく切り、ひとまとめにして、トントンとたたきながらきざみます。みじん切りのしょうがも一緒にたたき、ねぎを混ぜます。

いか

種類

写真はするめいか。他にやりいか、けんさきいか、もんごういかなど。

胴が丸い
目がへこんでいない
黒っぽい赤色で
透明感と光沢がある
胴だけになったものを買うときは
腹わたの汚れがついていないもの
足にさわると
吸盤が吸いつ
くような感じ

旬 するめいかは夏〜冬

こんな料理に

さし身、照り焼き、照り煮、あえもの、酢のもの、天ぷら、かき揚げ、フライなど。

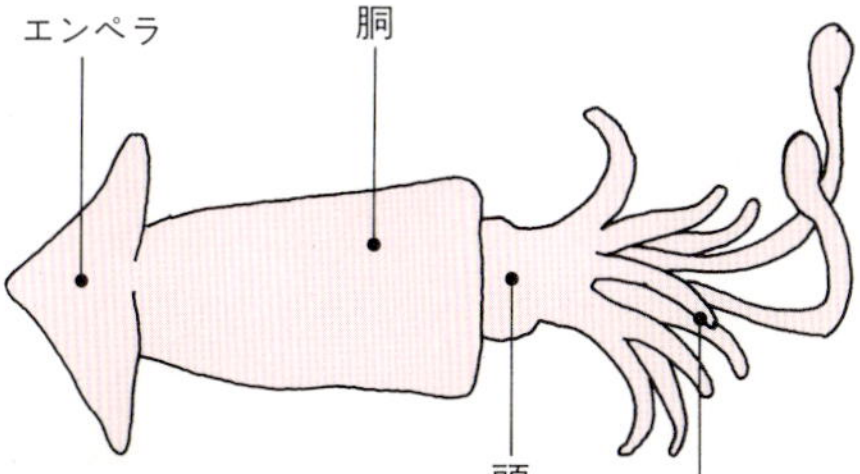

エンペラ
胴
頭
足

いかの下ごしらえ

1

1 胴の中に指を入れ、足と胴のついているところをはずします。

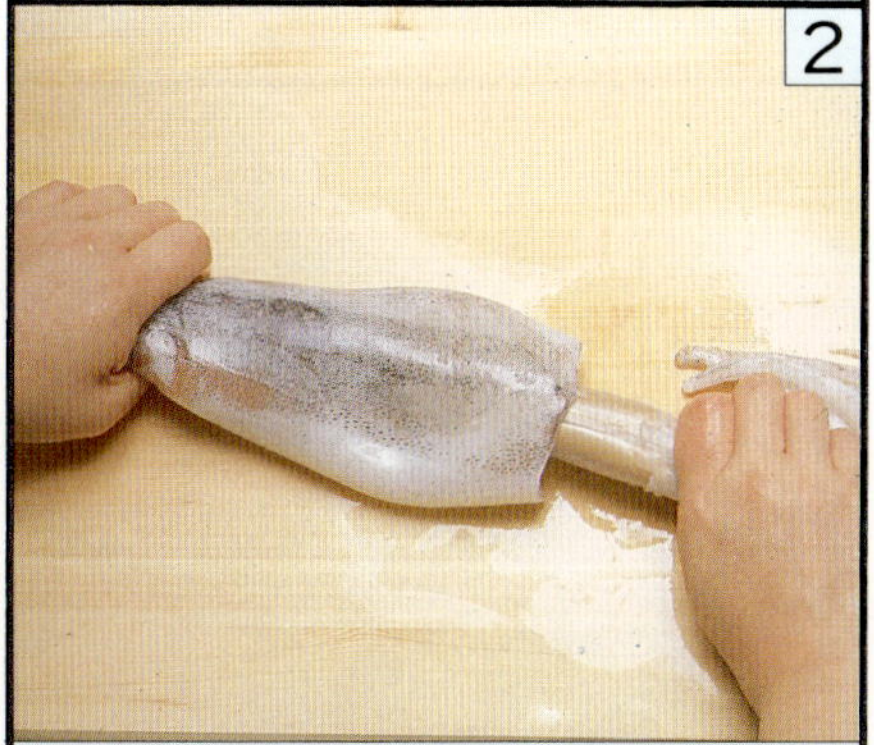

2

2 左手でエンペラを押さえ、右手で頭足部を持って、腹わたを引き抜きます。

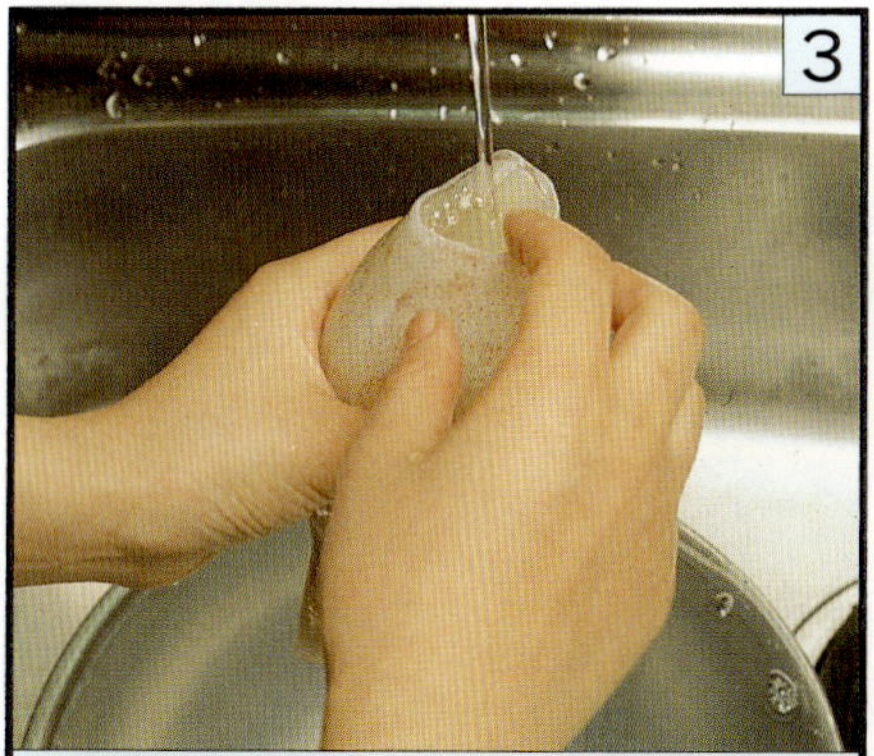

3

3 腹の中を流水で洗い流します。筒のまま使う場合は、指を中に入れて軟骨もとります。

4エンペラのついているほうを下にし、胴との間に包丁を入れ、右に動かしてエンペラの先をはがします。

5エンペラを引っ張ってはがしながら、そのままできるだけ皮をむきます。

6皮がむけたところからはがします。ぬれぶきんを使うか、指に塩をつけるとすべりません。

7エンペラは、縦に浅く切り目を入れ、そこから皮をむきます。

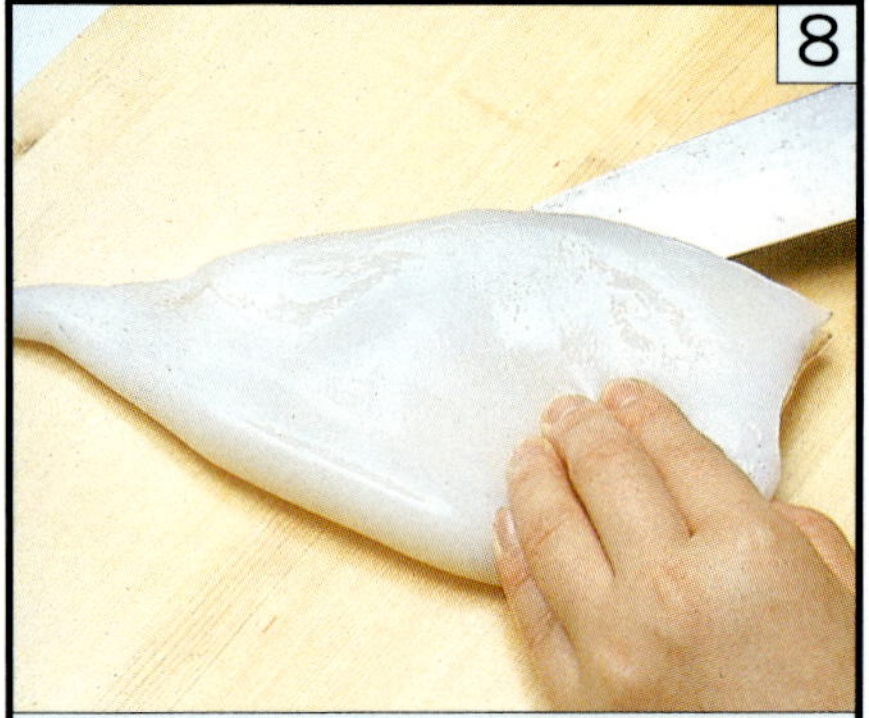

8 1枚に開いて調理する場合は、胴の中に包丁の刃を外に向けて入れ、切り開きます。

9軟骨をとります。

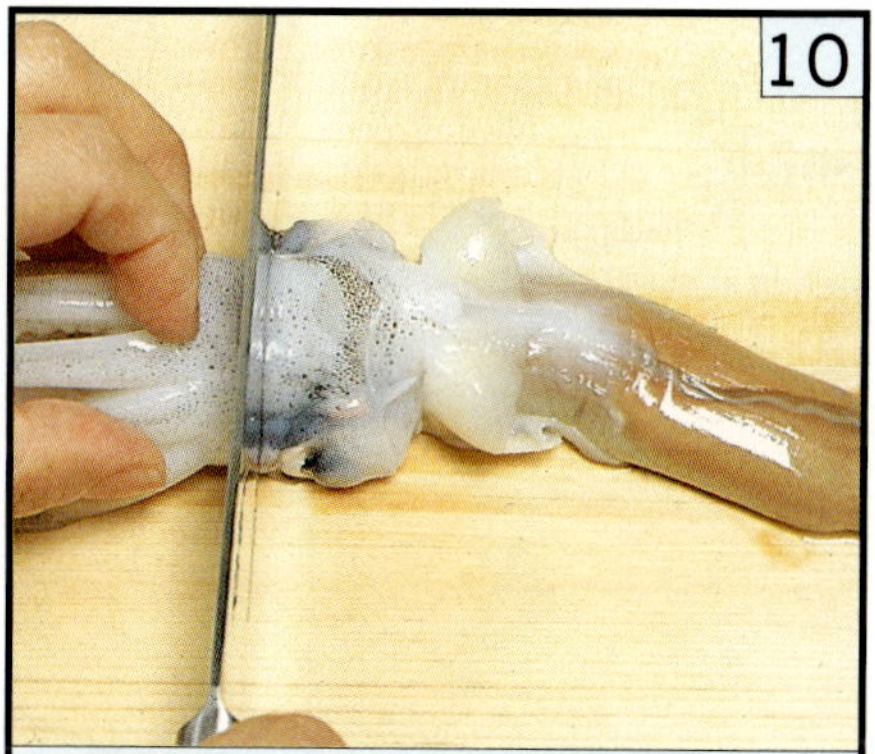

10足は、目の下のところから切り離します。

11足の輪を切り開きます。

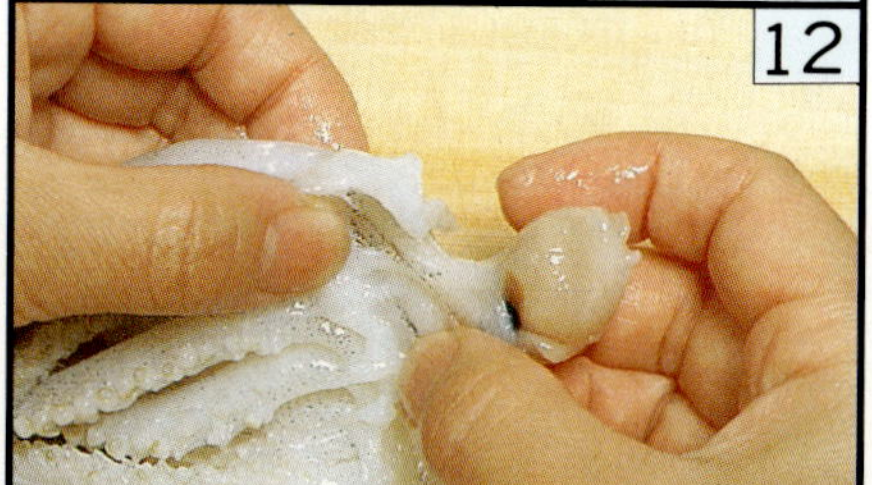

12足の中心にかたいくちばしがあります。指先で押し上げるようにして、とり除きます。

13足の吸盤は、包丁で切り落とします。

14かき揚げなどにするときは、油がはねないように、足の皮もできるだけきれいにむき、足先は切り落とします。

▼新鮮ないかなら、腹わたを塩辛にしたり、墨を使って墨煮を作ったりできます。腹わたの始末は次のように。

腹わたについている墨袋をつまんで、静かに引き離します。破れると墨が飛び散るので気をつけましょう。

●飾り切り

いかは、加熱するとかたく、かみ切りにくくなります。また、身がクルッと丸まって、盛りつけにも苦労します。これをカバーするため、調理の前に切り目を入れて、食べやすく、見た目も美しくします。

いかの飾り切りには、かのこ切り、松かさ切り、からくさ切りなどがあります。

からくさ切り

1 いかを横に置き、包丁をねかせ、厚みの半分まで5～6㎜間隔の切り目を入れます。

2 縦に置き直し、7～8㎜幅に切ります。

松かさ切り

包丁をねかせ、厚みの半分まで、斜めに交差する切り目を入れます。

かのこ切り

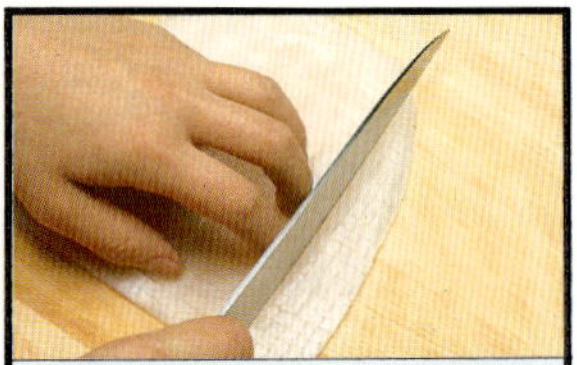

包丁をまっすぐにし、厚みの半分まで、縦横に切り目を入れます。

いかとブロッコリーのいためもの

●材料（いか1ぱい分）

いか……………………1ぱい
ブロッコリー……1株(200g)
ねぎ……………………½本
サラダ油…………大さじ2

Ⓐ
水＋スープの素…大さじ2
酒………………大さじ1
塩・こしょう……各少々

かたくり粉……小さじ1
水………………小さじ2

1 いかは皮をむいて、7～8㎜の輪切りに、足は3㎝長さに切ります。ブロッコリーは小房に分けてゆで、ねぎは1㎝長さに切ります。

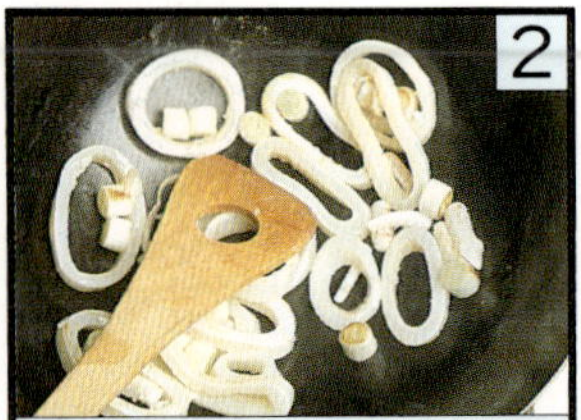

2 鍋に油を熱してねぎをいため、香りが出たらいかを加えていためます。

3 いかの色が変わったら、Ⓐを入れ、ブロッコリーを加えて全体を混ぜます。かたくり粉を水でといて入れ、とろみをつけます。

いわし

種類

生はほとんど、写真のまいわしです。他にかたくちいわし、うるめいわしなど。

こんな料理に

さし身、塩焼き、しょうが煮、かば焼き、つみれ、さつま揚げ、フライ、トマトソース煮など。

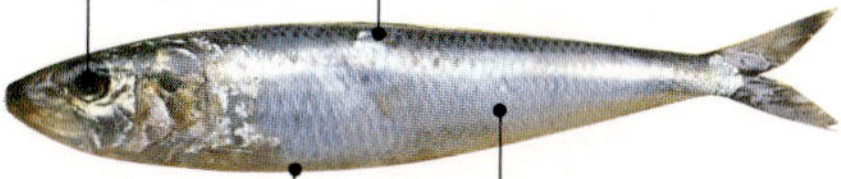
目が澄んで赤くない
頭から背にかけて青緑色
腹に弾力があって切れていない
うろこがはがれていない
腹側は銀白色

旬　9～12月

▼いわしはとてもいたみやすく、時間がたつにつれて生ぐさくなるので、すぐに調理できないときは、腹わたをとって冷蔵庫に入れます。これは、ほかのほとんどの魚にもいえます。

手開き

いわしは身がやわらかいので、手で開きます。包丁を使うより、ずっと手早くできます。うろこは、包丁を尾から頭に向けて動かし、落とします。

1 胸びれの下に包丁を入れ、頭を切り落とします。

2 腹から7～8㎜内側に包丁を入れ、腹びれの下まで切り落とします。

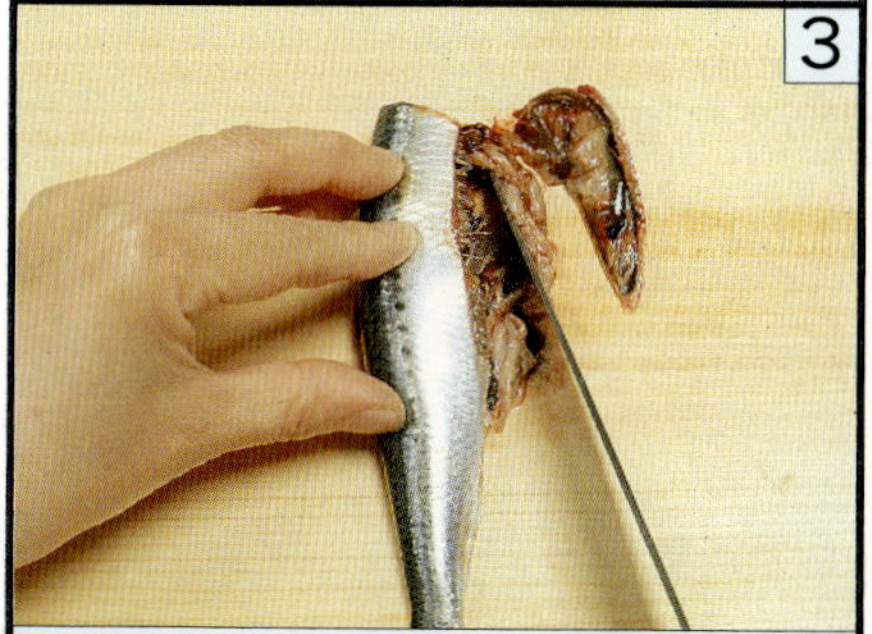

3 包丁の先で、腹わたをかき出します。

▲いわしが小さいときは、頭を手でちぎることもできます。

頭を右にして持ち、右手の親指と人さし指で頭のつけ根の骨を折ります。そのまま腹わたも引き出しながら頭をちぎります。

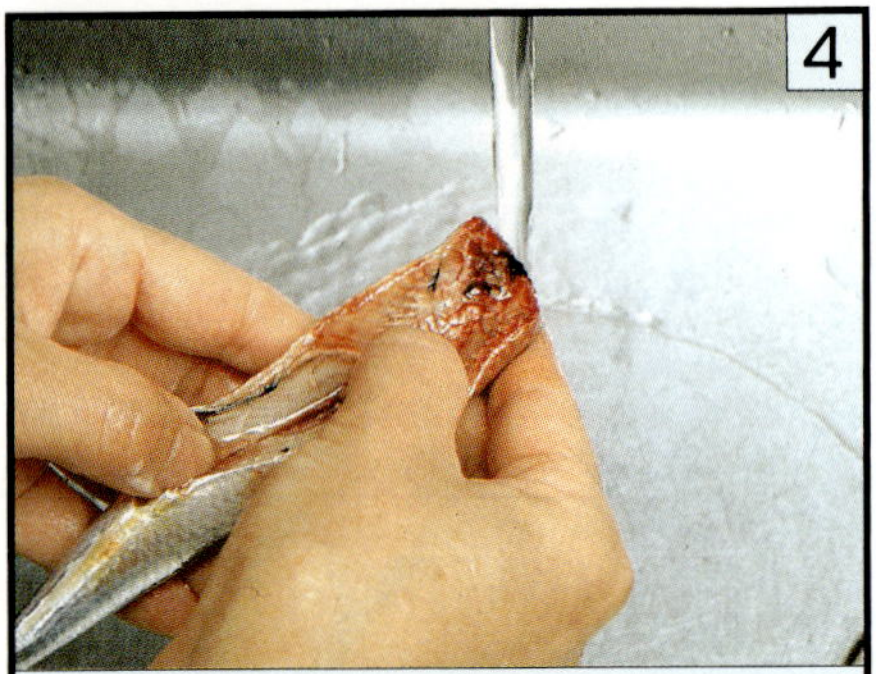

4腹わたの残りや、骨についた血を指先でこすりながら洗います。これ以降は洗わないのでていねいに洗い、水気をふきとります。

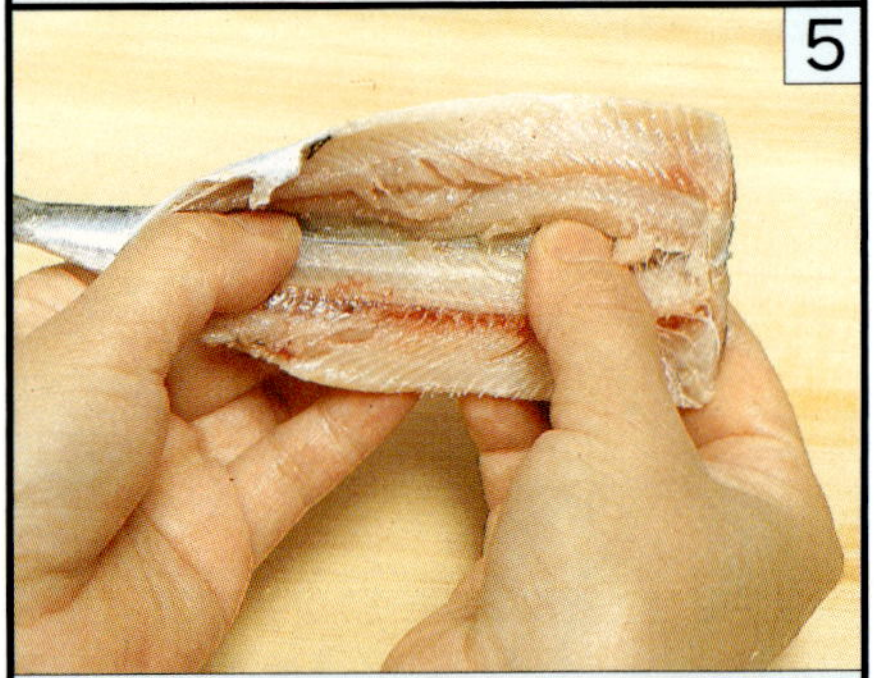

5中骨の上側に両手の親指を入れ、指が背側についたら中骨にそって両側に指をすべらせながら、身を開いていきます。

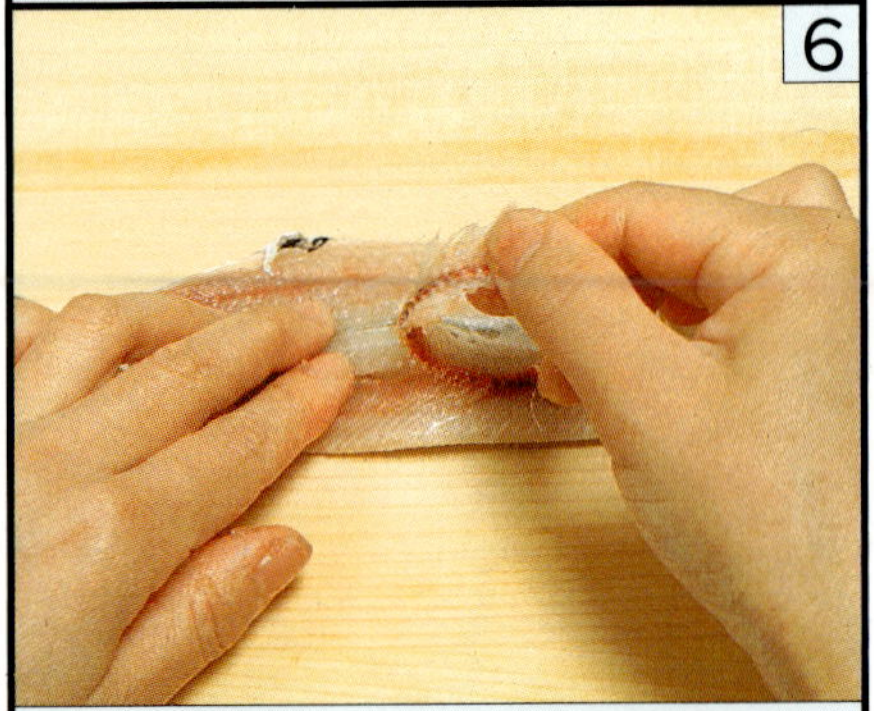

6尾のところで中骨のつけ根を折ります。身を押さえながら、中骨を頭のほうに引っ張り上げて、はずします。

7身を縦に置き、包丁をねかせて腹骨をそぎとります。

8背びれを包丁で押さえ、尾を引っ張るようにして背びれをはがし、切りとります。

▲尾がいらない場合は、尾をつけ根から切り落とします。

皮は頭からはがす

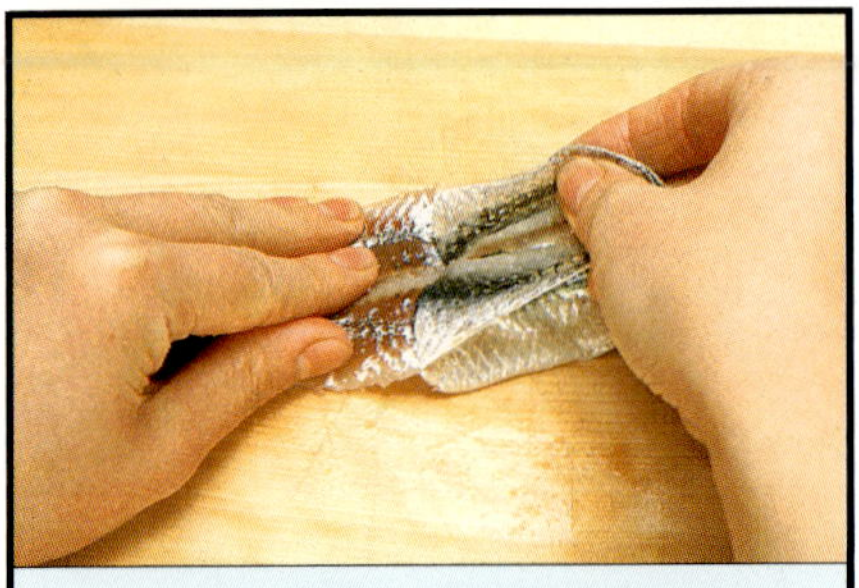

さし身にするなど、皮をむくときは、頭から尾に向けてはがします。

いわしのかば焼き

●材料（2人分）

いわし……中4尾
かたくり粉……大さじ1½
あさつき……2本
サラダ油……大さじ2
砂糖……大さじ2
しょうゆ……大さじ3
みりん……大さじ1
酒……大さじ1

尾を右、皮を下にして盛りつけ、あさつきを散らします。

1 あさつきは小口切りにします。

2 いわしは手開きにし（32ページ8まで）、かたくり粉をまぶします。

3 フライパンに油を熱し、身のほうから焼きます。入らなければ分けて焼きます。

4 きれいな焼き色がついたら、裏返し、両面焼いて、いったんとり出します。

5 フライパンをきれいにして、砂糖、しょうゆ、みりん、酒を入れ、煮立たせます。

6 いわしを入れて、フライパンを動かしながら、汁をからめます。

キッチンメモ

●鍋の柄はどちらに向けておくか

鍋を火にかけたとき、柄が調理する人のほうに向いていると、体にひっかけて、鍋をひっくり返す危険があります。

鍋を置くときは、必ず柄を横（ガスの炎にかからない安全な側）に向ける習慣をつけましょう。

また、やかんを火にかけるとき、持ち手をねかせる人をよく見かけます。じゃまにならないようにと思うのでしょうが、持ち手が熱くなって、かえって危険です。立てておきましょう。

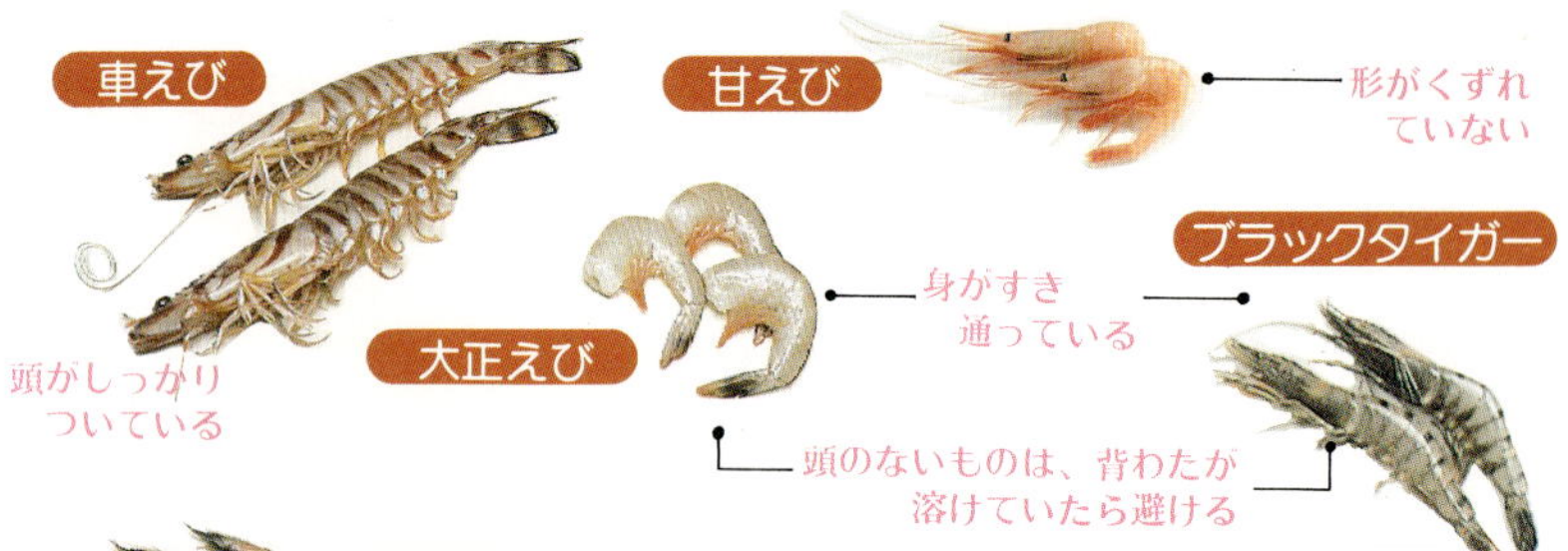
車えび
甘えび
形がくずれ
ていない
ブラックタイガー
身がすき
通っている
大正えび
頭がしっかり
ついている
頭のないものは、背わたが
溶けていたら避ける
芝えび

むきえびの場合は、形、大きさがそろい、身がすき通っているもの

旬	芝えびは秋～冬　車えびは夏　甘えびは冬

大正えびとブラックタイガーは冷凍が多く、ほぼ1年中出回っている。

こんな料理に

さし身、塩焼き、天ぷら、かき揚げ、すり身だんご、フライ、グラタン、チリソース煮など。

▼むき身のえびは、水をはったボールの中で手早く洗って、水気をふきとります。

保存のため塩分が多いものがあります。その場合は、薄い塩水につけて塩抜きしてから使います。

頭と殻をとる

1 左手で胴のつけ根を持ち、右手で頭を引っぱります。

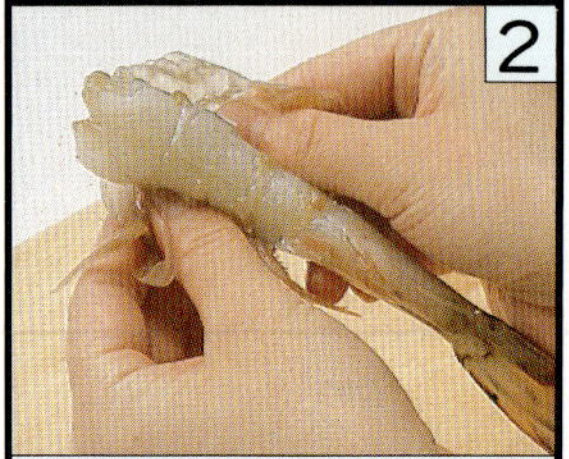

2 腹側のほうから胴にそってぐるりと殻をむきます。

▲尾に近い1節を残すと、調理したとき形がくずれず、加熱すると赤くなって、きれいです。

サラダなどにえびをゆでて使うときは、背わただけとって、殻つきのままゆでて、さめてからむくとうまみが逃げません。

殻つきのまま洗う

殻をむいてから洗うと、うまみが流れ出してしまうだけでなく、いたみやすくなるので、殻をつけたまま水洗いします。

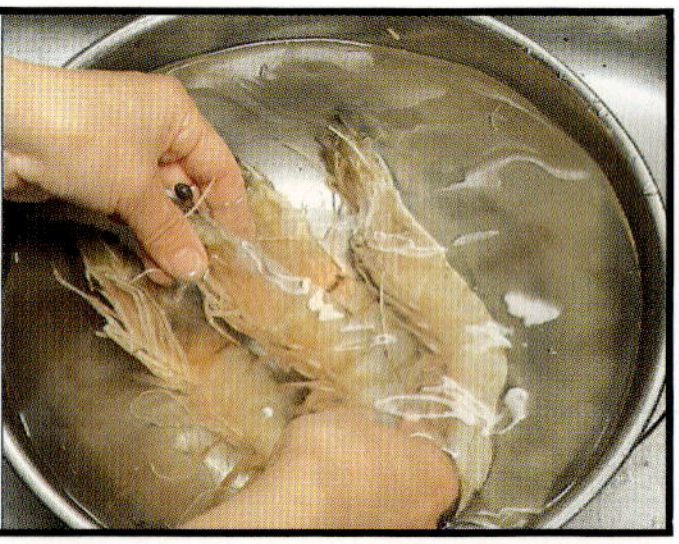

背わたをとる

背を丸め、頭から2～3節目の殻と殻の間に竹串を刺しこみます。背わたをすくいとり、引き抜きます。人さし指で、すくいとった背わたを押さえると、うまくとれます。殻をはずす場合、はずしてから背わたをとります。

▲近くに水を用意し、竹串をすすぎながらとっていきます。

有頭のときは尾から

有頭のときは尾からのほうが刺しやすいでしょう。尾のつけ根の身が見えている部分から、頭の先まで串を通します。

まっすぐ仕上げたいとき

塩焼きなど、まっすぐ仕上げたいときは、頭から尾に向けて、竹串を１本刺します。

えびの天ぷら

●材料（２人分）

大正えびかブラックタイガー……４尾

衣

小麦粉（薄力粉）……カップ½

卵½個＋冷水……カップ½

揚げ油……適量

天つゆの作り方（⇨163ページ）

1 えびは頭と殻、背わたをとり、剣先と尾の先を少し切り落とします。

2 油がはねないように、包丁の先で、尾の中の水分をしごき出します。

3 加熱すると曲がるので、腹側の２～３か所に浅く切り目を入れてのばします。

4 卵を泡立てないようにとき、冷水を混ぜます。小麦粉をふり入れ、さっくり混ぜます。

5 油を170～180℃に熱します（⇨155ページ）。えびの水気をふき、衣をつけて油に入れます。

6 衣がやや固まったら裏返し、色よく揚げます。

●天ぷらを揚げる順序

動物性の材料は、脂肪が出て油が汚れます。まず野菜（しいたけ、なすなどしんなりするものは野菜の最後）、次に魚介類、最後にかき揚げを揚げます。

かれい

旬	春〜夏

こんな料理に

さし身、煮つけ、から揚げ、ムニエル、フライ、蒸し煮など。

うろこと腹わたをとる

1 両面のうろこを、包丁の先で、尾から頭に向けて、ていねいにこそげとります。

2 裏側(皮の白いほう)の胸びれの下に小さく切り目を入れ、そばを軽く押して腹わたを押し出し、包丁でとり除きます。中に残っている腹わたや血を水で洗い、水気をふきとります。

かれいの煮つけ

頭を右、黒い皮のほうを上にして盛り、わかめは右手前に添え、煮汁をかけます。
一尾の魚の盛りつけは、ふつう頭が左、腹が手前です。かれいは例外です。

●材料(2人分)

かれい(約100g)……2尾
酒……カップ$\frac{2}{3}$
しょうゆ……大さじ1$\frac{1}{2}$
みりん……大さじ1
生わかめ……20g

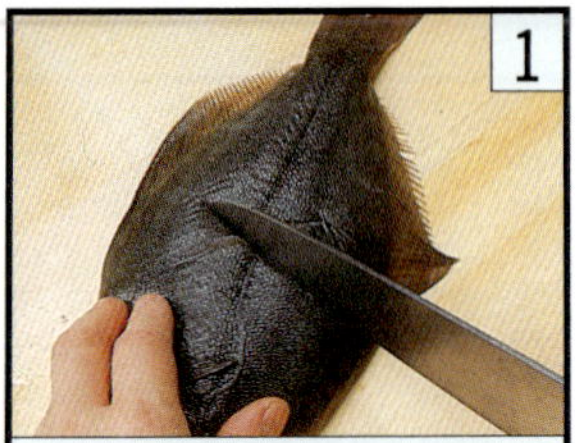

1 うろこと腹わたをとり、黒い皮の中央に、包丁の先で×印の切り目を入れます。

▶調味料がしみこみやすくなります。皮も破れません。

◀魚が大きくて、尾ひれが鍋の側面についてしまうときは、尾と鍋の間にアルミホイルをはさんでおくと、こげつきません。

2 鍋に調味料を入れて、強火で煮立て、かれいの表を上にして重ならないように入れます。

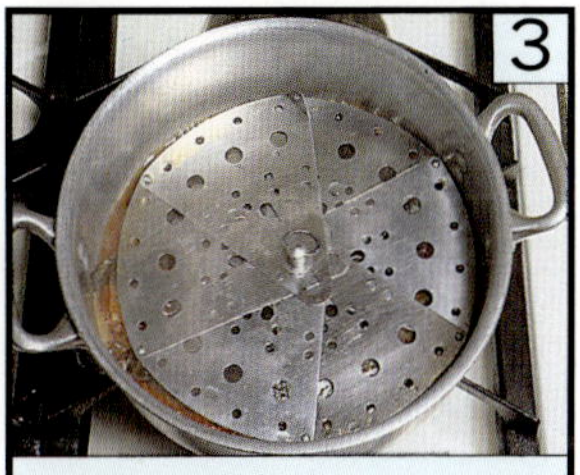

3鍋の直径より少し小さめの落としぶたをします。

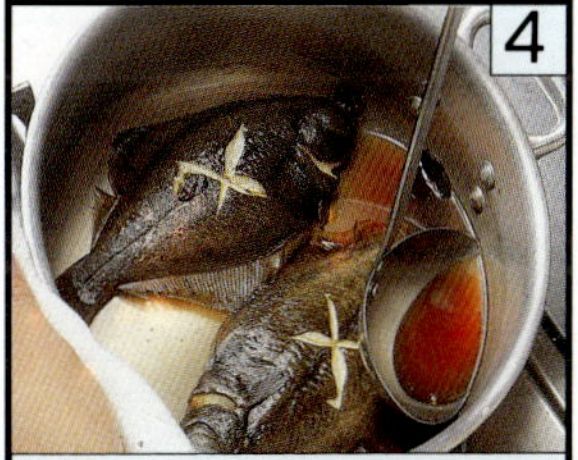

4再び煮立ってきたら中火にし、時々煮汁を魚にかけて、味を平均にしみこませます。

5 20分くらいで煮あがります。火を止めて、落としぶたをとり、あら熱をとります。フライ返しなどでそっと、とり出します。

6生わかめは水で洗い、4〜5㎝長さに切って、魚の煮汁でさっと煮ます。

●落としぶた

材料に直接ふれるように、平たいものでふたをすることを落としぶたといいます。市販されていますが、なければ軽めの皿やアルミホイルで代用できます。

落としぶたをするのは、沸とうした汁の中で材料がおどって、形がくずれるのを防ぐためと、煮汁を全体にいきわたらせるためです。

木製のものは、水につけておいてから使うと、皮がくっついたり、汁がしみたりするのを防ぎます。魚に使った場合は、煮沸するとにおいがとれます。

▶火が弱いと生ぐささが残ります。身がくずれやすいので、途中で裏返さずに仕上げます。

▶煮えたての魚は、身がやわらかく、くずれやすいので、数分おいてさまします。これを、**「あら熱をとる」**といいますが、完全にさめてしまってはおいしくないので、ころあいをみて器に移します。

▶煮魚の添えものは、わかめ、ごぼう、ねぎ、なすなどを煮汁でさっと煮たものがよく使われます。

●煮魚の鍋

魚が重ならないように、底の広い、浅めの鍋が理想的です。魚が重なると火が充分に通らなかったり、魚がくっついてきれいに煮えません。

●煮魚の煮汁

煮汁の調味料の割合は、魚の種類によってかえます。かれい、たいなど味の淡泊なもの、新鮮なものはあっさりとうす味に。甘みもひかえます。いわし、さば、かつお、まぐろなど脂肪の多いもの、背の青いもの、身のやわらかいものは、濃いめに味をつけ、時間をかけて煮ます。鮮度の落ちた魚は、砂糖、みりん、酒などを多くして濃いめに煮ます。

煮汁を煮立てた中に魚を入れるのが基本です。魚の表面が急速に固まるため、うまみが流れ出るのを防ぎます。

さば

目が黒々として澄んでいる
尾がピンとしている
体の模様がはっきりして全体につやがある
腹がかたくしまっている

これはまさばです。腹に黒点のあるごまさばもありますが、まさばのほうが脂肪が多く、美味です。

こんな料理に
しめさば、みそ煮、おろし煮、塩焼き、竜田揚げ、トマトソース煮、甘酢あんかけなど。

旬	秋〜冬

三枚おろし

包丁はいつも、手前に引くように扱い、のこぎりのように動かさないこと。そのために、よくといでおきます。

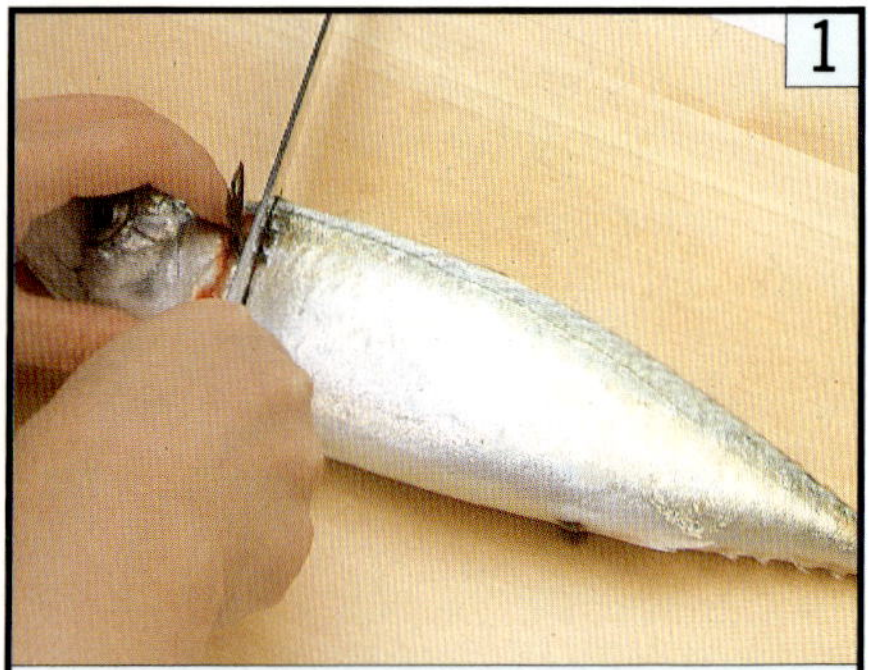

1 さばはよく洗って水気をふきとり、頭を左、腹を手前にして、まな板に置きます。左手で頭を押さえ、胸びれの下に斜めに、包丁を半分くらいまで入れます。

2 裏返して、同じように包丁を入れ、頭を切り落とします。

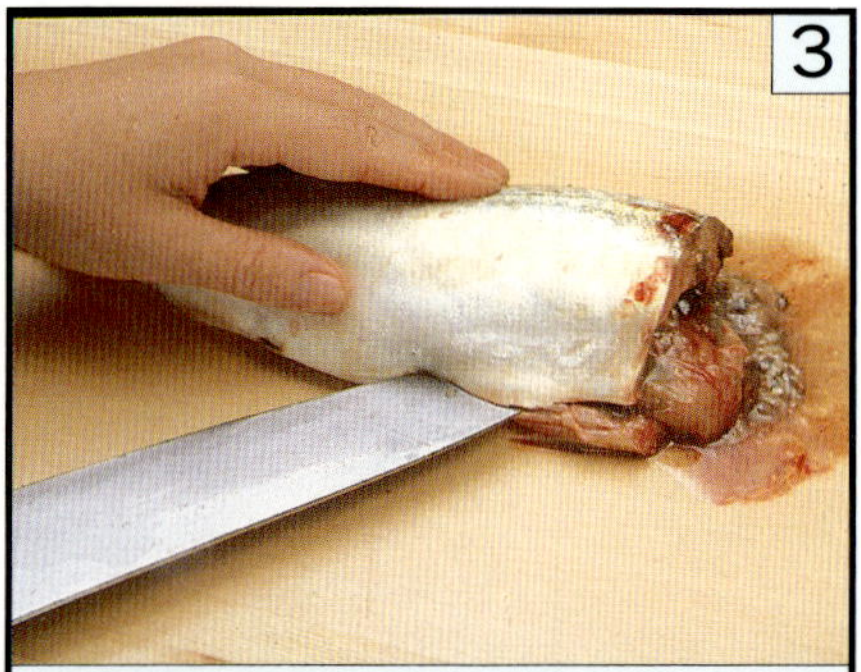

3 頭のほうを右上、腹を手前に置き、腹のまん中に尾の近くまで切り目を入れます。

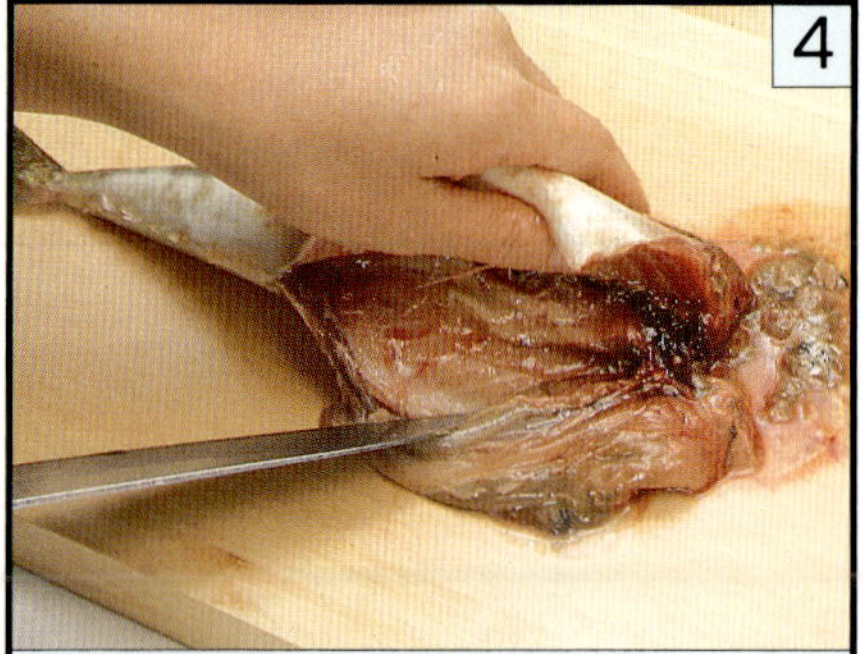

4 包丁の先で、腹わたをかき出します。

▶かれい、たい、きすなど、うろこのかたい魚の場合は、うろこをとってから（⇩36ページ）、頭を切り落とします。

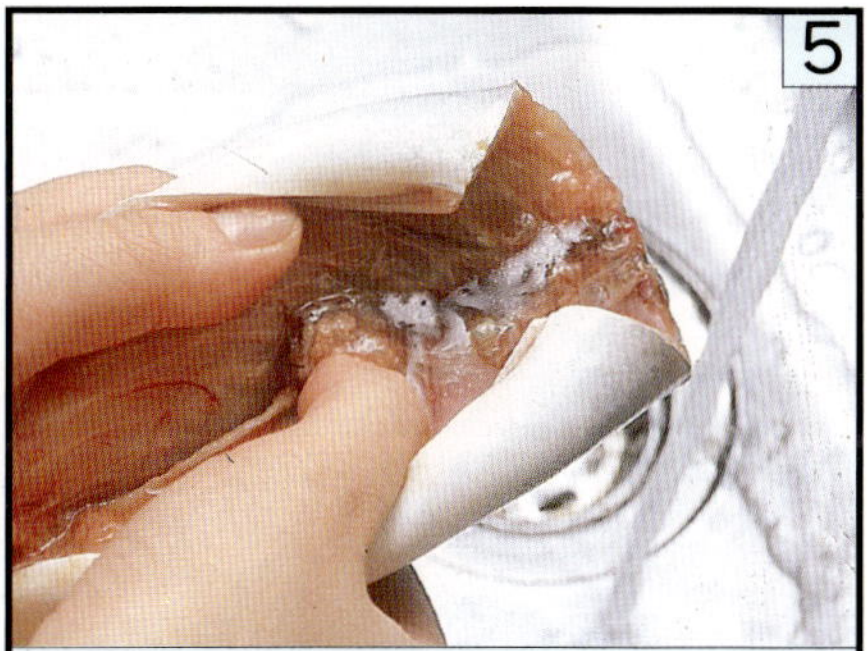

5水を流しながら、よく洗います。特に中骨にそって固まっている血を、きれいにとります。

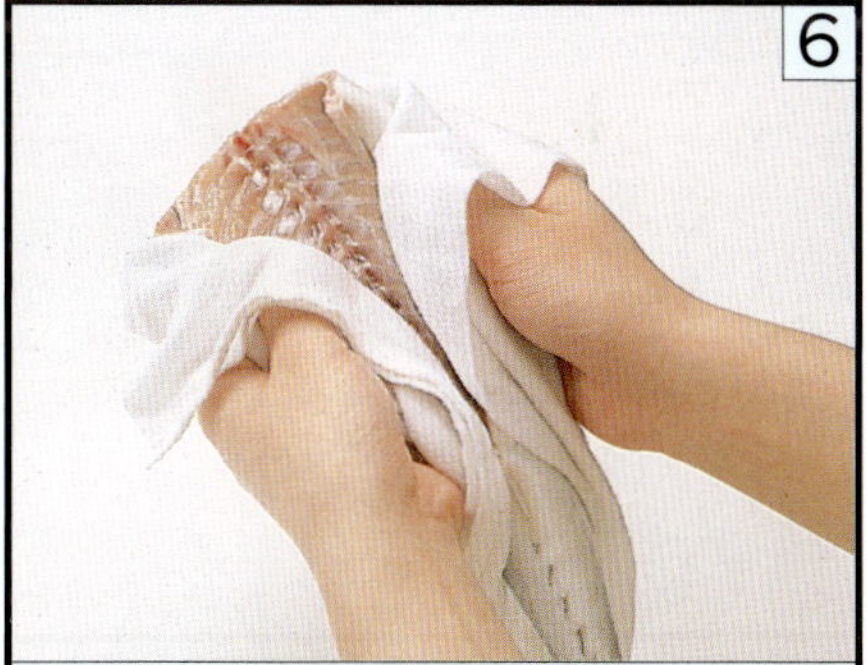

6ぬれぶきんかペーパータオルで水気をふきとります。これ以降は洗いません。まな板も洗って、きれいにします。

7頭のほうを右上、腹を手前に置き、包丁をねかせて腹側から中骨のあたりまで切りこみ、尾のところまで切ります。

8魚の向きをかえ、7と同じ要領で、尾のほうから中骨にそって、頭のほうまで切ります。

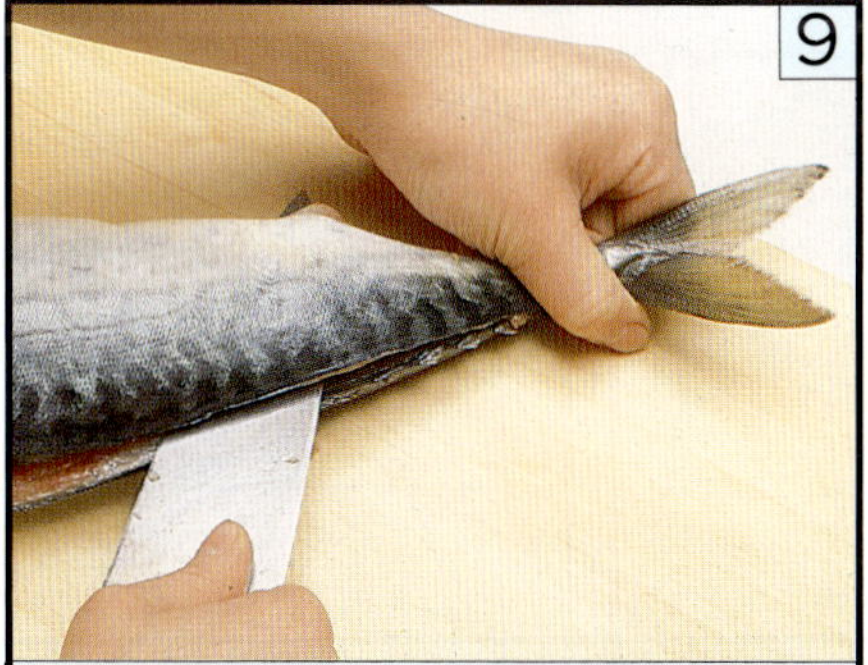

9左手で尾を持ち、包丁の先を尾のところにさしこみ、中骨の上側にそって、頭のほうに向かって切り、身と骨を離します。

10ここまでが二枚おろしで、骨のついている身といない身とに分かれます。

さばのみそ煮

皮を上、腹側を手前にして盛り、針しょうが（⇨88ページ）をのせ、ねぎを添えます。

●材料（2人分）

さば……½尾（約350g）
酒……カップ¼
みりん……大さじ1
しょうゆ……小さじ1
水……カップ½
赤みそ……大さじ1½
砂糖……小さじ1
ねぎ……½本
しょうが汁……小さじ1
針しょうが……少々

1 二枚か三枚におろしたさばの1片を2つに切ります。ねぎは3cm長さのぶつ切りにします。

2 鍋に酒、みりん、しょうゆ、水を煮立ててさばを入れ、煮汁をかけながら5～6分煮ます。

3 さばによく火が通ったら、みそ、砂糖を煮汁でやわらかくといて加えます。

4 ねぎも入れ、落としぶたをして弱火で10分ほど煮ます。最後にしょうが汁をかけて火を止めます。

▲みそ、しょうが、ねぎなどと一緒に煮ると、魚の生ぐささが消えます。梅干しも効果があります。

▶そぎとった骨は、頭や中骨と一緒に、だしをとったり、あら煮にしたりと利用できます。

●残ったさば

塩をふって（⇩25ページ）よく水気をふき、ラップで1切れずつきちんと包んで冷凍します。半解凍のまま焼けば、塩焼きに。

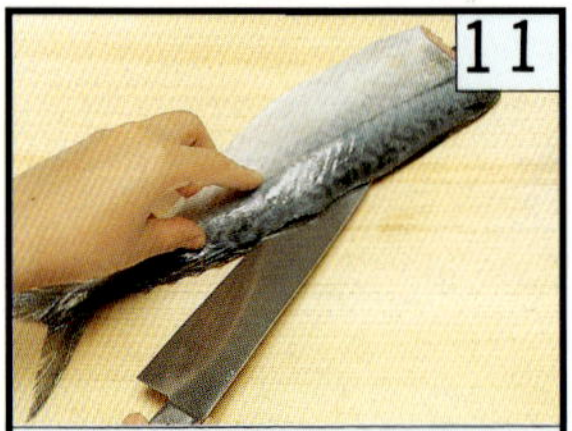

11 骨のある身を、骨を下にして置き、背側から中骨に向けて浅く包丁を入れます。

12 次に腹側からも同様に切りこみ、最後に中骨の上側にそって包丁を進ませて、骨と身を離します。

13 これで三枚におろしました。

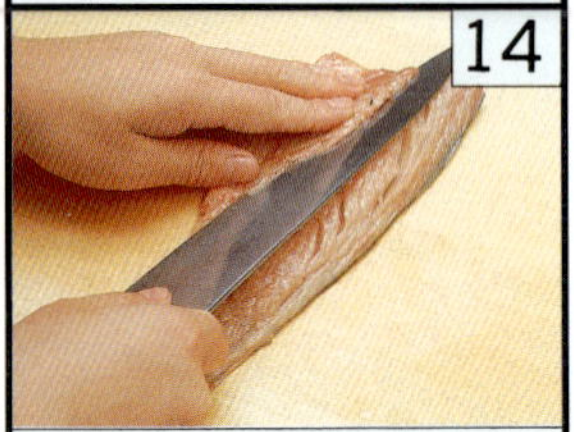

14 おろした身の、中骨のあったあたりから、斜めに腹側にそって包丁を入れ、腹骨をそぎとります。

さわら

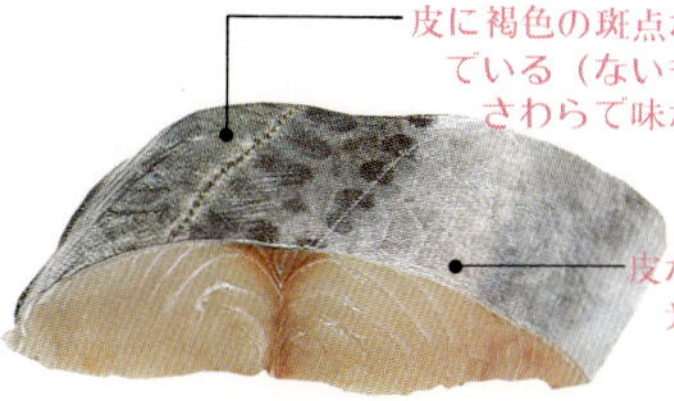
皮に褐色の斑点が並んでいる（ないものは沖さわらで味が落ちる）
皮が銀色で光沢がある

旬	冬～春（特に1～2月）

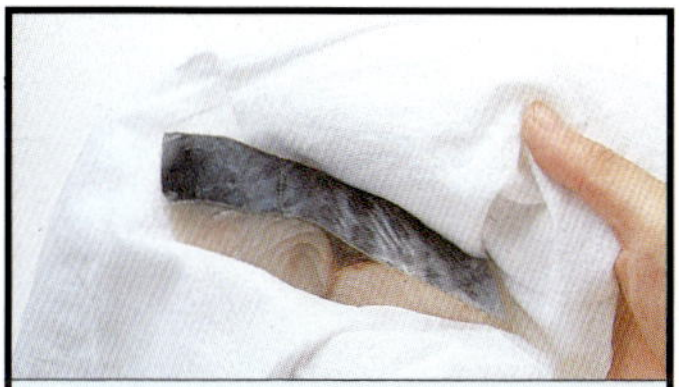

洗うとうまみが逃げるので、ペーパータオルでふく程度にします。ただし、汚れているものや汁が出ているものはさっと洗います。

汁の多いものは、店頭に長く置かれたと思われるので、避けます。また、ラップ材の内側に霜がついているものは、1度解凍したものをもう1度冷凍しているので味が落ちます。

こんな料理に

塩焼き、照り焼き、みそ漬け、酒蒸し、バター焼きなどに。

さわらの西京焼き

皮を上にして盛り、酢れんこん（⇨123ページ）は手前に添えます。

●材料（2人分）

- さわら（約80gのもの）…2切れ
- 塩…小さじ½
- 白みそ…100g
- みりん…大さじ1
- 酒…大さじ½

1 さわらの両面に塩をふり、冷蔵庫で1時間ほどおいて、流水で塩気をさっと落とし、水気をふきとります。

2 白みそ、みりん、酒を混ぜ合わせます。

3 ふたのある容器に2のみその半量を入れ、ガーゼを敷いて、さわらを並べます。

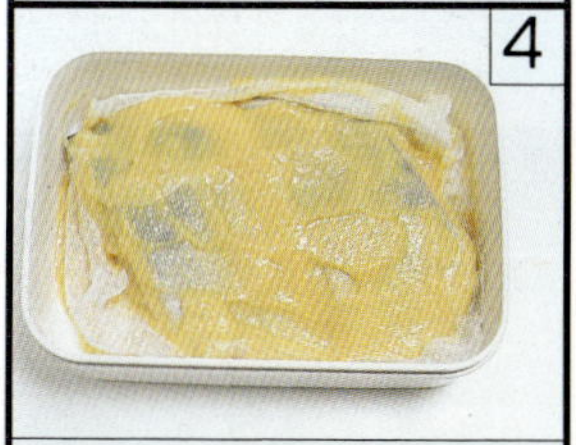

4 ガーゼをかぶせて、残りのみそをのせ、ひと晩おいてから、ぶりと同様に（⇨44ページ）焼きます。

さんま

目がいきいきしている
長さが30cm以上で
幅が広く太っている
うろこが
はがれて
いない
腹がかたく
弾力があり
破れていない

こんな料理に
塩焼き、かば焼き、おろし煮、竜田揚げなど。

旬	9〜10月

●さんまの腹わた

ふつう、丸ごと1尾の魚を調理するときは、腹わたを除きます。

でも、さんまは例外です。新鮮なもので、ちゃんと火が通っていれば、腹わたも食べられます。

適度なほろ苦さがあって、さんまの塩焼きはここがいちばんおいしい、という人もいるくらい。栄養的にもすぐれています。残してしまうのはもったいない話です。

さんまの塩焼き

●材料（2人分）

- さんま……………2尾
- 塩（さかなの重さの1〜2%）……………小さじ1
- だいこんおろし……適量
- しょうゆ……………少々

2つに切ったときも、頭を左、腹が手前になるよう盛りつけます。

グリルを使った焼き方

1 1尾のままだと両端がはみ出るので、2つに切ります。ざるにのせ、両面に塩をふって、5〜10分おき、水気をふきとります。

2 盛りつけたとき上になるほうから焼きます。

3 片面に焼き色がついたら、裏返します。両面にほどよいこげ目がつき、切り口の赤い部分が固まったら火が通っています。

▲グリルはふつう、先に熱する必要はありません。受け皿に水を入れて使います。魚が見えにくいので、時々ようすをみて焼きすぎないようにします。

受け皿は、さめると汚れがとれにくいので、なるべく熱いうちに洗います。

にじます

目がいきいきしている
うろこがしっかりして
表面につやがある

▶肉のやわらかい白身魚です。さけの仲間ですが、川や湖など淡水で育つ川魚。現在はほとんどが養殖です。

こんな料理に

ムニエル、から揚げ、塩焼きなど。

うろこをとる

細かいうろこがついています。表面にぬめりがあるので、しっかり押さえてていねいにこそげとります。（36ページ）きれいに洗い流し、水気をふきとります。

●その他の川魚

あゆややまめなど、皮のやわらかい川魚は、包丁の背側でぬめりをとります。うろこはとらなくても、気になりません。

にじますのムニエル

●材料（2人分）

- にじます……2尾
- 塩……小さじ½
- こしょう……少々
- 小麦粉……大さじ2
- サラダ油・バター……各大さじ1
- さやいんげん……60g
- バター・塩・こしょう……各少々
- レモン……¼個

1うろこと皮のぬめりをこそげとり、腹わたを出します。よく洗って水気をふき、ざるに並べて塩・こしょうをします。

2水気をふいてから、小麦粉をつけます。余分な粉は手ではたくようにして落とします。

3フライパンに油とバターを熱し、2を盛りつけたとき、表になるほうから焼きます。

4さやいんげんは、ゆでてから3cm長さに切り、バターでいためて塩、こしょうをします。

ぶり

こんな料理に
塩焼き、照り焼き、あら煮など。

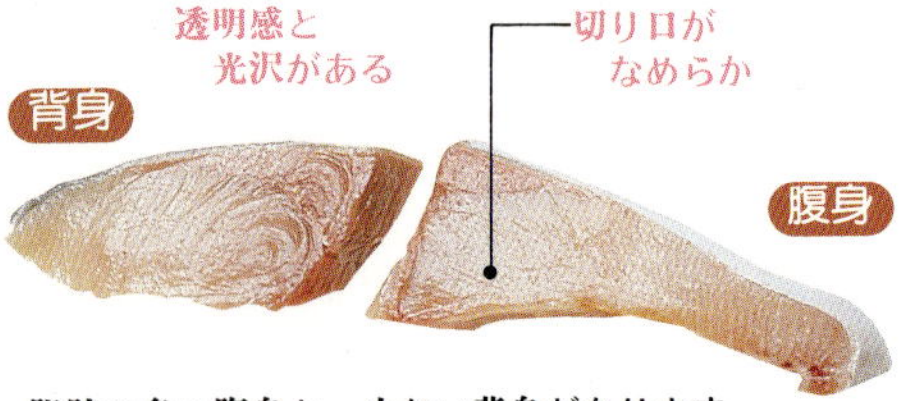

脂肪の多い腹身と、少ない背身があります。好みや料理に合わせて選びましょう。

旬	12～2月

●魚のあら
魚の頭、骨、尾、ひれなど、身をとった残りをあらと呼びます。中でも、かまと呼ばれるぶりのあごの下がおいしく、だいこんなど野菜と煮たり、鍋もの、汁ものに使ったりします。たれにつけてスペアリブ風に焼いてもおいしい。

ぶりの照り焼き

照り焼きは、切り身の魚の料理法として、塩焼き同様ポピュラーです。ぶり以外にも、いなだ、さわら、いかなどで。とり肉にも応用できます。

幅の広いほうを左、皮を向こうにして盛り、菊花かぶ(⇨61ページ)を右手前に添えます。筆しょうが(⇨86ページ)、酢れんこん(⇨123ページ)、だいこんおろしなども合います。

●材料(2人分)
ぶり(80gくらいのもの)……2切れ
たれ
- 砂糖……大さじ1
- しょうゆ……大さじ1
- 酒……大さじ1
- みりん……大さじ½

菊花かぶ……2個

1 たれの調味料を合わせ、ぶりを20～30分ほどつけます。途中で時々返します。

2 たれを鍋にとり、2～3分煮てとろりとさせます。

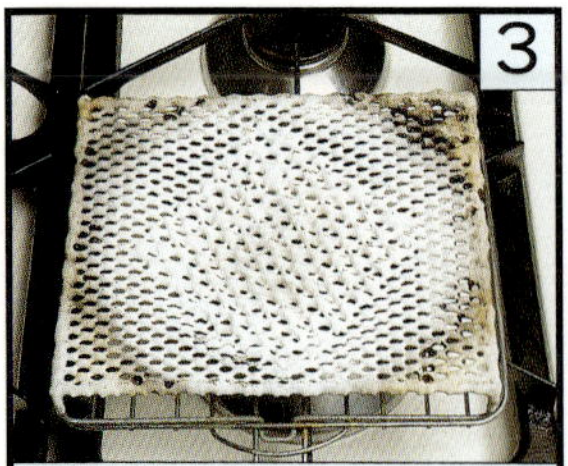

3 魚がくっつかないように、焼き網をよく熱します。裏返して、魚をのせる面を直接炎にあてると、早く熱くできます。

4 ぶりの汁気をとり、表になるほうから焼きます。網がきれいなうちに表側を焼くためです。はじめは強火、10秒くらいで中火にします。

5 おいしそうな焼き色がついたら裏返します。反対側も焼けて網から離れるようになったら、表面にたれをはけで塗って裏返します。乾いたらまた塗ります。これを2～3回くり返し、照りを出します。

▲魚の焼きかげんは、表三分《ぶ》、裏七分《ぶ》といわれます。これは、表にきれいな焼き色がついたら裏返し、裏側でじっくり中まで火を通すように、ということなのです。切り身なら、網にのせてから7～8分で焼きあげるのをめやすに。

▶たれがこぼれて、網やレンジの受け皿にこげつきます。使ったあとの網は、汚れを水で洗い落とし、さびないように火で乾かします。網にこびりついたものは、火にかけて焼きると、とり除けます。

レンジの受け皿には水を入れておき、あとではずして洗います。はずれない場合は、アルミホイルを敷いておくと、あとの手入れがらくです。

鍋照り

照り焼きは、フライパンでも手軽にできます。たれがからみやすいので、前もってつけておく必要はありません。

●材料（2人分）

ぶり		2切れ
塩		少々
サラダ油		大さじ½
たれ	しょうゆ	大さじ1
	酒	大さじ1
	みりん	大さじ1

1 ぶりの両面に塩をふり、ざるにのせて5分ほどおき、下味をつけます。その間に、たれの調味料を合わせておきます。

2 フライパンを温めて油を入れ、ぶりを入れます。中火で2分ほど焼き、裏返してふたをし、また2分ほど、中に火が通るまで焼きます。

3 ぶりをとり出し、フライパンの油をペーパータオルでふきとります。調味料を入れ、半量くらいになるまで煮つめます。

4 ぶりをもどして、表裏両面にたれをからめます。皿に盛り、残ったたれをかけます。

まぐろ

まぐろのような大形魚は、切り身のほか、さし身にしやすい適当な大きさの長方体にして(これをさくどりという)売っています。ここでは、さくの扱いについて説明します。

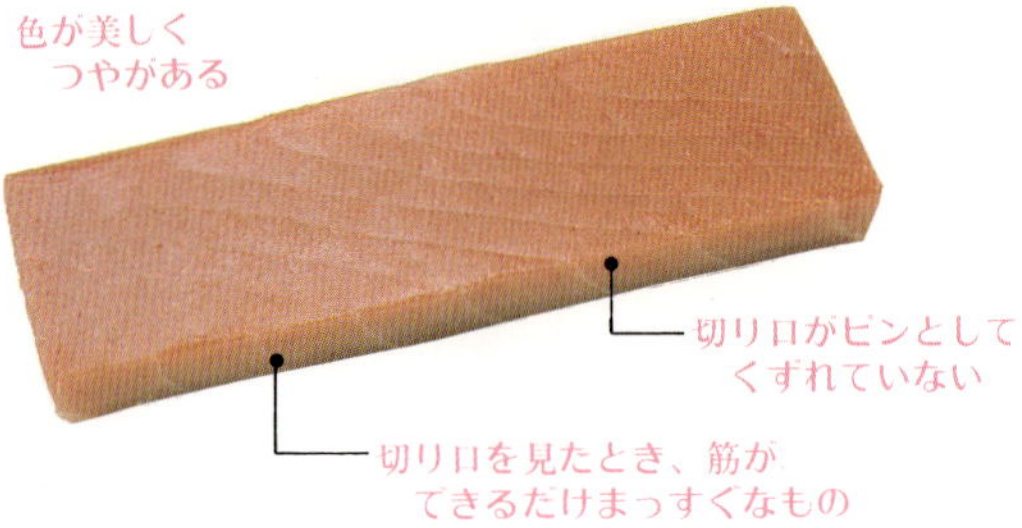
色が美しく
つやがある
切り口がピンとして
くずれていない
切り口を見たとき、筋が
できるだけまっすぐなもの

引きづくり

慣れない人向きの切り方です。

1

1まな板の手前の端から3～4cm離れたところに、身の薄いほうを手前にして置き、包丁をまっすぐ構えます。刃元をさくの角に切りこみ、一気に刃を引きながら包丁の先まで、包丁全体を使って切り終えます。1切れの厚みは7～8mmに。

2

2包丁を左にずらし、同様にして次々と切っていきます。

冷蔵庫で半解凍にする

市販のまぐろは、ほとんどが冷凍品をもどしたものです。まだかたく凍っているさくを買った場合は、冷蔵庫か解凍室に6～7時間入れます。表面はやわらかく、中心はまだ凍っている状態で包丁を入れます。もどしすぎると、きれいに切れません。

●さし身を切るときの注意

さし身を切ることを「つくる」といいます。

さし身は食べる直前に切ります。また、さくで買った魚は、洗わずにさし身にします。

魚のにおいがつかないように、さし身を切るまな板は、必ずぬらしてから、かたくしぼったふきんで水気をふきとって使います。

そぎづくり

にぎりずしや鉄火丼の種は、そぎづくりにします。たい、すずきなど白身魚の場合は、もっと薄く切ります。

1 包丁を右に傾けるようにねかせ、左端からそぐように切ります。

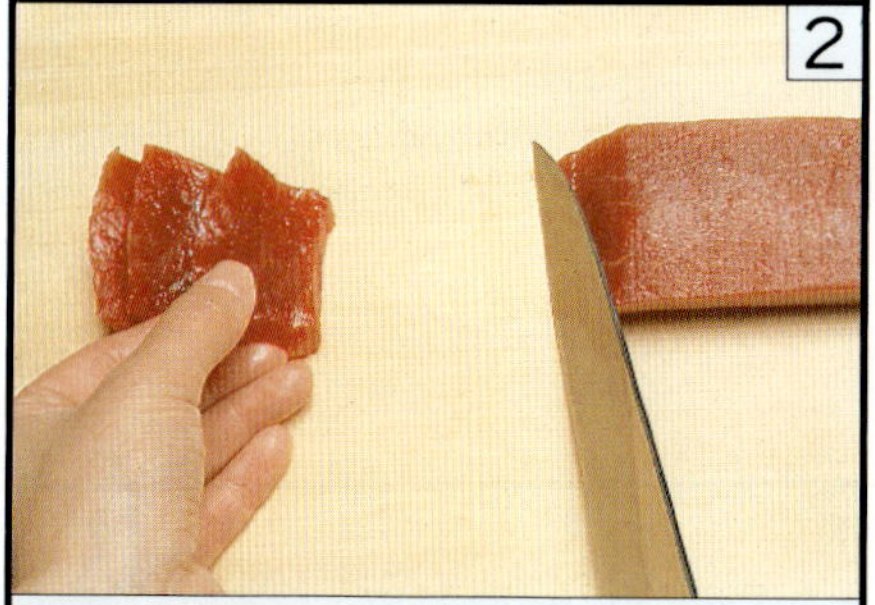

2 ひと切れずつ、包丁か手で左に移し、重ねます。

さし身の盛りつけ方

3、5、7切れと、奇数に盛ります。まず、つまを後ろに盛り、さし身を少しずらすように重ねて置きます。わさび、穂じそ、芽じそなどの飾りは適当な場所に。

平《ひら》づくり

一文字づくり、切り重ねともいい、代表的なさし身の切り方です。

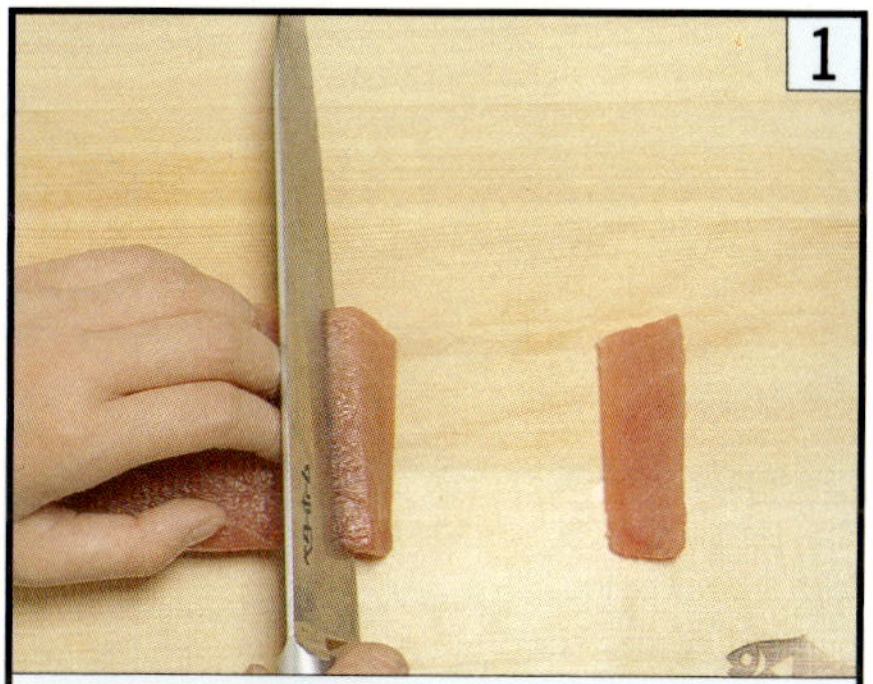

1 左手で軽くまぐろを押さえ、包丁をやや左に傾ける感じで構え、刃元で角に切りこみます。

2 刃を引きながら切り、包丁の先まで、包丁全体を使って切り終えます。

3 そのまま包丁ごと4～5㎝右に移し、切ったまぐろを重ねていきます。

わかさぎ

うろこがはげ落ちていない
淡い銀色ですき通っている

旬　冬〜春

こんな料理に

骨も腹わたもとらずに、丸ごと揚げて、頭から食べられます。天ぷら、から揚げ、南蛮漬け、フライ、マリネなど。

わかさぎの南蛮漬け

頭を左にして器に盛り、右手前にねぎを添えます。

●材料（2人分）

- わかさぎ……10尾
- つけ汁
  - 酢……大さじ1½
  - 酒……大さじ1½
  - しょうゆ……大さじ1½
  - みりん……大さじ1½
  - 水……カップ¼
- 赤とうがらし……½本
- ねぎ……1本
- 揚げ油……適量
- かたくり粉……適量

1 わかさぎは、水を流しながらよく洗い、水気をふきとります。

2 酢、酒、しょうゆ、みりん、水を鍋に入れて、さっと煮立て、平たい容器に移します。

3 赤とうがらしは水につけておき、種をもみ出します。小口切りにして、つけ汁に加え、さまします。

4 ねぎは、3㎝長さのぶつ切りにし、金網にのせて強火で焼き、こげ目がついたらつけ汁につけます。

5 揚げ油を約170℃に熱し（⇨155ページ）、わかさぎにかたくり粉をまぶして入れ、カラリと揚げます。

6 熱いうちにつけ汁につけます。冷蔵庫で1週間は保存できます。

こんな料理に

しじみは、よいだしが出るので、殻つきのまま汁ものに。

あさりは、汁もの、あえもの、かき揚げ、炊きこみごはん、酒(ワイン)蒸しなど。

はまぐりは、焼きはまぐり、うしお汁、煮もの、酒蒸し、チャウダーなど。

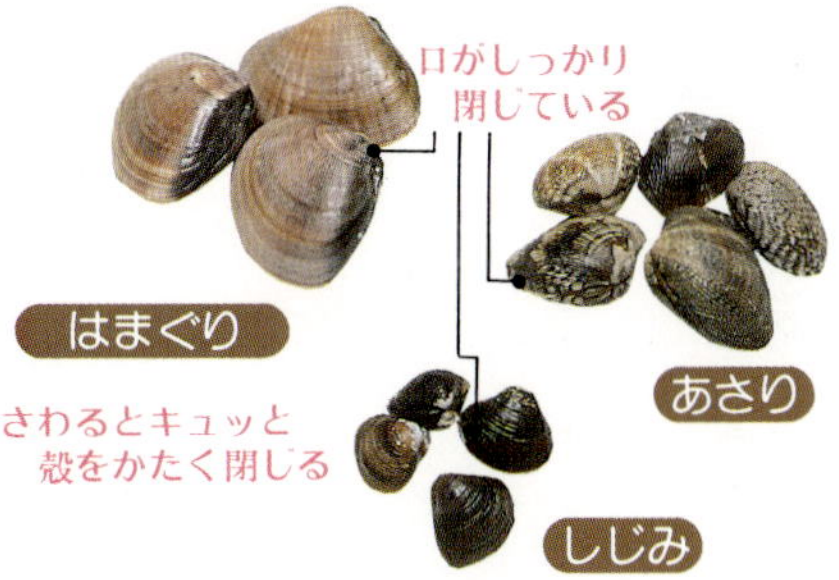
口がしっかり
閉じている
はまぐり
あさり
さわるとキュッと
殻をかたく閉じる
しじみ

旬　あさり、はまぐりは晩秋～早春、しじみは冬

殻つきの貝は砂を吐かせる

あさり、はまぐりは海水程度の塩水（3％＝水カップ1に塩小さじ1）に、しじみは真水につけて、暗いところに2～3時間おきます。水の量は、貝が半分つかる程度に。

貝が呼吸して、水を飛ばすことがあるので、ボールか目の細かいざるを、ふたがわりにかぶせておきましょう。

殻と殻をこすり合わせるように

充分に砂を吐かせたら、真水を入れたボールの中で、殻と殻をこすり合わせるようにして洗います。

●砂抜き

採りたての貝なら、最低5～6時間はつけておかないと、砂が残りますが、店先に並んでいるものはある程度の砂は出ています。2～3時間つければいいでしょう。

「砂抜き」として売っている貝も、一応、30分くらいは塩水につけたほうが安心です。

あさりの酒蒸し

●材料（2人分）

あさり……300g
酒……大さじ1
万能ねぎ……2本

●貝を煮るとき

加熱しすぎるとかたくなるので、口が開いたらすぐ火を止めます。

鍋で

鍋にあさりと酒を入れ、ふたをして強火で2～3分加熱。貝の口が開いたら火を止めます。器に盛り、ねぎの小口切りを散らします。

電子レンジで

あさりが重ならないように並べて酒をかけます。ふたをして約3分加熱します。

▶貝を押さえるような、ピッチリしたふたやラップは、口が開きにくいので避けます。口が開かない貝は、別皿でもう1度加熱。それでも開かないものは捨てます。

ムール貝

殻が汚れていても気にしない
口がしっかり閉じている

こんな料理に

くせのない味で、スペイン料理やフランス料理によく使われます。

足糸を引っ張ってとる

足糸を出して、岩などにくっついています。上下に動かしながら引っ張って抜きとります。とれないときは調理ばさみで切ります。

たわしで洗う

殻つきのまま使うときは、殻の汚れをたわしで洗います。とれないときは、ナイフで削りとります。

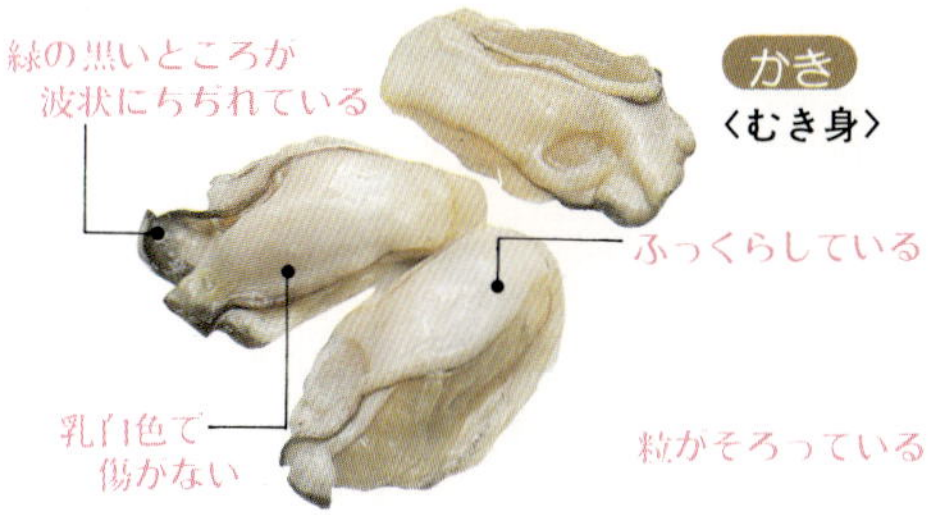
かき
〈むき身〉
緑の黒いところが
波状にちぢれている
ふっくらしている
乳白色で
傷がない
粒がそろっている

▶生食用、加熱調理用と表示して売られています。料理に応じて使い分けましょう。

こんな料理に
フライ、酢がき、かき鍋、グラタンなど。

かきフライ

●材料（2人分）

- かき……150g
- 小麦粉……大さじ1½
- 卵……⅓個
- パン粉……適量
- 揚げ油……適量
- キャベツ……200g
- レモン……¼個

塩水で洗う

1 水カップ1に対し塩小さじ1の割合で塩水を用意します。かきを入れ、全体を混ぜるようにして洗います。

2 水を加え、2～3回水をかえて、手早く洗います。

だいこんおろしで洗う

酢がきなどにして生で食べるときは、塩のかわりにだいこんおろしの中で洗い、そのあと水で洗うと、きれいに仕上がります。

1 衣を準備します。卵はといて水小さじ1を加えて混ぜ、小麦粉、卵水、パン粉の順に並べておきます。

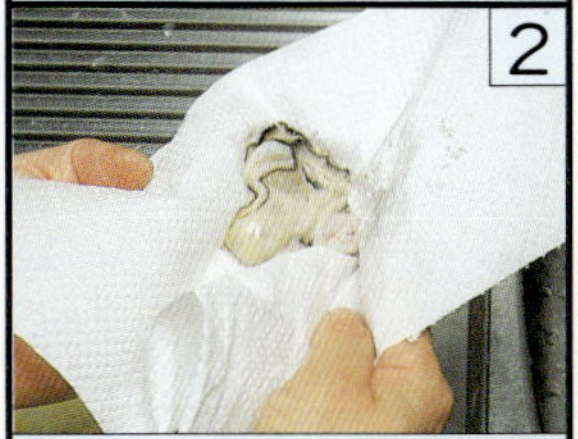

2 かきは洗ってざるにとり、ペーパータオルで水気をふきます。

3 小麦粉をまぶし、余分な粉ははらい落とします。卵、パン粉の順に衣をつけます。水気が出るのですぐに揚げます。

4 170℃～180℃に熱した油で、きつね色に揚げます。油の面を半分おおうくらいまで、1度に揚げられます。

しらすは熱湯をかける

おろしあえなど、そのまま食べるときは、さっと熱湯をかけます。においが消え、塩分も抜けます。

ちりめんじゃこ2種
ムラなく乾燥している
小さめでつやがあり、白い
しらす干し

▲しらす干しはいたみやすいので、残ったときは冷凍します。使うときは自然解凍で。

●干物の保存
新しいものなら、冷蔵庫で2～3日もちます。冷凍する場合は1尾ずつラップで包み、冷凍用ポリ袋に入れて保存。脂焼けするので1～2週間以内に使います。凍ったまま焼きます。

めざし
背が黒っぽい藍《あい》色
腹が銀白色で切れていない

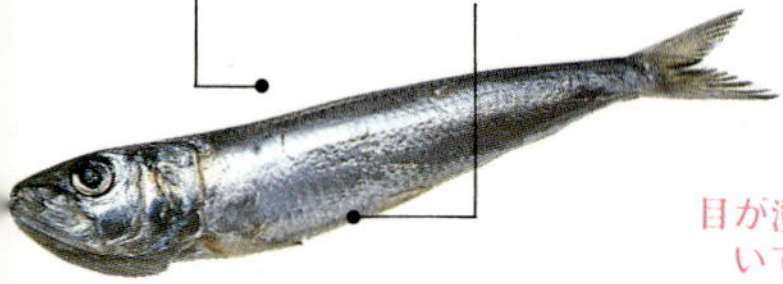
丸干し

〈まあじ〉
あじ
目が澄んでいてきれい

全体につやがよく透明感がある
〈むろあじ〉

まあじはむろあじより小ぶりですが、味は上です。

●しらす干しの仲間
いわしの3㎝以下の稚魚をゆでたものが**釜あげしらす**、それを干したものが**しらす干し**、しらす干しをよく乾燥させたものが**ちりめんじゃこ**です。大きめのものを、**かえりじゃこ**と呼ぶこともあり、もっと大きくなると**煮干し（いりこ）**になります。ゆでずに干したものが、おせち料理に使う**田作り（ごまめ）**です。

めざしは串をはずす

焼くときには串からはずして、1尾ずつにします。

PART 3

野　菜

野菜は、温度が低すぎると、かえっていたむものもあります。適した保存法を、次のような図で示しました。

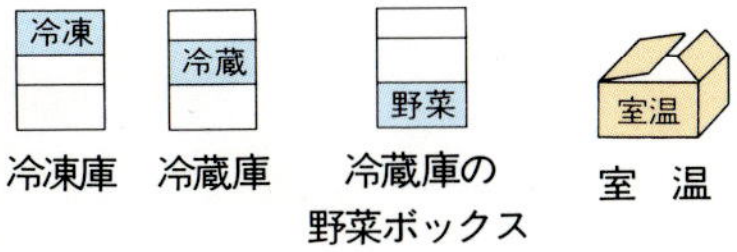

室温といっても、なるべく涼しくて風通しのよい場所に。暖房機器のそばや直射日光の当たる場所は避けます。

野菜は味も栄養も、新鮮なのがいちばんです。なるべく早く使いきるようにしましょう。

野菜の切り方

料理の材料、特に野菜は、作るものに合わせて、いろいろな形に切ります。料理に合わない切り方をすると、味がしみこみにくかったり、煮くずれてしまったりと失敗の原因になるのです。

よく使われる形をここにあげました。くわしい切り方は⇩の素材のところで説明してあります。

輪切り

だいこん、にんじんなど切り口が丸いものをそのまま輪に切ります。厚さは料理によって決めます。煮もの、鍋もの、揚げものに。⇩たまねぎ、トマト、ピーマン

半月切り

輪切りを半分にしたもの。輪切りでは大きすぎるときに使います。煮もの、汁ものに。⇩だいこん

いちょう切り

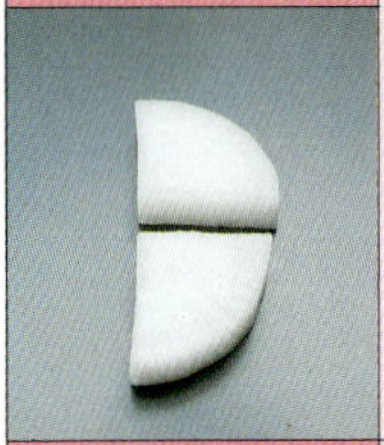

半月切りにしたものを、さらに半分にします。煮もの、汁ものに。⇩だいこん

色紙切り

薄く切った、2〜3㎝四方の正方形のこと。だいこんなどは、角柱形に切ったものを薄く切ります。⇩だいこん

ぶつ切り

ねぎ、ごぼうなど細い円筒状のものを、適当な長さに切ります。煮もの、焼きもの、鍋ものに。⇩ねぎ

さいの目切り

一辺が1㎝くらいのさいころ形に切ります。あえもの、酢のものに。⇩じゃがいも

くし形切り

丸いものを縦に放射状に切ります。煮もの、飾り用に。⇩たまねぎ、トマト

あられ切り

一辺が5㎜くらいのさいころ形に切ります。汁の実、あえものに。

みじん切り

あられ切りより細かく切ります。ごく細かいものと、少し大きめのあらみじんとがあります。⇩しょうが、たまねぎ、にんにく、ねぎ、パセリ

せん切り

幅1～2㎜に細く切ります。長さは料理によってさまざまです。いためもの、あえもの、汁ものに。⇩キャベツ、きゅうり、しそ、にんじん、たけのこ、ねぎ、ピーマン

千六本

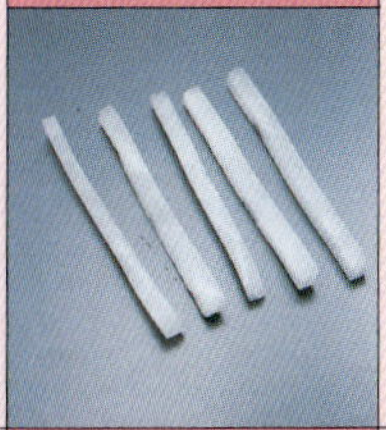

せん切りより少し太く、マッチの軸ぐらいの太さに切ります。あえもの、酢のもの、汁ものに。⇩だいこん

針切り

せん切りより細く、針のように切ります。天盛り、添えものに。⇩しょうが

拍子木切り

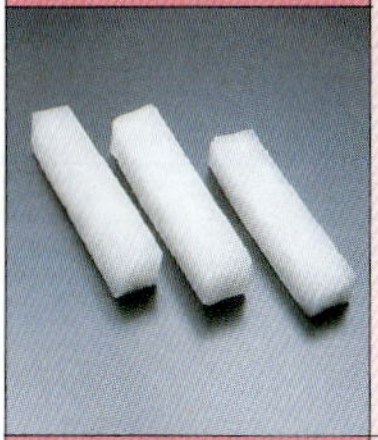

拍子木のような角柱形に切ります。煮もの、あえもの、酢のものに。⇩じゃがいも

たんざく切り

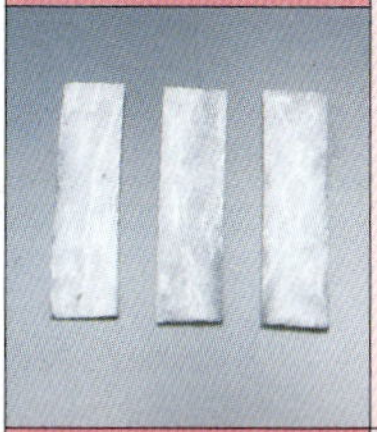

長方形に薄く切ります。サラダ、あえものには長さ4～5㎝、幅約1㎝くらい。汁ものには長さ約3㎝、幅5㎜くらいが適当。⇩うど

斜め切り

ごぼう、ねぎのように細長いものを、斜めに切ります。煮もの、汁もの、鍋ものに。⇩ねぎ

小口切り

材料の端から薄く切ります。煮もの、酢のもの、薬味に。⇩きゅうり、ねぎ

乱切り

ごぼう、にんじんなど、細長いものを、回しながら斜めに切ります。煮もの、汁ものに。⇩にんじん

野菜	冷蔵	冷凍
ポリ袋に入れて。	ゆでて密閉容器に入れて。2〜3日もつ。	かためにゆでて、ラップに包んで。

葉が肉厚で
大きさが
そろっている
ほうれんそう
みずみずしく
はりがある
こまつな

たっぷりの湯でゆでる

1 株が大きいときは、根元に十文字の切り目を入れておきます。

2 たっぷりの湯を沸とうさせ、根元のほうから入れます。鍋が小さければ、2度に分けてゆでます。同じ湯でかまいません。

▲塩なしで充分色よくゆであがるので、湯に塩を入れる必要はありません。(⇩80ページ)

根元をよく洗う

1 根がついているときは切りとり、きたない葉もとり除きます。水を流しながら、ボールの中で全体を洗います。

2 葉を広げるようにして、根元の泥をよく洗い落とします。

3 洗ったものからざるに置き、自然に水気をきります。

3 いったん静まった湯が、再び沸とうしてきたら、さい箸で上下を返します。

4 もう1度沸とうしたら、指で茎をつまんでみて、かたさをみます。

5 水を入れたボールを用意しておき、ゆであがったらすぐ水にとります。

6 水を数回かえて、す早くさまします。

7 根元をそろえます。水の中でそろえると、手早くできます。

8 根元から葉先へと手で握るようにして、平均に水気をしぼります。

ほうれんそうのおひたし

●材料（2人分）

- ほうれんそう……½束（150g）
- だし……大さじ1½
- しょうゆ……大さじ½
- けずりかつお……適量

▶残った½束は、かためにゆでて冷凍すると便利。半解凍であえものやいためものに使います。2〜3日なら冷蔵でももちます。

1 ほうれんそうはゆでて水気をしぼり、根元を切りそろえるか、根元まで使うときは食べやすいように切りこみを入れます。

2 だしとしょうゆを合わせ（割りじょうゆ）、ほうれんそうに小さじ1ほどかけます。しょうゆ洗いといい、下味がつきます。

3 手で握るようにして汁気を軽くしぼり、食べやすい長さに切ります。器に盛り、残りの割りじょうゆをかけてけずりかつおをのせます。

うど

室温

新聞紙に包んで

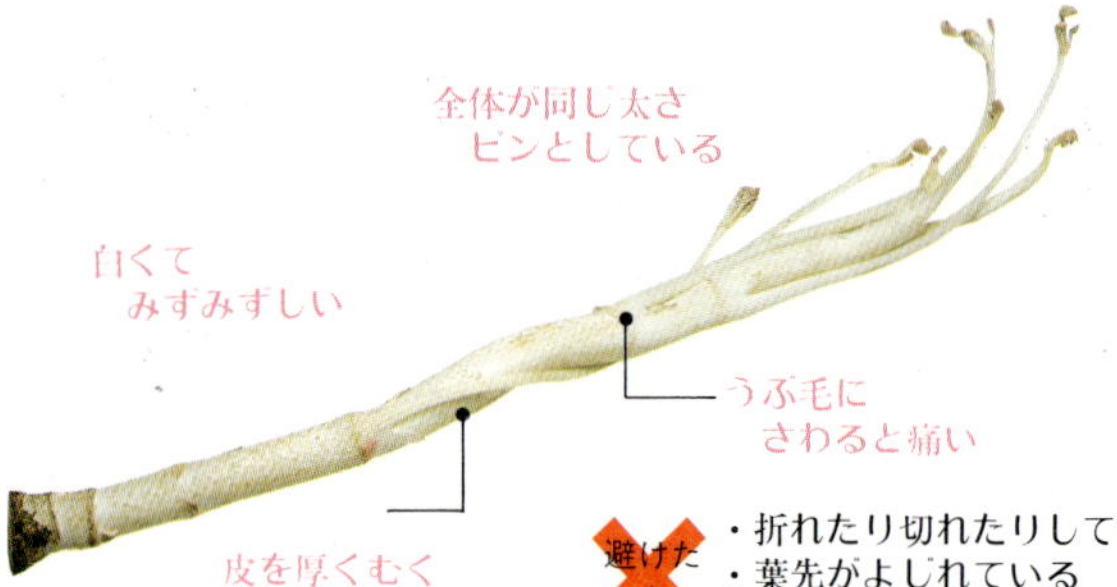

全体が同じ太さ
ピンとしている
白くて
みずみずしい
うぶ毛に
さわると痛い
皮を厚くむく
ので太いほう
がよい

避けたいもの
- 折れたり切れたりしている
- 葉先がよじれている
- 白い斑点がある

たんざく切り

4～5cm長さに切り、厚めに皮をむきます。太いものは縦半分にして、端から薄く切ります。

皮むきとアク抜き

皮ごと洗って、4～5cm長さに切ります。皮のすぐ内側はアクが強いので、皮は厚くむき、むいたらすぐ、酢を加えた水（水カップ1に対し酢小さじ1の割合）に入れて5～6分おきます。空気にふれて変色するのを防ぐためです。

キッチンメモ

●鍋底をふいてから火にかける

鍋ややかんを火にかけるとき、ちょっと注意してみてください。底に水がついていませんか。水滴がついたまま火にかけると、水を乾かすために、たいへんむだなエネルギーが使われます。鍋にすぐ熱が伝わるように、底をふいてから火にかける習慣をつけたいものです。

また、鍋底に汚れがついていてもエネルギーがむだになるので、鍋ややかんの周囲もきちんと洗いましょう。

●皮も利用する

厚くむいた皮はアクを抜き、細く切ってきんぴらにしましょう（きんぴらの作り方☞75ページ）。簡単な一品になります。

枝豆

冷蔵　買ったらすぐゆでて、ポリ袋や密封容器で。

冷凍　ややかためにゆで、ポリ袋に入れて。

さやが多く
すきまなく
実っている
ふっくらしている

塩でもんでからゆでる

1

1 さやに塩（さやの重量1kgに対して大さじ1強の割合）をもみこみます。色鮮やかになり、塩味がつきます。

2

2 沸とうした湯に入れてゆでます。好みのかたさにゆであがったら、ざるに広げて水気をきり、味つけに塩少々をふってさまします。

もみ洗い

水をはったボールの中で、両手でもむようにして洗います。

さやを切りとる

キッチンばさみで枝からさやを切り離します。

オクラ

野菜　湿気を嫌うので、袋などに入れずそのまま。

濃い緑色で、角がはっきりしている

がくをけずる

がくの部分はかたいので、形のまま使うときは、薄くけずります。

へたをとる

へたの先端を切り落とします。

洗う

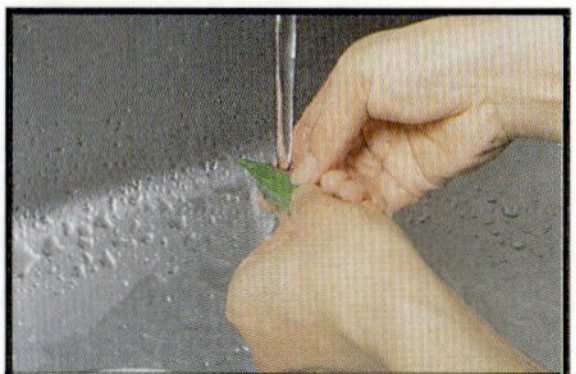

細かい毛があるので、毛についたほこりをとるように、洗います。

かいわれだいこん

白い部分が
5 cm以上ある
葉の緑が濃い

避けたいもの
・葉がいたんで、くっつき合っている

野菜
根をつけたまま、ポリ袋に入れて。

根を落とす

根を切り落とします。

ふり洗いする

葉のほうを持って、水を流しながらボールの中でふり洗いすると、茶色い殻がとれます。持ちかえて、葉のほうも洗い、ざるにあげて水気をきります。

かぶ

つやがある
しまっている
根が細くまっすぐ伸びている

避けたいもの
・葉がしなびたり、変色している
・傷やひび割れ、虫くいがある

野菜
葉を切り落とし、ポリ袋で。
葉はポリ袋に入れて。

葉を落とす

葉を切り落とします。茎を少しつけておくと、彩りになります。つけないときは、かぶの上部から切りとります。葉とかぶを水で洗います。

●かぶの葉の活用

葉は漬けもの、おひたし、煮もの、いためもの、汁の実などに使えます。さっとゆでてしぼり、密閉容器で冷蔵庫に入れるか、ラップに包んで冷凍します。

皮をむく

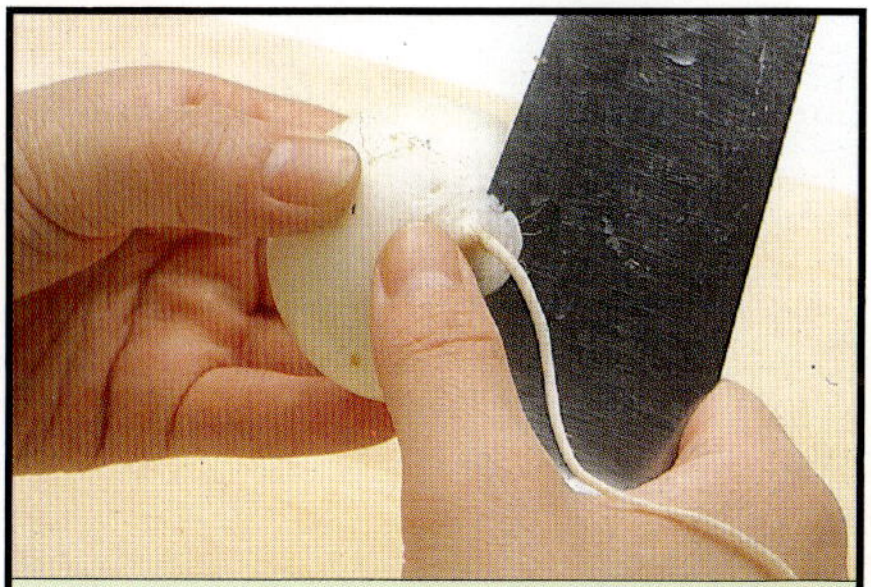

白くきれいに仕上げたいときは皮をむきます。根のほうからむき始め、かぶを回しながらむきます。漬けものや汁ものには、皮をむかずに料理します。

茎の間をよく洗う

茎を残す場合は、茎の間の泥や汚れを竹串などを使って、水を流しながら充分落とします。

菊花かぶ

●材料
かぶ……4個（約300g）
塩……小さじ1
甘酢
（酢……カップ½
砂糖……大さじ2
だし……大さじ4）
赤とうがらし……1本

できあがりが、菊の花に似ているので、この名があります。料理の添えものや、おせち料理に使います。だいこんを使えば、菊花だいこんが作れます。

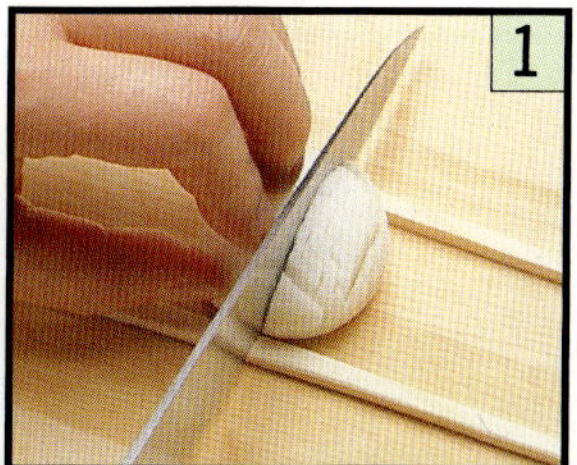

1 皮をきれいにむいて、前後に割り箸を置き、箸に包丁がふれるまで、縦横に細かく切り目を入れます。裏側に1文字のかくし包丁を入れると、味がしみやすくなります。

2 ボールに塩水（水カップ2½に対し塩小さじ1の割合）を作り、かぶを入れます。浮き上がらないよう、皿などで重しをし、15分ほどおきます。水気を軽くしぼります。甘酢を作り、赤とうがらしの小口切りを加えます。甘酢の中にかぶをつけ、時々上下を返して30分以上おきます。

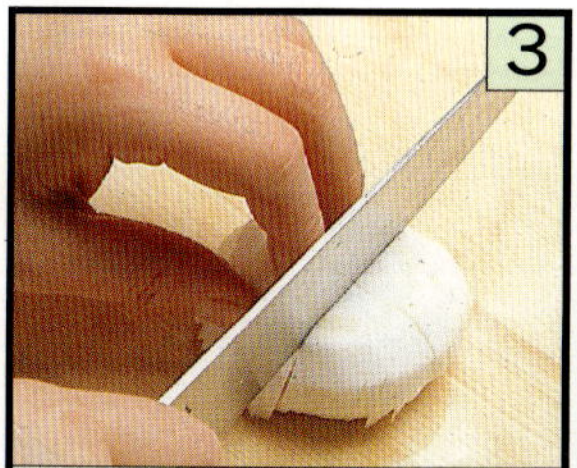

3 かぶを軽くしぼって菊の花のように形づくり、とうがらしを中央に飾ります。大きいかぶや、だいこんの場合は、かくし包丁を入れた箇所から4つに切ります。

かぼちゃ

室温
丸ごとのもの。包まないで。

野菜
切ったもの。ラップに包んで。

冷凍
かたゆでにして、ポリ袋か密閉容器で。

西洋かぼちゃ
ボタージユ、お菓子にも向く
大きさの割に重い
表面につやがある
切り売りの場合
果肉がしまって色が濃い
日本かぼちゃ
粉をふいている

かぼちゃの煮つけ

●材料（2人分）

かぼちゃ……1/4個（300g）
だし……………カップ1
みりん…………大さじ1 1/2
しょうゆ………小さじ1
塩………………少々

1 1個を2～4つに切ります。ころがらないように、かぼちゃをしっかりとまな板の上に置き、かたいへたを避けて包丁を入れます。かたいので手にけがをしないように気をつけましょう。割ってからへたの部分を切り落とします。

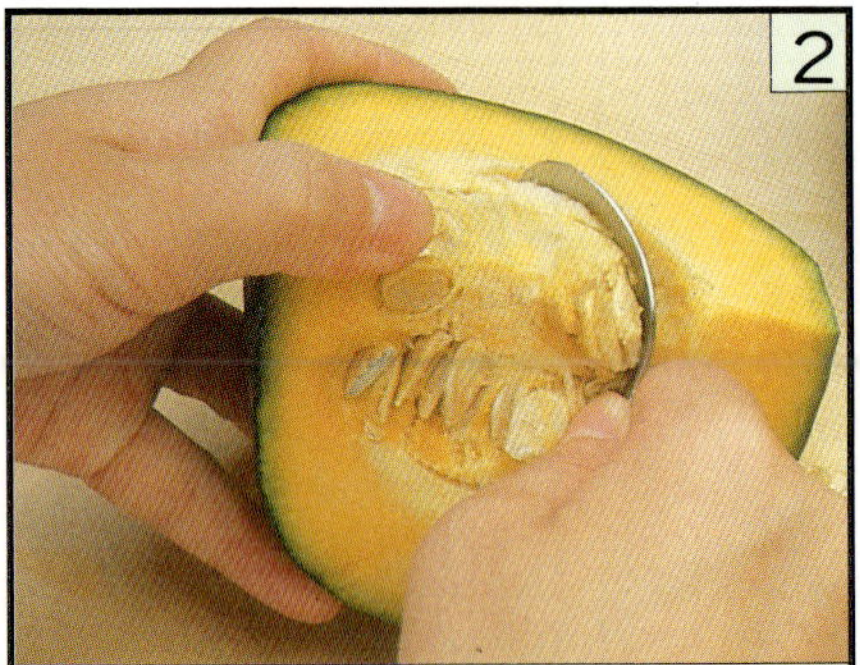

2 種とわたをスプーンなどでこそげとります。

3 3～4㎝角の食べやすい大きさに切ります。

4 切り口の角を少し落とします。これを**面とり**といい、煮くずれるのを防ぎます。

5 皮のところどころをしまになるようにむくと、味がしみやすく、見た目もきれいになります。

6 鍋にだしとみりん、かぼちゃを入れて火にかけます。火が通りやすいように、皮を下にして入れます。

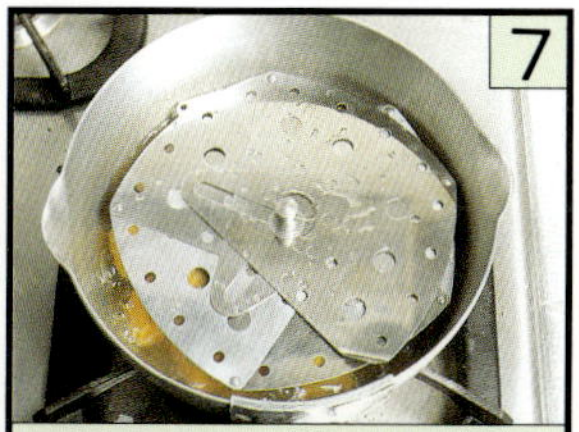

7 沸とうしたら落としぶたと鍋のふたをして、弱めの中火で5分ほど煮ます。落としぶたは鍋より少し小さいものを（⇨37ページ）。

8 煮汁の部分にしょうゆと塩を加えます。落としぶたをし、鍋のふたもして、煮汁が少なくなるまで煮ます。

9 やわらかく煮えたら火を止め、そのままさまして味を含ませます。

▲かぼちゃ、さといもなどは、素材によって煮える時間が異なるので、竹串を刺してかたさをみます。

キッチンメモ

●味見の習慣を

忙しいときなど、作ったものを味見せずに食卓へ運んでしまい、いただくときになって、しょうゆや塩をかけていませんか。せっかく手間をかけて作っても、これでは努力が台なしです。仕上がる前に小皿などにとり、必ず味を確かめましょう。

レシピどおりに作っても、季節や素材の違いで味は変わります。味の好みも人それぞれです。1回目はレシピどおりに作り、感想や気づいた点をメモしておき、次から作るときの参考にしましょう。慣れてくれば、調味料を初めに少し控えめに入れ、味見をして必要ならたす、といったこともできるようになります。

カリフラワー

冷凍

かためにゆでて、ラップかポリ袋、密閉容器で。

野菜

ラップに包んで。花が開かないうちに早めに使いきる。

白くてきれい
かたくしまって
ずしりと重みがある
大きすぎない

アクを抜くには

小麦粉を加えた湯でゆでると、アクが抜けておいしくゆであがります。（カップ5の水に対して小麦粉大さじ1の割合でとき入れてから沸とうさせます。）

▲沸とうした湯に酢を入れてゆでても、白く歯ごたえよくゆであがります。酢の味が残るので、シチューなどの下ゆでには不向き。サラダなどに向きます。量は、小麦粉と同じくカップ5の湯に対して大さじ1の割合です。(水から酢を入れると、沸とうするまでに酢の効果が弱くなってしまいます。)

下ゆでする

さっと洗って、小房に切り分けます。

水をはったボールに入れ、水を流しながらひとつずつ洗います。ざるにあげて、水気をきります。

カリフラワーが充分かくれる程度の、たっぷりの熱湯でゆでます。竹串で刺してかたさをみます。

色が変わったものは

表面に褐色の斑点があるのは霜にあたったりしたもので、品質が落ちます。また花が開いて黄色がかっているものも、味が落ちます。

葉をとる

茎のまわりについている緑色の葉を切り落とします。

きのこ

野菜

ポリ袋に入れて。1週間くらいもつが、1度水に通すと、いたみが早くなる。

えのきだけ

かさが小さい
そろっている
きれいな白色

避けたいもの	
	・軸が細くやせている ・軸の色が濃い

ふり洗いする

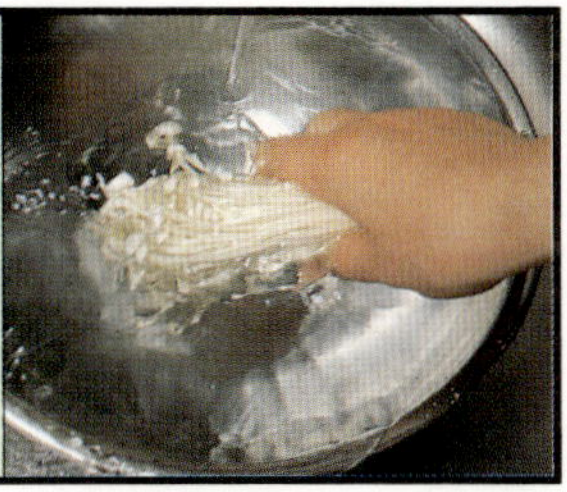

使う直前に、根元の部分を持って水中でふり洗いします。

根元を落とす

根元から3～4cmのところを切り落とします。

しいたけ

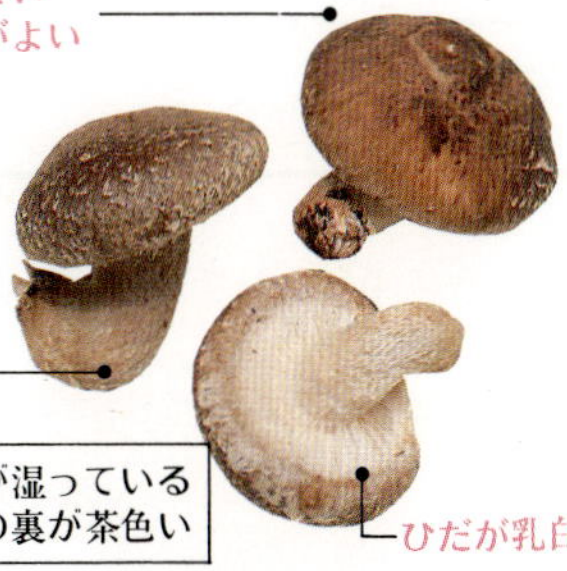
肉づきがよい
色つやがよい
太くて短い
ひだが乳白色

避けたいもの	
	・かさが湿っている ・かさの裏が茶色い

全体をさっと洗う

吸水しやすいので、水に長くつけないようにします。さっと洗い、水気をふきます。

石づきをとる

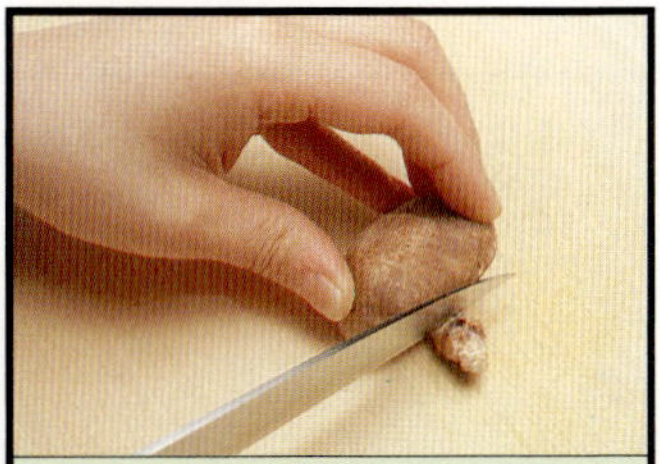

軸の先のかたい部分を石づきと呼び、切り落とします。残りの軸は料理によって切るか、つけたままにします。

▶切り離した軸は、縦に2～4つに裂くか、そぎ切りにして使います。

飾り包丁

包丁を斜めにしてV字に切りこみを入れます。しいたけの向きを変えて、同じように切りこみます。

しめじ

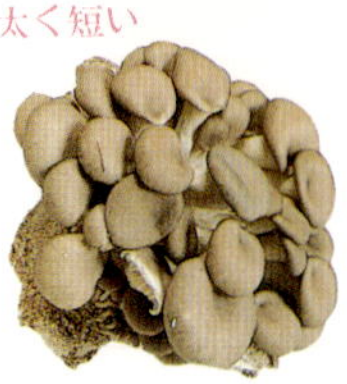
しめじ
太く短い
密集している

ほんしめじ

ほんしめじのほうが歯ざわりがよく、加熱しても形くずれしません。

●出回っているしめじ

「しめじ」として売られているものは「ひらたけ」。「ほんしめじ」という名のものも、実は「しろたもぎたけ」です。本来のしめじは栽培できないので、市場にはほとんど出ません。

根元を落とす

洗ってから、根元を切り落とします。あまり長く切ってしまうと、バラバラになってしまいます。

小分けする

手でいくつかに小分けします。

なめこ

小粒でそろっている
ねばねばのぬめりでおおわれている

おろしあえなど生で食べる場合は、さっとゆでて使います。

熱湯をかけて使う

袋入りのものは、水で洗います。ぬめりを落としたいときは、ざるに広げて、熱湯をかけます。

マッシュルーム

すべすべして丸みと厚みがある
軸が太くて短く弾力がある

避けたいもの	・かさの裏が黒い ・かさが開いている

レモン汁をかける

アクが強く、切り口がすぐに変色するので、生のまま使う場合は、レモン汁か酢水をかけて、変色を防ぎます。

まつたけ

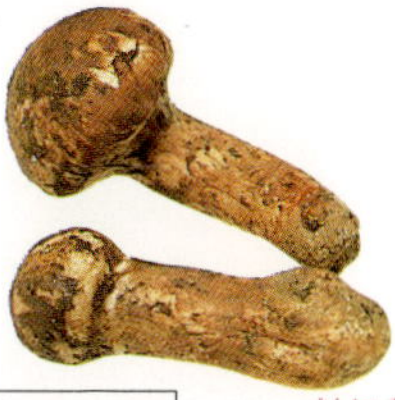
かさの
裏が白い
軸に弾力がある
香りが強い

避けたいもの	・乾燥している ・押さえるとふかふかする

●まつたけの保存
高価で貴重なまつたけ。多少香りはなくなりますが、冷凍も可能です。水気をよくふきとって、1本ずつきっちりラップで包み冷凍庫へ。解凍はラップをはずし室温で。

やさしく洗う

ふきんを使って、軽く土やごみを洗い流します。香りのある表面の薄皮までとってしまわないようやさしく洗います。

石づきをとる

石づきは、土のついた部分だけを、鉛筆をけずるようにけずりとります。軸をむだなく使います。

木の芽

濃い緑色
やわらかく
いきいき
している

避けたいもの	・葉の大きいものはかたい

野菜

密閉容器に入れるかラップに包んで1週間ほど。

木の芽は、さんしょうの若芽のことです。形のまま、吸いものの吸い口や、料理のあしらいに使ったり、すり鉢ですって木の芽あえにしたりします。形のまま使うときは、香りをよく出すために、たたいてから使います。

たたいて使う

洗って水気をふきとったあと、手のひらにのせ、もう一方の手のひらでたたきます。香りがとばないように、使う直前にたたきましょう。

キャベツ

冬キャベツは巻きがかたくて煮ものにも向き、春キャベツは巻きがゆるくて葉がやわらかく、特に生食向きです。小形で色の濃いグリーンボールは、やわらかくて生食に向きます。

外葉が緑色
重量感がある
切り口が新しくてきれい

野菜 室温

〈冬〉新聞紙に包み、芯を下にして。

ポリ袋に入れて。

避けたいもの	・頭がとがっている、重量感がない（育ちすぎ） ・外葉が白っぽい（すでに外葉を何枚もむいてある）

丸めてせん切りに

1軸の部分をとった葉は、半分に切って2～3枚重ね、両端を内側に丸めこむようにして押さえます。

2左手中指の第1関節を包丁の腹にあて、包丁の動きに合わせて少しずつ左にずらします。

1枚ずつはがすには

葉のつけ根に包丁で浅く切り目を入れ、切り目から1枚ずつはがします。

葉の白くかたいところをとる

白くてかたい軸の部分は、三角形に切り落とします。

かたまりで扱う

キャベツをたくさん使う料理のとき、かたまりで扱うと簡単です。

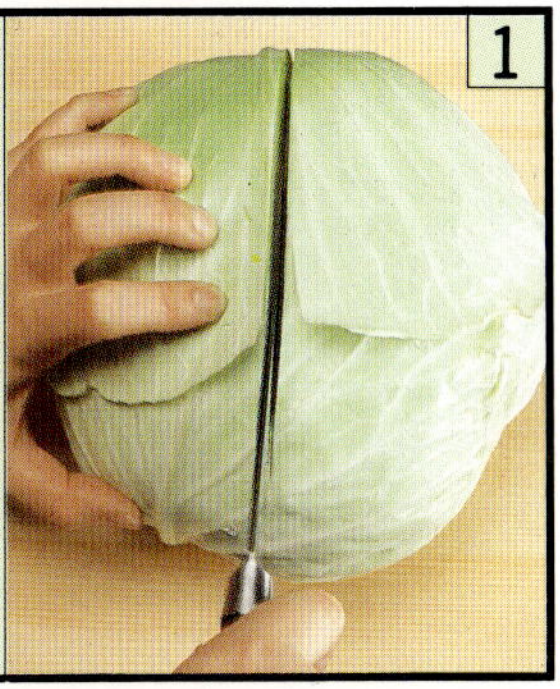

1 汚い葉ははがし、表面を洗って4～6つ割りにします。

2 切り口を流水で洗い、軸を三角形に切りとります。このまま煮こみに使うか、ざく切りにしていためものなどに。

電子レンジで加熱する

少しやわらかくしたいとき、電子レンジを使うと手軽です。

1 洗ったら水気のついたまま皿に広げてラップをかけ、電子レンジ（500W）で約2分（約100g＝3枚の場合）加熱します。

2 すぐにざるに広げてさまし、用途に合わせて切ります。軽く水気をしぼります。

キャベツのからしあえ

●材料（2人分）

キャベツ……150g
だし……大さじ1
しょうゆ……小さじ2
練りがらし……小さじ½～1

1 キャベツは軸をそぎとり、熱湯でさっとゆでるか、電子レンジで加熱します。

2 1.5×3cmくらいのたんざく切りにして、両手ではさんで軽く水気をきります。

3 練りがらしをだし、しょうゆでとき混ぜ、からしじょうゆを作ります。キャベツをあえます。

きゅうり

野菜

ポリ袋に入れて。

避けたいもの
- つるに近い部分がしぼんだように細い
- 指で押さえるとフカフカする

たたく

味をしみやすく、食べやすくするために、軽くすりこぎなどでたたきます。ある程度ひびが入り、やわらかめになれば充分です。

板ずり

色が鮮やかになります。洗ってまな板に置き、1％の塩（1本に対し小さじ¼程度）をまぶして、手のひらで押さえながらころがします。手で持ってこすってもかまいません。さっと洗ってから使います。

せん切りB

1 長さがそろう切り方です。両端を切り落とし、長さを等分に切ります。それぞれ、縦に薄く切ります。

2 ずらして重ね、端から細く切ります。

せん切りA

1 皮の濃緑色をいかした切り方です。きゅうりを斜め薄切りにします。

2 ずらして重ね、端から細く切ります。

塩もみ

1 酢のものにするときなどの下ごしらえ。きゅうりを板ずりして薄い小口切りにします。

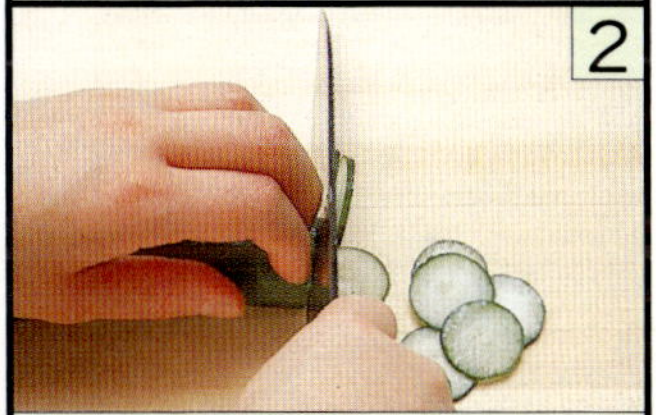

2 包丁のミネを心もち右に傾けて切ると、切ったきゅうりがころがりにくくなります。

3 ボールなどに入れ、約1％の塩（1本に対し小さじ¼程度）をふって5～10分おき、しんなりしたら手で軽くもみます。

4 水気をしぼります。（酢をかけるときは、緑色があせるので、いただく直前にかけます）

●小口切り

小口《こぐち》とは「切り口、横断面」の意味。長いものを横にして、端から切ることを小口切りといいます。大きさや厚さは、使いみちと好みに合わせて決めます。

きゅうりとわかめの酢のもの

●材料（2人分）

きゅうり……1本
塩……小さじ¼
わかめ（塩蔵）……10g
しょうが……少々
合わせ酢
　酢……大さじ1
　だし……大さじ1
　砂糖……小さじ½
　しょうゆ……小さじ1

1 きゅうりを板ずり（分量外）して洗い、小口切りにして塩をふります。しんなりしたら軽くもみ、水気をしぼります。

2 わかめは塩を洗い流し、水につけてもどします。さっと湯に通してから水にとってさまし、2～3cm長さに切ります。

3 しょうがは細いせん切りにし、水にさらします。合わせ酢を作り、1と2をあえます。しょうがを天盛り（⇨164ページ）にします。

グリーンアスパラガス

色鮮やかで
まっすぐ
かたく
しまっている
濃い緑色

避けたいもの	
	・茎に縦じわがある ・切り口が茶色い

野菜 ラップに包んで。

冷凍 ややかためにゆで、ラップに包んで。

▶鮮度が落ちやすく、日ごとにかたさや苦みが増すので、早めにゆでておきます。

たっぷりの湯でゆでる

1 料理に合わせて、適当な長さに切ります。

2 たっぷりの湯を沸とうさせ、根元から先に入れ、再び沸とうしたら穂先のほうも入れます。

3 1～2分ゆでます。1本とってさわってみて、やわらかくなっていたらざるにあげ、重ならないように広げてさまします。

▶ゆでるとき塩を入れる必要はありません。(⇩80ページ) また、鍋のふたをすると色が悪くなるので、ふたをしないでゆでます。

◀急速に冷やしたほうが色鮮やかになりますが、水っぽくなるので、水には入れません。

かたい根元は皮をむく

1 流水で全体を洗い、切り口から1～2cmのかたい部分を切り落とします。

2 下のほうはかたいので皮をむきます。左手でしっかり押さえ、皮むき器でむくと簡単です。

はかまをとる

▶ふだんのおそうざいなら、あまり気にすることはありません。

形のまま使うときは、はかまをそぎとったほうがきれいです。

グリーンピース

避けたいもの	・さやの表面がカサカサしている ・茶色がかっている

野菜

さやつきは、そのまま新聞紙に包んで。3日以内に使う。

冷蔵

さやつきでないものはすぐにゆで、ポリ袋などに入れて。

ゆでる直前にむく

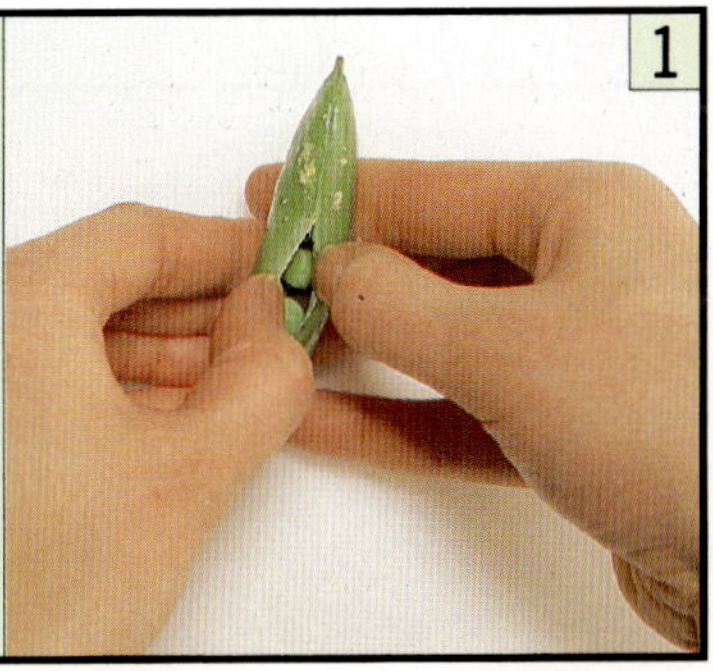

1 さやの筋目に親指の爪をたて、左右に開きます。

2 親指で押し出すようにして豆をとり出し、水で洗います。

青豆ごはん

●材料（2人分）

米…米用カップ2（360cc）
グリーンピース（さやつき）…250g（正味90g）
水…400cc
酒…大さじ1
塩…小さじ½

●炊きこみごはん
塩やしょうゆなどの調味料は、吸水を妨げます。米が充分吸水してから調味します。

1 米は洗って水気をきり、分量の水に30分以上つけておきます。グリーンピースはさやから出してさっと洗います。

2 米にグリーンピースを加え、酒と塩を入れて全体を混ぜ、炊きます。

▶グリーンピースはそれ自体の水分でやわらかくなるので、ごはんを炊く水の量は増やさなくてもだいじょうぶです。

ごぼう

野菜　室温

新聞紙に包んで、乾かないようにする。

ラップに包んで。

（葉がついていたら、つけ根から切る。）

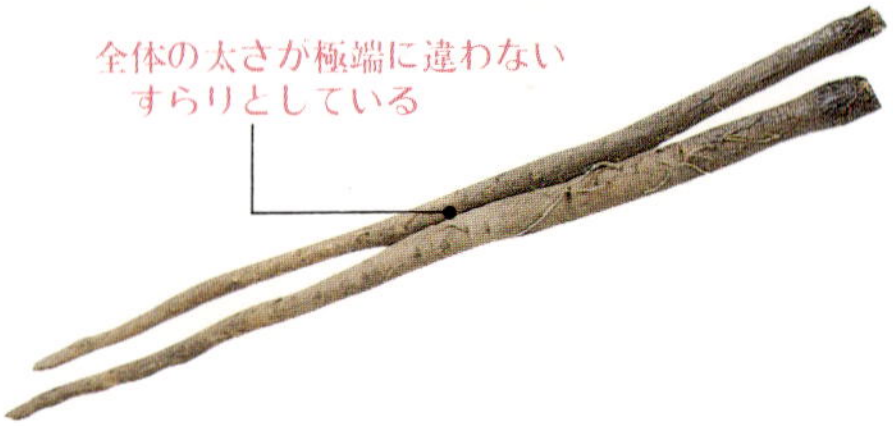

全体の太さが極端に違わない
すらりとしている

避けたいもの
・葉のついていたほうに、ひび割れのあるものは、芯がスカスカしている
・太いほうが黒ずんでいるものは古い

アク抜き

切り口が空気にふれると、すぐ黒ずむので、切るそばから水に入れて、変色を防ぎます。

▲つけておく水は、黒くなってもかえません。切り終えたら、水気をきり、そのまま洗わずに調理します。白く仕上げたいときは、水に酢を加えます。酢の量のめやすは水カップ１に対して小さじ１の割合です。

たわしで洗う

流しで水を流しながら、たわしで洗います。新ごぼうなど、皮のやわらかいものは、このまま切ります。

皮をこそげる

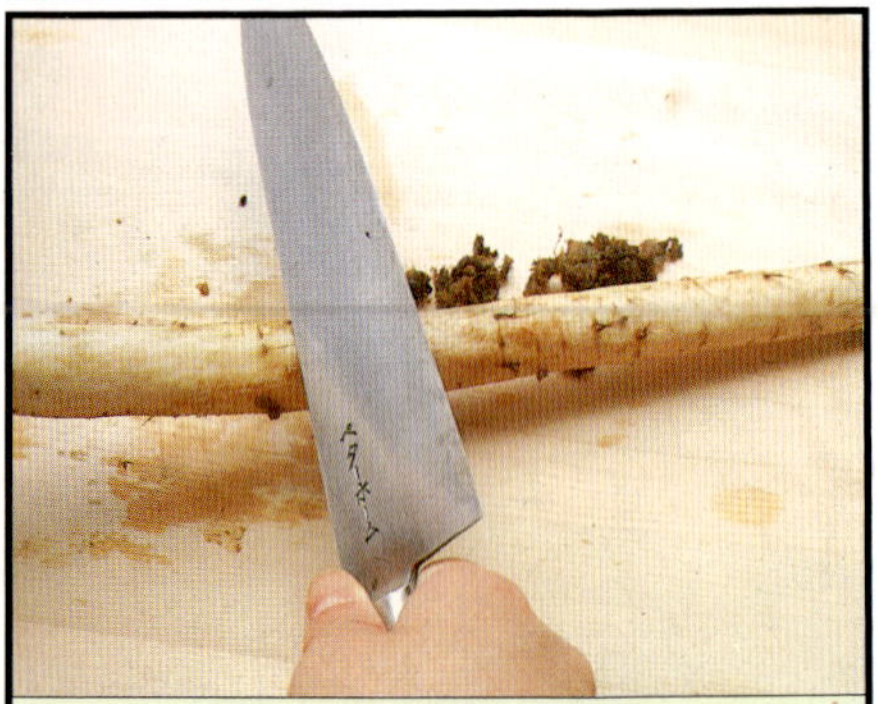

包丁のミネ（背）で皮をこそげ（こすりとり）ます。ごぼうの風味は皮にあるので、皮はむかず、こそげる程度で使います。

きんぴらごぼう

●材料（2〜4人分）

- ごぼう……$\frac{2}{3}$本（120g）
- にんじん……$\frac{1}{4}$本（50g）
- いりごま（白）…大さじ1
- 赤とうがらし……1本
- ごま油……大さじ$1\frac{1}{2}$
- 砂糖……大さじ1
- みりん……大さじ$\frac{1}{2}$
- しょうゆ……大さじ1
- だし……大さじ3

1 にんじんは5cm長さの太めのせん切り（⇨107ページ）、ごぼうも同じ大きさに切ります。ごまは香ばしく温めます（⇨151ページ）。

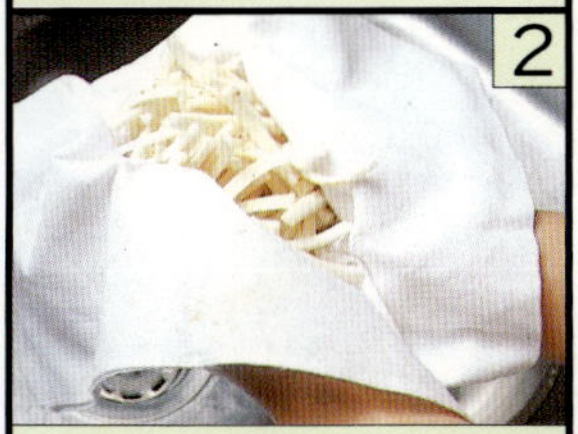

2 赤とうがらしは種をとって（⇨166ページ）小口切りにします。ごぼうをざるにあげ、水気をふきとります。

3 鍋に油を熱して、ごぼうとにんじんを強火で充分いためます。

4 砂糖、みりん、しょうゆ、だしを加え、中火で汁気がなくなるまでいりつけ、最後に赤とうがらし、白ごまをふり入れて仕上げます。

ささがき

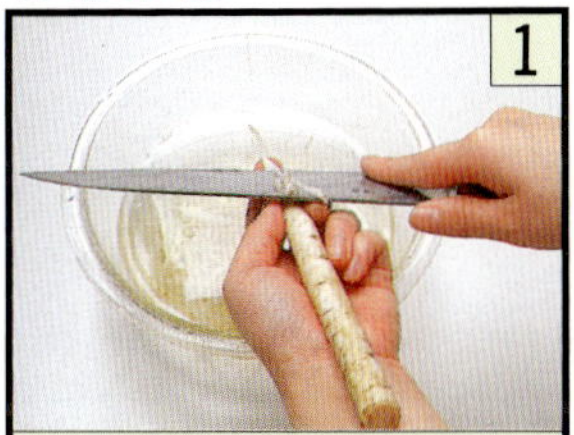

1 必要な長さに切ったごぼうを、左手の人さし指にのせ、指先から2cmほど出します。水をはったボールを下に置き、鉛筆をけずる要領で、包丁をねかせ、ごぼうを回しながらけずります。

2 慣れない人は、ごぼうの先をまな板にあてて、けずるとよいでしょう。

3 ごぼうが太いときは、縦に4〜5本浅い切り目を入れておくと、細く仕上がります。

▲包丁をねかせると薄く、細長くなり、立て気味にすると、ぶ厚い仕上がりになります。けずれなくなったら、薄切りにします。

さつまいも

室温

新聞紙に包んで。切り口からいたみやすいので、なるべく使いきるが、切り残しはラップに包む。冷蔵庫には入れない。

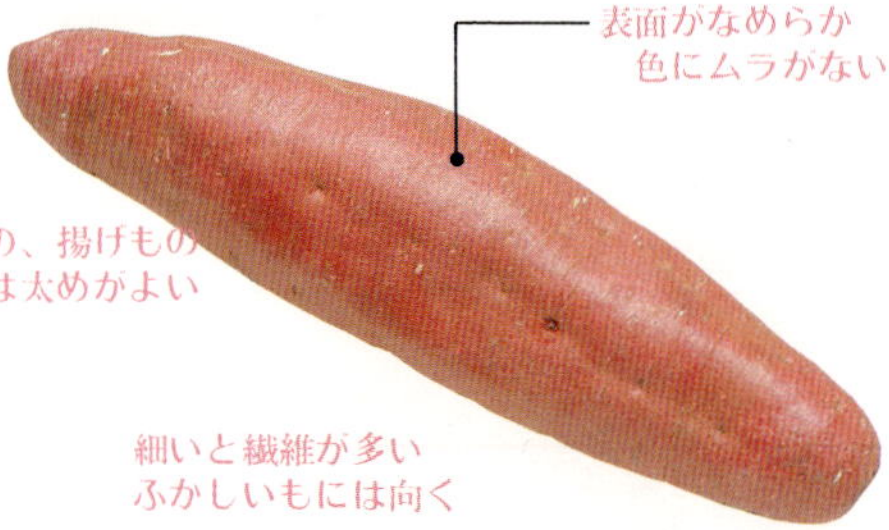
表面がなめらか
色にムラがない
煮もの、揚げものには太めがよい
細いと繊維が多い
ふかしいもには向く

さつまいもの甘煮

●材料（2人分）

さつまいも…中1本（200g）
水…カップ½
砂糖…小さじ2
みりん…大さじ1
塩…小さじ⅓

◀甘から煮などおそうざい用のときは、皮を厚くむく必要はありません。また厚くむいた皮は、細く切って油で揚げ、砂糖をまぶせば、いもけんぴというお菓子ができます。

1両端はアクが強く繊維も多いので、2～3cm切り落とし、2cmくらいの厚さの輪切りにします。切り口の内側に、皮にそって輪の筋が入っています。これを除くように厚く皮をむきます。アクが強いので、切ったらすぐに水にさらします。

2分量の水に調味料を加えていもを入れ、紙ぶたをして弱火で汁が少なくなるまで煮ます。

▶火を止めてから少しおいて味を含ませます。紙ぶたは、乾くととれなくなるので、火を止めたらはずします。

やわらかく、くずれやすいものを煮るときは、材料が中で踊らず、また上下をかえさなくてもよいように、軽い落としぶたをします。

材質は、パラフィン紙や和紙、アルミホイルが適しています。鍋の口径に合わせて丸く切り、中心に蒸気が抜ける小穴をあけます。

さといも

室温

新聞紙に包んで。長く保存できる。

ふっくらしている
皮が茶褐色で湿り気がある
泥つきで売っているものがよい

避けたいもの	
	・ひび割れしている ・ところどころが黒くなっている ・皮をむいて売っているものは味が落ちる

▶洗ったさといもは、半乾きにしてから皮をむきましょう。こうするとぬめりが出ないので皮がむきやすく、むいたあと手がかゆくなりません。

皮をむく

1 両端を切り落とします。

2 縦に同じ方向に皮をむいていきます。

3 新しいものは皮が薄いので包丁のミネでこするように皮をむきます。皮をこそげるといいます。

洗って半乾きに

1 泥つきのまましばらく水につけます。泥が水分を吸って洗いやすくなります。

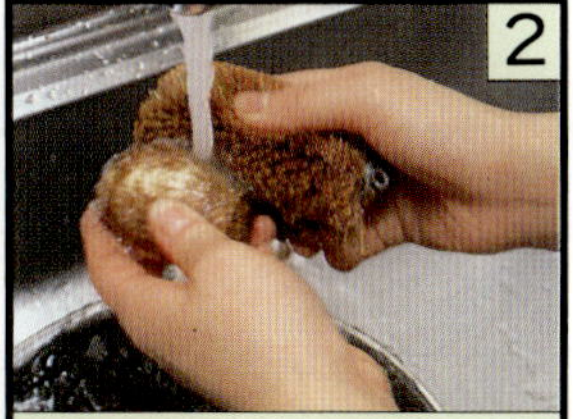

2 たわしでよく洗います。

3 ざるにあげて水気をきります。

●きぬかつぎ

皮ごとゆでてから包丁で皮をむく方法もあります。また衣《きぬ》被《かつぎ》といって、小いもを皮のままやわらかく蒸すか、ゆで、熱いうちに練りみそ、塩などで食べることもあります。親指と人さし指でいもをつまみ、押さえるとつるりと皮がむけます。

ぬめりをとる下ゆで

1 皮をむき、塩(いも500ｇに対して塩小さじ½の割合)をふって手でもみます。

2 鍋にさといもと、たっぷりの水を入れて、強火で沸とうさせます。

3 沸とうしたら火からおろし、水で洗ってぬめりをとります。

▲下ゆでをすると、煮汁が濁らず、料理の仕上がりがきれいです。また、煮ころがしなどは、下ゆでをせず、直接煮汁で煮ます。煮汁に少しとろみがつき、さといもの素朴なうまみが味わえます。

さといもの含め煮

●材料

さといも…8〜10個(500ｇ)
だし……カップ2
砂糖……大さじ1
みりん……大さじ1
うすくちしょうゆ大さじ1½

1 さといも（大きければ切る）を下ゆでして鍋に入れ、だし、砂糖、みりん、半量のしょうゆを加えます。

2 落としぶたと鍋のふたをして火にかけます。沸とうしたら火を弱め、鍋のふたを少しずらします。

3 15〜20分ほど煮たら、残りのしょうゆを加え、再び落としぶたをして煮ます。

4 5分ほど煮たら火を止め、しばらくおいて味を含ませます。食べる前に弱火でゆっくりと温めます。

野菜	冷蔵	冷凍
ポリ袋に入れて。なるべく早く使う。	ゆでてラップかポリ袋で。3日くらいもつ。	ゆでてからポリ袋で。

避けたいもの	・白っぽい斑点や黒いしみがある ・ふにゃふにゃする

ゆで具合は爪を立ててみる

たっぷりの熱湯に入れて、ふたをせずにゆでます。鮮やかな緑色になったら、さい箸で1本とり、爪を立ててかたさをみます。

筋をとる

枝についていたほうをポキッと折って、ついてくる筋をとります。大きなどじょういんげんなどのときは筋がかたいので、もう片方の筋を続けてとります。

急速にさます

好みのかたさになったらざるにあげ、重ならないように広げて、す早くさまします。余熱による変色が防げます。

筋がないときは切る

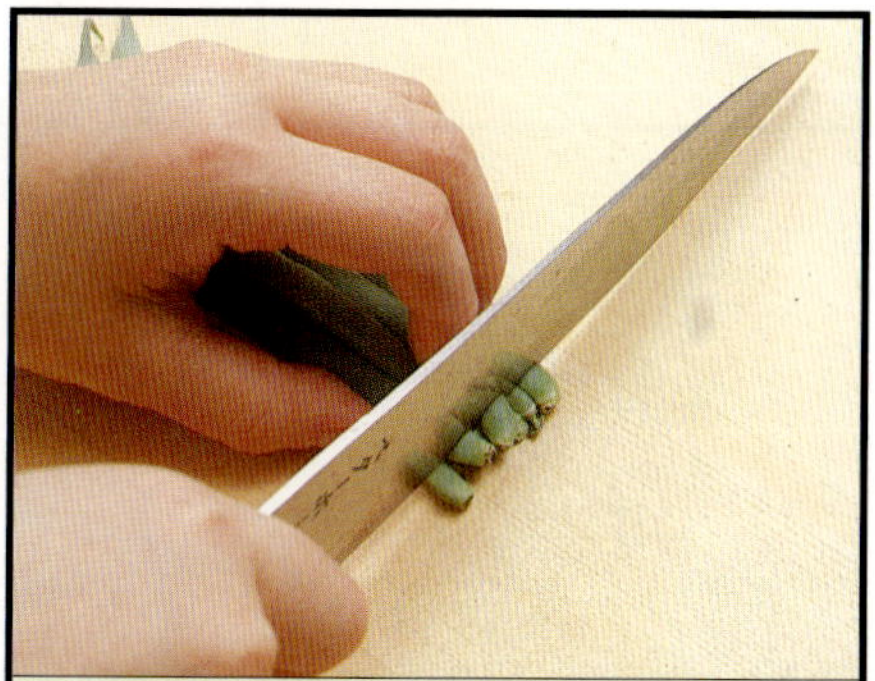

1〜2本筋をとってみて、筋がほとんどないようなら、へたを少し切り落とすだけでもだいじょうぶです。

さやいんげんのごまあえ

●材料（2人分）

さやいんげん……100g
いりごま（白）…大さじ3
だし…………大さじ1
砂糖…………小さじ½
しょうゆ………小さじ1

1 いんげんをゆで、さめたら端を切りそろえてから、3～4cm長さに切ります。

2 ごまは弱火で1分ほど温めます。

3 ごまが熱いうちに、乾いたすり鉢に入れてよくすります。

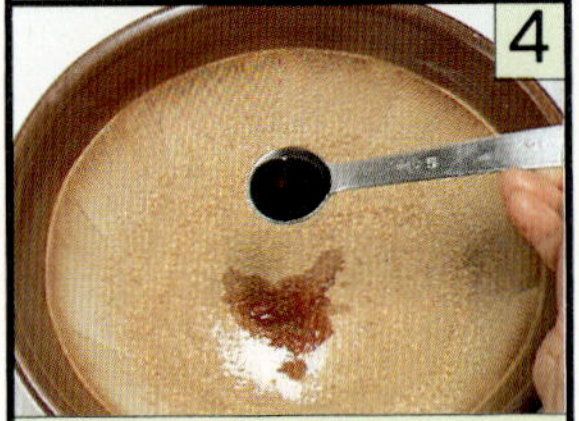

4 だしと調味料を加えて、全体を混ぜ合わせます。

5 すりこぎや、すり鉢の周囲についたものを、ゴムべらで落とします。

6 食べる直前に、いんげんをあえます。

キッチンメモ

●緑の野菜を色よくゆでるには

緑の野菜をきれいな緑色にゆでるには、よく塩を入れればよいといわれます。効果があるのは湯の量の2％（湯カップ5に対して塩大さじ1強の割合）以上の塩を入れた場合ですが、材料にも塩味がついてしまいます。塩を入れなくても、たっぷりの湯で短時間でゆでれば、鮮やかな緑色を保てます。

1度にどっさり野菜を入れると湯の温度が下がって時間がかかり、色よく仕上がりません。少しずつ分けて入れ、次から次へとゆであげます。ざるにとったら重ならないように広げ（青菜は水にとる）、急速にさまし、余熱で色が悪くなるのを防ぎます。

さやえんどう

野菜
ポリ袋に入れて。10日くらいはもつが、なるべく早く使う。

冷凍
さっとゆで、ポリ袋に入れて。

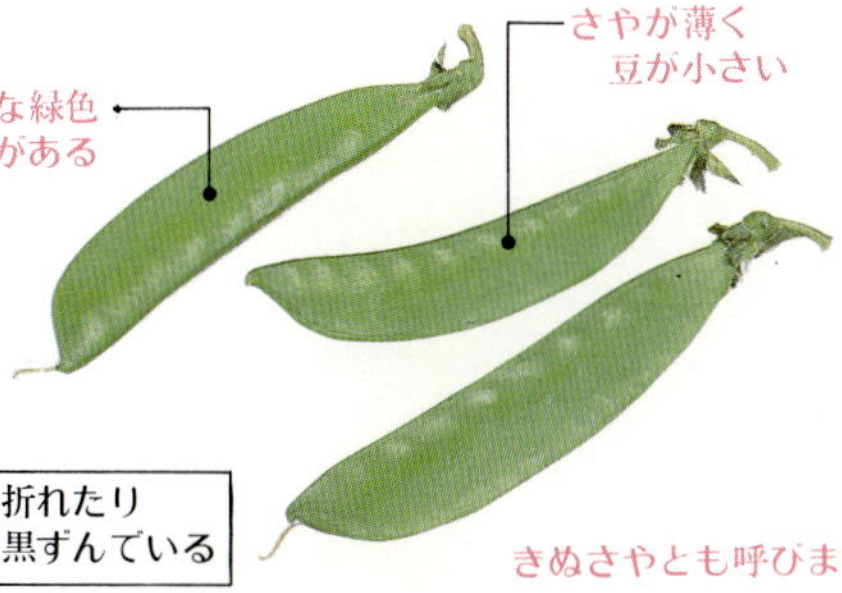

避けたいもの	・折れたり黒ずんでいる

きぬさやとも呼びます

色よくゆでる

たっぷりの湯を沸とうさせ、さやえんどうを入れます。きれいな緑色に変わったら、ひとつつまむか食べてかたさをみます。

へたから続けて筋をとる

つけ根のほうのへたをポキッと折り、続けて太いほうの筋をひきます。同じほうからもう片方の筋もとります。筋が細くてやわらかく、途中で切れるようなら無理にとらず、先を残してかまいません。

急いでさます

好みのかたさになったら、ざるにあげます。なるべく重ならないように広げて、す早くさまします。いつまでも熱いままだと、せっかくの鮮やかな色があせてしまいます。

キッチンメモ

●ひとつの鍋で野菜をゆでるには

いくつかの野菜をゆでるのに、野菜の種類やゆで方によっては、同じ湯ですますこともできます。そのコツは、アクの少ない野菜からゆでること。アクの強い野菜をはじめにゆでると、においや色があとの野菜に移って風味をそこないます。

アクの強い野菜は、ほうれんそうなど濃い色の野菜に多く、さやえんどう、さやいんげん、キャベツなどには、それほどアクがありません。

サラダ野菜

葉先が赤紫色がかっている
サニーレタス

レタス
切り口が白くて
直径２～2.5cmくらい

サラダ菜
葉が大きい
肉厚で緑が濃い
つややか

クレソン
葉がそろっている
緑が濃い

エンダイブ
つややかで
はりがある

野菜

ポリ袋に入れる。切り口が茶色くなっているものは、その部分を切る。

ラディッシュ
大きすぎず
表面がきれいなもの

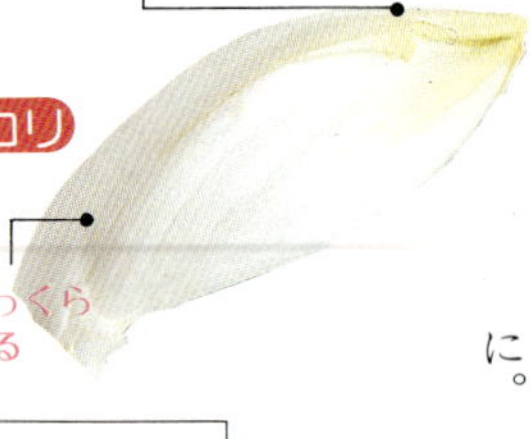
チコリ
葉先がしまって
白っぽい
全体がふっくら
している

避けたいもの	葉先が開いて黄緑色になっている

エンダイブは、ほろ苦い味わい。生でサラダに使うほか、レタス類と同じくいためたり、スープの具にも。

チコリは、ほろ苦さとさっくりした歯ざわりがもち味。1枚ずつはがして使います。切ってサラダにしたり、舟形の葉に具をのせてオードブルに。

水気をとる

サラダは水気が少ないほうがおいしく食べられます。乾いたふきんで軽く包み、上下に振って水気をとります。

▲遠心力を利用した水きり器も便利です。

手でちぎってもよい

サラダ野菜はやわらかいので、手で適当な大きさにちぎれます。細く切りそろえたいとき以外は、手でちぎると簡単です。

パリッとさせるには

レタスは、氷水に２～３分つけるとパリッとして歯ごたえがよくなります。

ていねいに洗う

生で食べることが多いので、１枚ずつていねいに洗います。レタスを１度に１個全部を使うときは、芯をくり抜き、その穴に水を流しこむようにすると、簡単に葉がはずれます。

クレソンは、水をはったボールの中でていねいに洗います。

●ドレッシングは直前に

サラダにする野菜は、食べる直前まで冷蔵庫で冷やしてパリッとさせておきます。あまり早くからドレッシングであえると、野菜がしんなりして歯ごたえがなくなってしまいます。

じゃがいも

室温

ビニールから出して紙袋など光を通さないものに入れ、涼しい場所に。室温が高いときは、冷蔵庫の野菜室へ。

避けたいもの	
	・皮色にムラがある ・黒い斑点や傷、しわがある ・大きすぎる ・日光にあたって緑色がかっている

男爵《だんしゃく》
一般向き
ふっくら丸い
皮は薄い

メークイン
煮くずれしにくい

新じゃが
粉ふきいもなどには向かない

芽は必ずとります

包丁の持ち手に近い刃元の角や皮むき器の芽とりを使って、芽をえぐりとります。

●丸ごとは水からゆでる

マッシュポテトやポテトサラダなどにするときは丸ごとゆでて、熱いうちに皮をむいたほうが、水っぽくならず、うまみが残ります。

丸ごとなら水からゆでます。皮をむいて切った場合は、かぶるくらいの沸とう湯に入れてゆでたほうが、うまみや成分を逃しません。

▲芽にはソラニンという毒素があります。加熱でほとんど消えるとはいえ、充分とり除いたほうがよいでしょう。

●アク抜き

アクで切り口が変色するため、切ったらすぐに水につけ、5～10分おきます。

泥を落とす

1たわしで泥を落とします。新じゃがの場合は、たわしで強く洗い、できるだけ皮もとります。

2芽は、皮をむいてからとればよいので、とりあえず均等の厚さにむきます。

さいの目切り

拍子木切りにしたものをさらに厚みと同じ幅に切って、さいころ形にします。

拍子木切り

皮をむいて目的の厚さに切り、四方を落としてマッチ箱形に。厚さと同じ幅に切ります。

粉ふきいも

1 適当な形に切ったものを、いもがひたる程度の沸とう湯に入れてゆでます。やわらかくなったら、湯を捨てます。

2 もう一度火にかけて、鍋をゆすりながら水分を蒸発させます。いものまわりに粉がふいたようになったら、塩、こしょうで調味します。

肉じゃが

●材料（2人分）

じゃがいも……2個(300g)
牛ばら肉(薄切り)……150g
たまねぎ……50g
しょうが……小1かけ
砂糖……大さじ1
酒……大さじ1
しょうゆ……大さじ1½

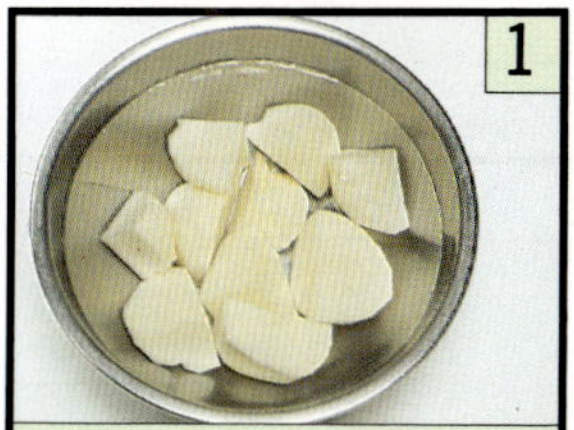

1 じゃがいもは皮をむき、4～6つに切って水につけます。

2 肉は4～5㎝の長さに切り、たまねぎは薄切り、しょうがは細切りにします。

3 鍋に調味料と肉、しょうがを入れて肉の色が変わるまで強火で煮ます。

4 いもとたまねぎ、かぶるくらいの水を加えて落としぶたをし、煮立ったら弱火にして煮ます。

シャトー切り

1 皮をつけたまま、くし形に切ります。

2 皮をむきながら、角をとるようにして形づくります。

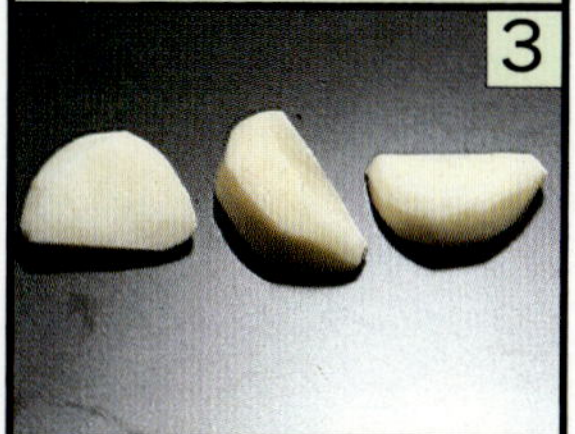

3 シャトー形のできあがり。洋風料理のつけ合わせなどに使います。

しょうが

葉しょうがと根しょうががあります。根しょうがは、7〜11月ごろ出回る新しょうがと、貯蔵して黄褐色になったヒネしょうがに区別することもあります。

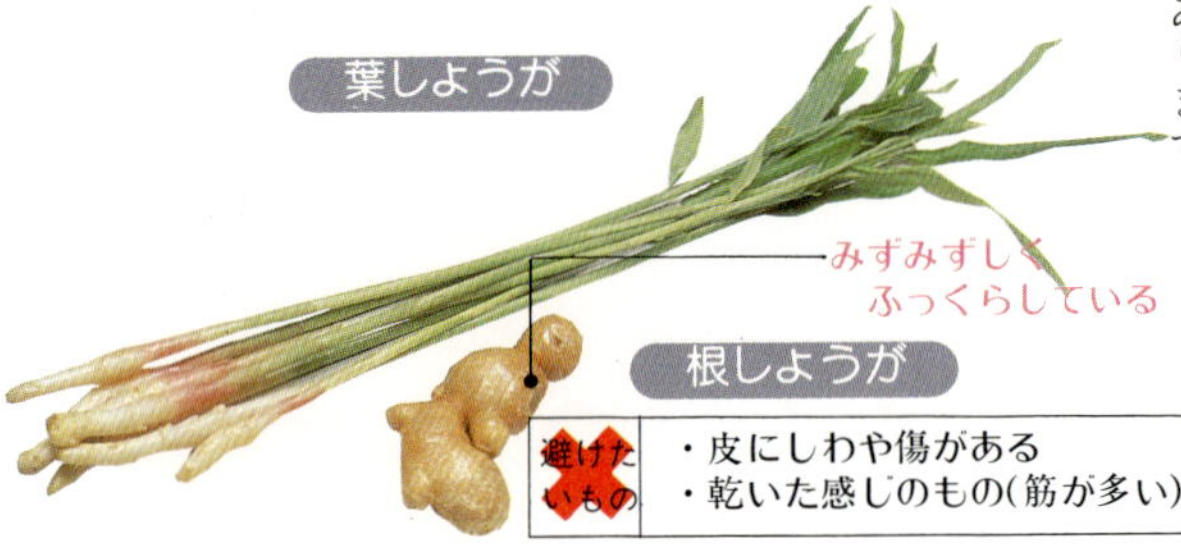

葉しょうが
みずみずしくふっくらしている
根しょうが

避けたいもの	・皮にしわや傷がある ・乾いた感じのもの(筋が多い)

野菜

葉しょうがは湿り気をもたせ、根しょうがは表面を乾かしてから、ラップに包んで。根しょうがは約1か月もつ。

冷蔵

酢漬けにして。冷蔵庫で1か月くらいもつ。

冷凍

根しょうがの場合。小分けし、ラップに包んで。おろすときは凍ったままで。解凍すると扱いにくい。

葉しょうが

形を整える

形の整え方で、筆しょうが、きねしょうがと呼びます。

1 筆しょうがは先をとがらせます。

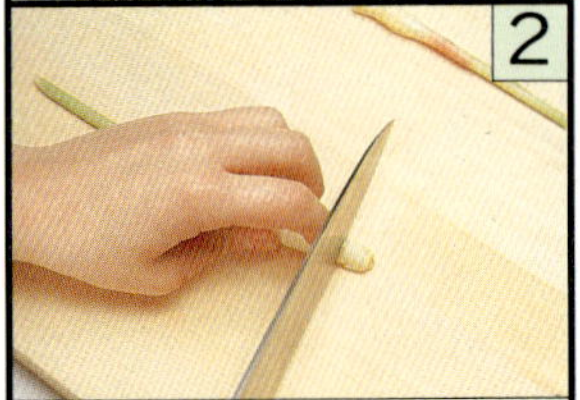

2 きねしょうがは、先を少し切り落とします。

3 仕上がり。㊧が筆しょうが、㊨がきねしょうが。

皮をむく

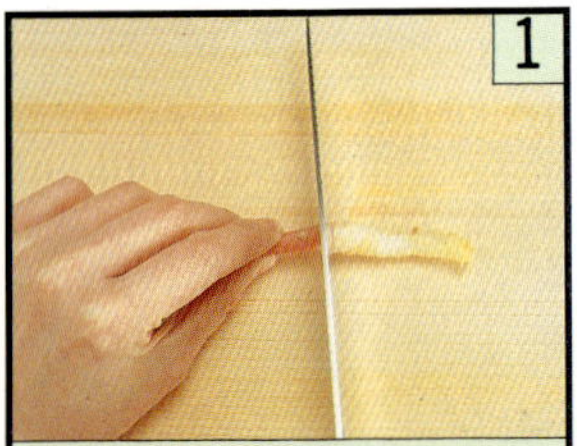

1 根元にくるりとひとまわり、切り目を入れます。

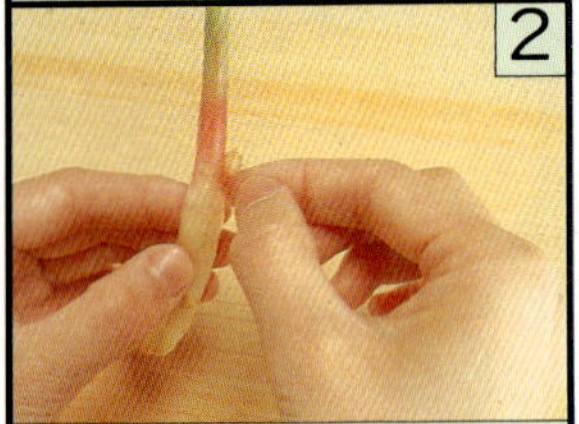

2 汚い皮をむきます。

▲株状になったものは、切り離して使います。

新鮮な葉しょうがは、そのまま酢みそをつけていただいても、おいしいものです。

甘酢漬け

沸とうした湯で、形を整えたしょうがを根だけさっとゆでます。酢カップ1に砂糖大さじ3と塩少々を溶かした甘酢につけます。

根しょうが

すりおろす

しぼり汁だけを使うときは皮ごと、そうでない場合は皮をむいてからすりおろします。

1 ぬれぶきんなどにおろし金の先をあててすべらないようにし、力を入れて手早くすりおろします。

2 汁だけ使うときは、しょうがをおろし金の受け皿のすみによせ、指で押さえて汁をしぼります。

必要な分を切りとる

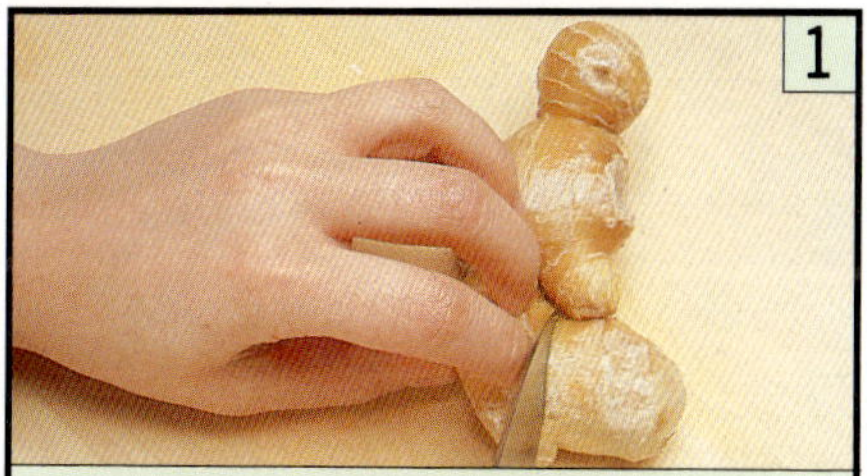

1 使う分だけを切りとります。ふつう「1かけ」はこのくらい、約10gです。

2 皮はスプーンでこそげとると、薄くむけます。古いものはこそげにくいので、包丁でむきます。

▲根しょうがは、皮の部分に香りが強いため、皮を気にしないときは皮つきで使います。ただし皮はよく洗いましょう。肉や魚と煮るときや、スープの香りづけには、皮つきで使います。

皮をむくときも、できるだけ薄くむきます。

つぶす

1 しょうがの切り口を、まな板にぴったりつけて安定させます。

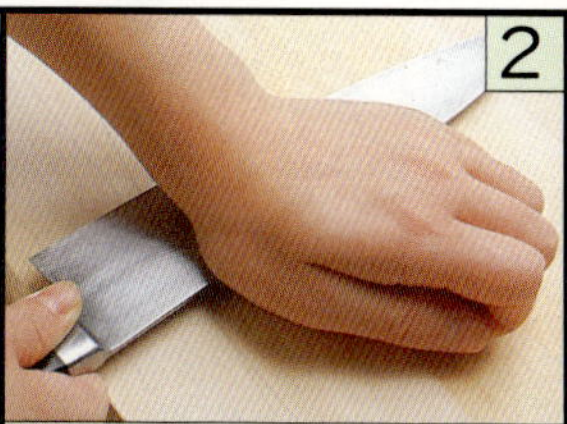

2 包丁の腹(側面)をかぶせ、刃をまな板に固定して、反対の手で押しつぶします。

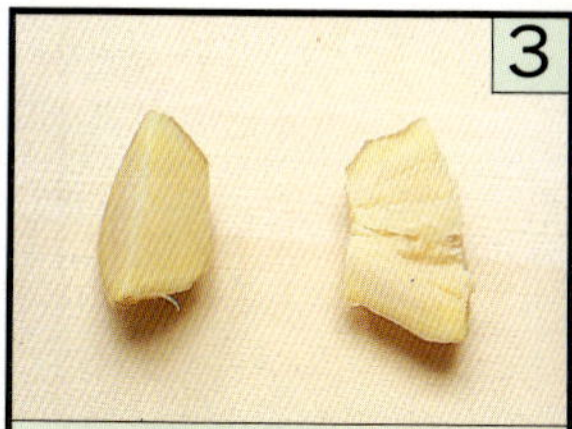

3 右がつぶしたもの。スープや煮ものに使うとき、香りがよく出ます。

4向きをかえて細かく切ります。

みじん切り

1薄切りにします。

2少しずつずらして置きます。

3端からせん切りにします。

大さじ1の分量は？

大さじ1のみじん切りはどのくらいか、1度はかって、もとになるひとかけの大きさを覚えておくと便利です。

針しょうが

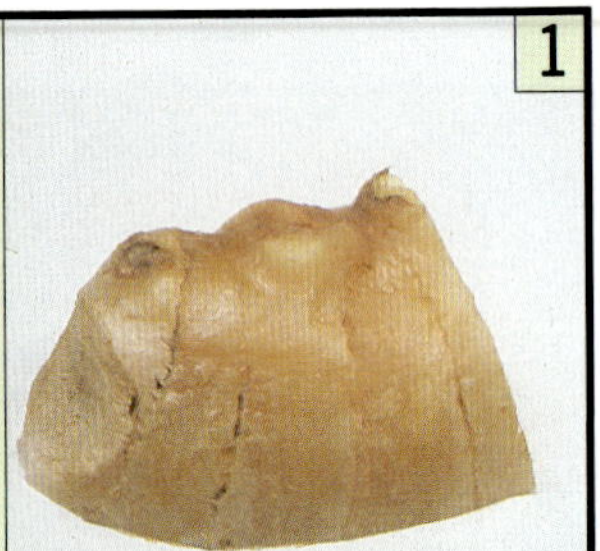

1形を整えてから、繊維にそって薄く切ります。皮に走る筋目に直角に切ると繊維に平行になるので、皮をこそげる前に見ておくとよいでしょう。

2薄切りを少しずつずらしてそろえ、ごく細いせん切りにします。水にさらしてシャキッとさせます。

しそ

避けたいもの	・傷がある ・しなびている

冷蔵

密閉容器に入れて。約1週間もつ。

しそには大きく分けて青じそと赤じそがあります。香りは青じそのほうがよく、赤じそは梅干しなどの着色用に使われます。青じそは、用途や成長の程度によって、大葉（しその葉）、芽じそ、花穂（花じそ）、穂じそ、しその実に分けられます。

●使い方

大葉（しその葉）　天ぷら、きざんで薬味などに。

芽じそ　さし身のつま、天盛り、吸い口に。

花穂　さし身のつまや天ぷらに。花だけこそげて吸い口に。

穂じそ　さし身のつま、揚げもの、塩漬けに。

しその実　塩漬け、みそ漬けに。

せん切り

1

1 流水で洗って、茎とかたい葉脈を切りとります。何枚か重ねて切ると効率的です。

2

2 葉を重ねたままくるくる丸めて、端から細く切ります。

3

3 切ったあとさっと水にさらしてアクをとります。時間がたつとアクが出て、切り口が黒ずむからです。

▲やわらかく小さいしそなら、葉脈はそのままでも気になりません。

乾燥すると縮れて、水につけても元にもどらなくなります。調理のときは使うまで水につけておくか、直前に冷蔵庫から出すようにしましょう。

ズッキーニ

きゅうりに似ていますが、かぼちゃの仲間です。淡泊な味なので、なすと同じように使えばよいでしょう。
緑色が主ですが、黄色のものもあります。

太さが均一で、光沢がある

野菜
ポリ袋に入れて。

ズッキーニとベーコンのいためもの

●材料（2人分）
ズッキーニ…1本(約120g)
ベーコン………………1枚
サラダ油…………大さじ½
塩・こしょう………各少々

1ズッキーニは両端を切り落とし、約1cm厚さの輪切りにします。ベーコンは5mm角に切ります。

2フライパンに油を熱し、ベーコンをいためます。脂が出てカリッとしてきたらズッキーニを加え、両面を焼きつけるようにいためます。塩、こしょうをします。

セロリ

茎が緑色のものと、白いものがあります。

野菜
葉と茎に分けてからラップに包んで。

避けたいもの	
	・茎を押すとへこむ ・葉先が黄色い ・茎の上のほうを折るとスが入っている

鮮やかな緑色
太くて丸い
押すとかたい
細くてややかたい枝や茎は、みじん切りにし、いためものやスープなどに。
やわらかい葉や小枝、株の芯などは、つくだ煮や、ゆでてマヨネーズなどで。
株の場合は、外側のかたいところは煮こみやスープに使います。内側のやわらかい茎を生食用に。

料理の前にかたい筋をとる

茎の外側の筋はかたいので、除きます。根元から筋に包丁を入れ、葉のほうへ引っ張るようにして、とります。

葉と茎に分けて保存する

水を流しながら洗って、葉と茎に分けます。葉をつけたまま保存すると、茎がスカスカになってしまいます。

▲このあと、料理によって、小口切りや斜め薄切り(⇩55ページ)にすると、繊維が断ち切られるので口にさわらず、食べやすくなります。

セロリの葉のバターいため

●材料（2人分）

セロリの葉……2〜3本分(約100g)
バター……大さじ1
塩・こしょう……各少々
しょうゆ……小さじ½

1 セロリの葉は水気をとって食べやすい大きさに切ります。

2 フライパンにバターを溶かし、1をいためます。全体に火が通ってしんなりしたら、塩、こしょうをふり、しょうゆを加えます。ひと混ぜして火を止めます。

●残った枝や葉

残った枝や葉は捨てずに、右のようないためものやつくだ煮に利用します。

また、パセリの軸、ローリエなどと束ねて結び、ブーケガルニ(香草の束)としてスープや煮こみ料理に使います。

そら豆

野菜
さやつきは、そのまま新聞紙に包んで。３日以内に使う。

冷蔵
さやつきでないものはすぐにゆで、密閉容器などに入れて。

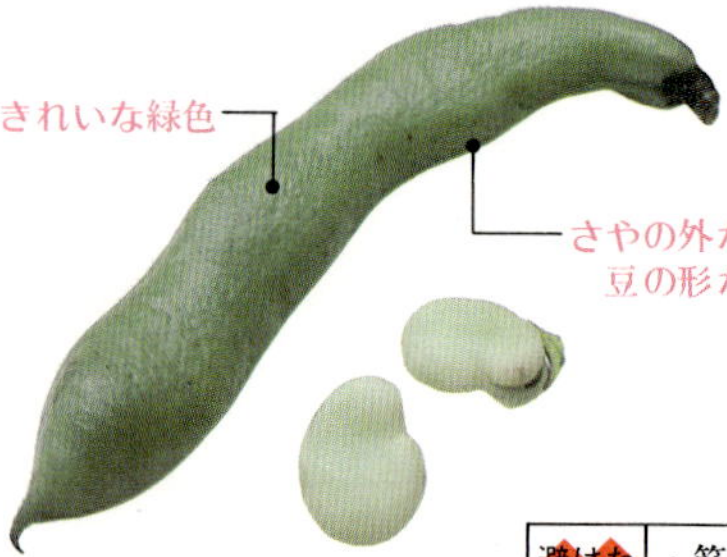

きれいな緑色
さやの外から見て
豆の形がそろっている

避けたいもの	・筋の部分が茶色に変色している

黒い爪ははがす

黒い爪は、包丁の刃元ではがしとります。

切りこみを入れる

塩ゆでにするには、豆の下のほうか爪の部分に、5㎜くらいの切りこみを入れます。しわがよらず、味もしみやすくなります。

▲塩ゆでの塩の量は、湯カップ5に対し塩小さじ2の割合です。

豆をとり出す

さやを割って豆をとり出します。さやから出した豆はすぐにかたくなるので、料理の直前にむくようにします。

お歯黒豆と若い豆

豆は若くて爪が青いものと、熟して爪が黒くなっているものがあります。爪の黒い豆はお歯黒と呼ばれ、青いものよりかためです。

だいこん

▶切ったとき断面に水気がなく、スカスカなのを、スが入っている、といいます。水気がなく、おいしくありません。

かたくしまって
ずっしりしている
緑色が濃く新鮮
つけ根(首)から
しっかり出ている
白く
張りがある

室温

新聞紙に包んで。つけ根を上にして立てかけます。

野菜

新聞紙に包みポリ袋に入れて。使いかけは、切り口をラップで包む。葉は切り落とす。

料理によって使い分けます

部分によって歯ごたえや味が違うので、料理に合ったところを使います。

葉は沸とう湯でさっとゆでて水にさらし、水気をきってきざみ、菜めし、ごまあえ、いため煮、汁の実などに使います。

つけ根のほうは、甘みが、あるので生食に向きます。おろし、サラダ、酢のものなどに。

中央部は加熱用に。ふろふき、おでん、含め煮などに。

先端(しっぽ)のほうは、やや辛みがあるので、味の濃い料理や、みそ汁の実、漬けものなどに使うとよいでしょう。

たわしで洗う

水を流しながら、たわしで洗います。葉元の泥も落とします。

葉を落とす

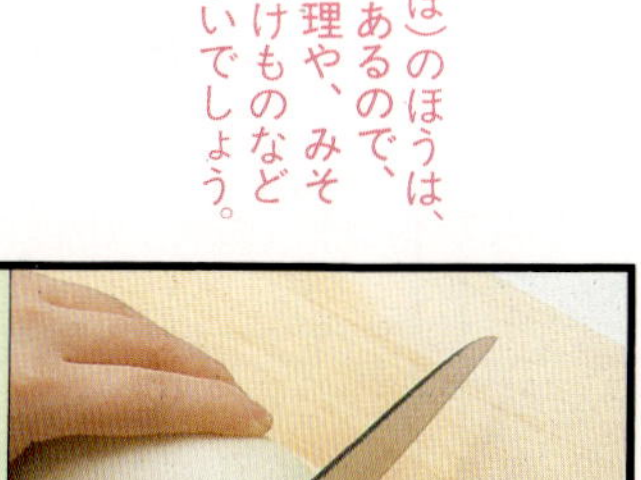

葉をつけておくとスが入りやすいので、まず葉を切り落とします。

しらがだいこん

1 さし身のつまなどに使います。5～6cm長さの輪切りにし、厚めに皮をむきます。

2 包丁の刃元のほうを使い、皮をむく要領で、包丁を上下に動かすつもりで、左手でだいこんを少しずつ回します。**かつらむき**といいます。

3 できるだけ薄く、途中で切れないようにつなげてむきます。10cmくらいの長さに切り、くるくる巻いて、端から細切りにします。水につけてパリッとさせます。

いちょう切り

適当な長さの輪切りを、縦半分に切り、さらに半分に切ります。端から切ります。

千六本

だいこんの太めのせん切りのこと。マッチの軸ぐらいの太さに切ります。

1 5～6cm長さの輪切りにし、縦に2mm幅の薄切りにします。まな板にあたる部分を少し切っておくと、安定がよくなります。

2 切ったものをずらしながら重ね、端から2～3mm幅に切っていきます。

半月切り

1 適当な長さの輪切りにし、縦半分に切ります。

2 端から切ります。

色紙切り

1 切り口が正方形になるように、四角く切ります。

2 端から薄切りにします。

ふろふきだいこん

●材料（2〜4人分）

だいこん……500g
米のとぎ汁……適量
こんぶ……5〜6cm
Ⓐ
- 赤みそ……大さじ2½
- 砂糖……大さじ1½
- みりん……大さじ½
- だし……カップ¼

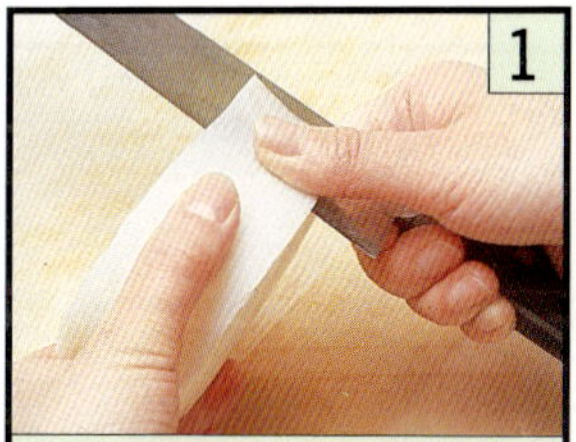

1 だいこんは3cm厚さの輪切りを4個とります。包丁の刃元のほうを使い、ぐるりと皮をむきます。

2 切り口の角を薄くそぎとるようにけずります（**面とり**）。煮たときに形がくずれるのを防ぎます。

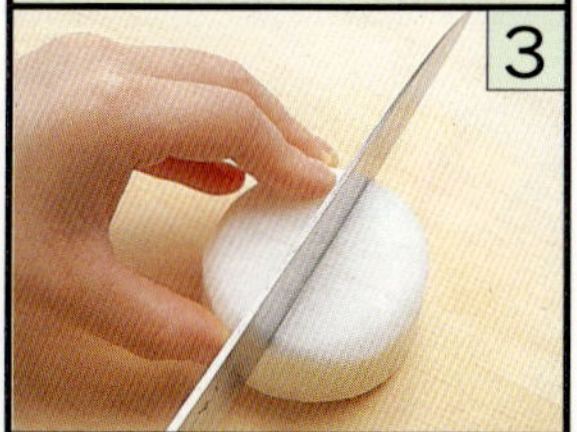

3 切り口の一方に十文字の切り目を入れます（**かくし包丁**）。火の通りや味のしみ方がよくなります。

4 切り目を下に鍋に入れ、米のとぎ汁で八分通りゆでます。こうすると苦みがとれます。かわりに米大さじ1〜2を水に入れてもよく、どちらの場合もゆでたあと水でざっと洗います。

5 鍋にこんぶを敷き、だいこんとたっぷりの水を入れ、ふたをして強火にかけます。煮立ったら弱めの中火にして約30分ゆでます。

6 Ⓐを火にかけ、つやが出るまで練って火を止め、だいこんにかけます。

だいこんおろし

1 苦みがでるので、食べる直前におろします。1人分約50g（卵大くらい）がめやす。太ければ半分に切ります。おろし金の先を、ぬれぶきんですべらないようにし、だいこんを上下に動かしてすりおろします。

2 余分な汁は、こし器などで自然に水きりします。

もみじおろし

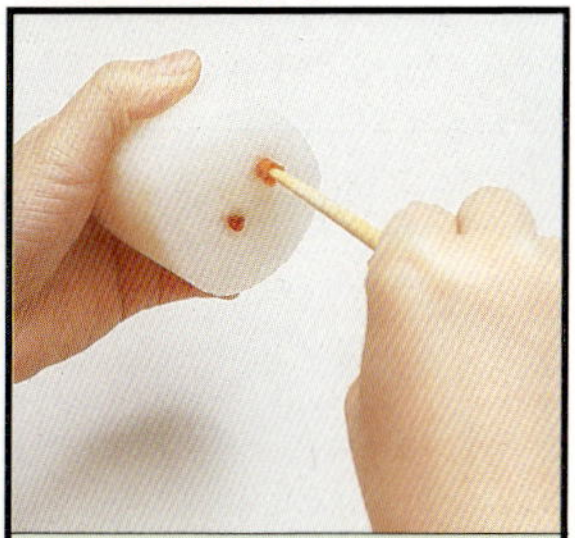

とうがらしを水につけてやわらかくし、2つに切って、水の中で種をもみ出します。だいこんにさい箸で穴をあけて、とうがらしを箸で押しこみ、すりおろします。

たけのこ

冷蔵

買ったらすぐゆでて皮をむき、水につけて保存。毎日、水をかえれば約1週間もつ。少量の残りならラップに包む。

避けたいもの

・大きさの割に軽い
・切り口が茶褐色でヌルヌルしている

まず皮ごとゆでる

掘りたてはやわらかく、ゆでる必要もないほどですが、時間がたつにつれて、かたく、えぐみが出てきます。米のとぎ汁かぬかを入れて下ゆでしてから使います。

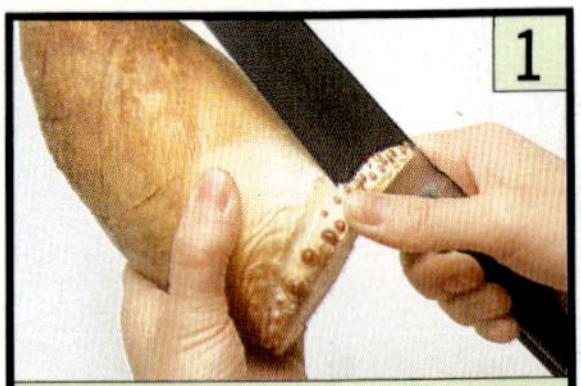

1皮つきのまま土を洗い落とし、根元の赤い粒々のあるところをけずりとります。

2根元のかたい部分を切り落とします。

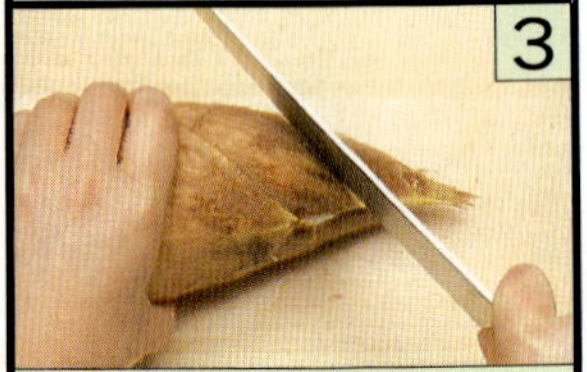

3身のない先の部分を斜めに切り落とします。

4身を傷つけないように、皮の部分に縦に1本、切りこみを入れます。

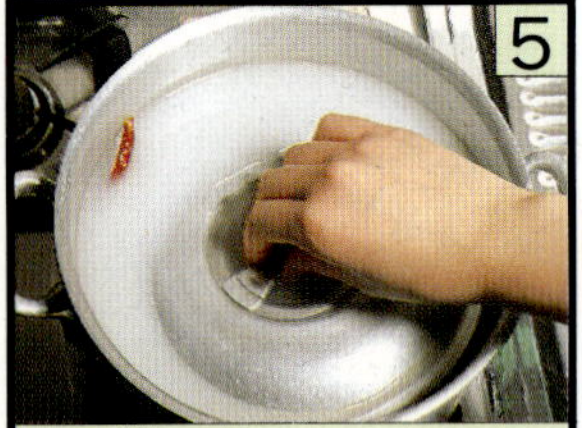

5大きな鍋に入れ、かぶるくらいの米のとぎ汁をそそぎます。赤とうがらし1本を入れて火にかけ、落としぶたをして30〜40分中火でゆでます。

6竹串を刺してみて、すっと通るようになったら火を止め、鍋に入れたままさまします。

7完全にさめたら、縦の切りこみに指を入れ、くるっと1度に皮をむきます。

8穂先の皮は、姫皮と呼ばれ、白くてやわらかいので、むいてしまわずに残します。

9姫皮はせん切り、穂先の部分はくし形切りや薄切りに、根元のほうはいちょう切り、半月切り、輪切りにして使います。

ゆでたけのこのせん切り

1 ゆでたけのこを買うとき、なるべく根元に近い部分を選ぶと、せん切りがしやすく、上手にできます。

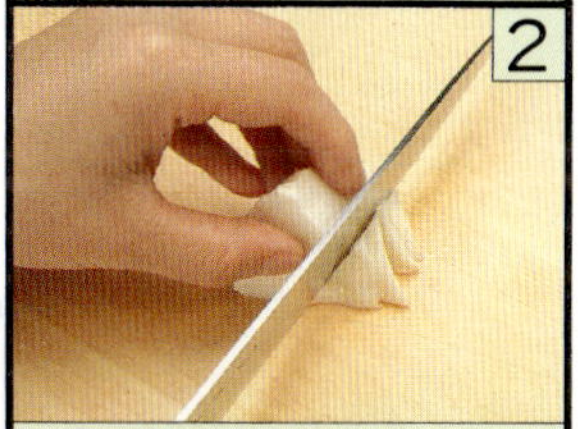

2 ぎざぎざのところを切り落とします。この部分もあとで混ぜて使います。

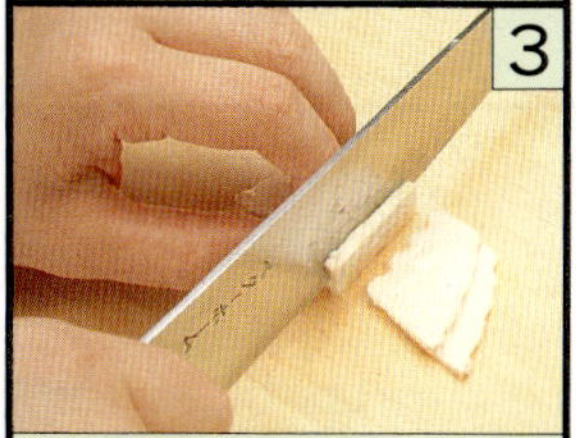

3 繊維にそって薄切りにします。

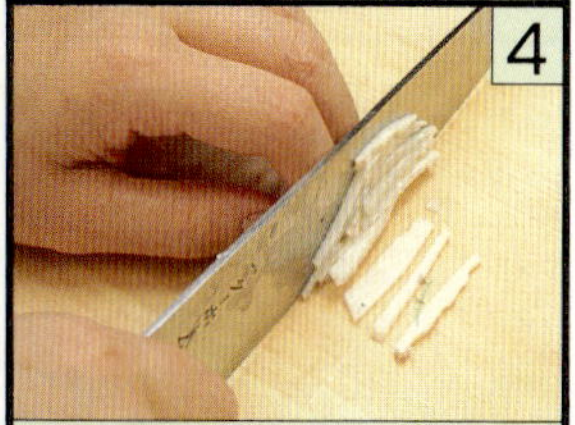

4 薄切りを何枚かずらして重ね、同じく繊維にそってせん切りにします。

ゆでこぼす

ゆでてから売っているゆでたけのこや缶詰は、使う前に1度ゆでこぼすと気になるにおいがとれます。白い粉状のものはアミノ酸が固まったもので、心配ありません。

かぶるくらいの湯をわかしてゆでたけのこを入れ、ひと煮立ちしたらざるにあけます。

たけのこのかか煮

●材料（4人分）

たけのこ……400～500g（正味）
けずりかつお……カップ1（10g）
みりん……大さじ2
しょうゆ……大さじ3

1 たけのこはゆでて、輪切りなどにし、水カップ3と鍋に入れます。けずりかつおの$\frac{3}{4}$量を乾いたふきんでもんで入れます。細かいけずりかつおならそのままで。

2 火にかけて、煮立ったところでみりんを入れて中火にし、5～6分煮ます。

3 弱火にし、しょうゆを加えます。

4 時々、鍋を動かして汁をゆきわたらせ、汁が半分になるまで煮ます。盛ってから残りのけずりかつおをかけます。

たまねぎ

ふつう出回っているもののほかに、小形の小たまねぎ、初夏に出る新たまねぎがあります。

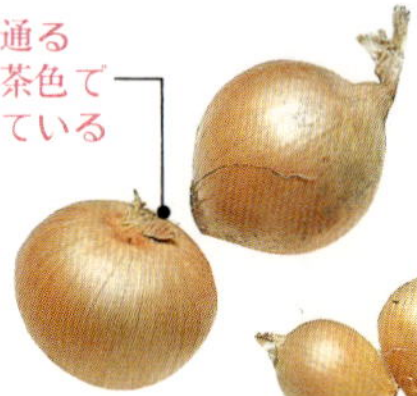

皮がすき通るような茶色で乾いている

球がかたい

新たまねぎ

春から初夏にかけて出るもので、甘みがあってやわらかい

小たまねぎ

別名ペコロス

避けたいもの	
	・押すとやわらかい ・根が伸びている ・先端から芽が出ている

室温

風通しのよい、直射日光のあたらない所に。包まなくてよい。

皮をむく

さっと水洗いして、上下の端を切り落としてから、茶色い皮をむきます。

▲くし形やみじん切りにするときは、バラバラにならないように、根元部分を薄く切り落とします。

みじん切り

1 縦半分に切ります。

2 切り口をまな板にあて、根元のほうを少し残して細かく切りこみを入れます。

3 手前にあった部分を右にして向きをかえ、包丁を横にして、左端を少し残して厚みに1～2か所切りこみを入れます。

4 両側をしっかり押さえ、切りこみを入れた側から細かく切っていきます。

5 もっと細かくしたいときは、左手で包丁の刃先を軽く押さえ、右手を細かく上下に動かしながら、まな板の上を移動させて切ります。

▲みじん切りのとき、涙が出るのをおさえるには、たまねぎを冷蔵庫で冷やしておき、よく切れる包丁で手早く切るのがコツ。水につけてから切るのも効果があります。

くし形切り

縦半分に切り、切り口をまな板にあてて、繊維にそって切り分けます。このとき、包丁をたまねぎの中心に向けて切っていくと、きれいに切りそろえられます。

みじん切りをいためる

洋風料理でよく出てくる作業です。料理によって、いため具合は違ってきます。写真は中２個分（約400ｇ）をいためたもの。量が増えれば、時間はもっとかかります。

1 たまねぎから水分が出るので、しんなりするまでは強火でいためます。3分くらいいためるとすき通ってきます。ハンバーグ、コロッケ、ピラフなどに。

2 べとつき始めたら弱火にします。写真は約10分、少し色づくまでいためた状態。スープなどに入れるときに。

3 こがさないように、茶色くなるまでいためます。写真はいため始めから約20分。ソース類やルーに。形がなくなるまでいためると、約30分かかります。

▲たまねぎの辛みは加熱によって甘みに変わります。ハンバーグやコロッケなど、火を通す料理でも前もっていためておくと、生を入れるよりも舌ざわりがなめらかで、うまみも出ます。カレーやシチューには、色づけのためもあり、じっくりいためて茶色くなったものを使います。

多めにいためておき、冷凍保存すると便利。ハンバーグなどは半解凍で混ぜ入れ、煮こみ料理には凍ったまま加えます。

輪切り

繊維に逆らって、横に丸い形に切ります。

薄切りA

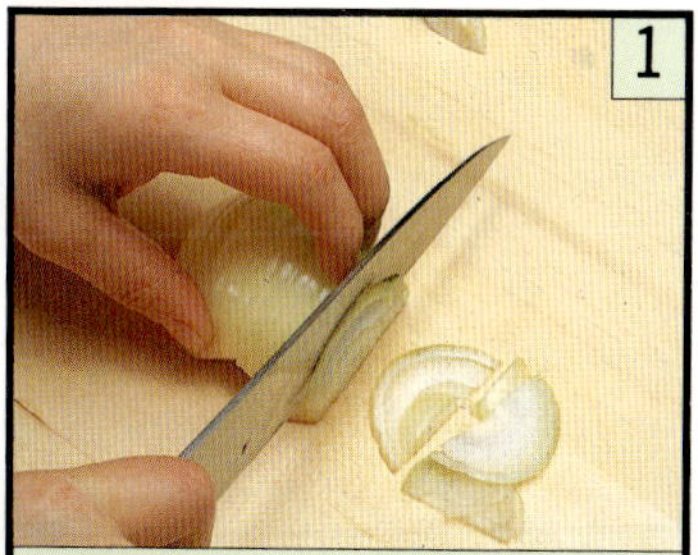

縦半分に切って、切り口をまな板にあてます。煮くずしたくない料理のときは繊維にそって切ります。

薄切りB

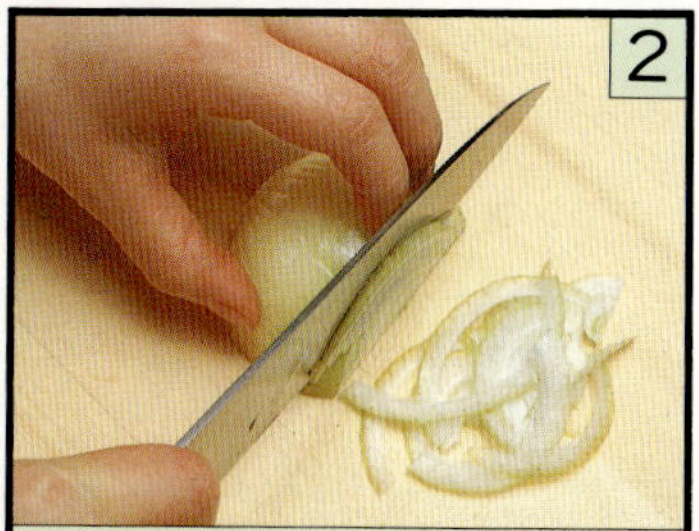

繊維に直角に切ると、たまねぎの香りが強く出ます。水にさらしたとき、からみがとれやすく、生食に適します。

野菜

ポリ袋に入れて。

タアサイ(冬)

タアサイ(夏)

暗緑色でつやがある
葉数が多い

チンゲンサイ

淡緑色でつやがある
幅広で厚みがある

ピンとしている

白くてみずみずしい
はりがある

くびれている

豆苗《とうみょう》

いきいきしている

にんにくの芽

両端の切り口が
しなびていない

豆苗は、えんどうの若い葉で、春先が旬。つるも葉も食べられます。

にんにくの芽は、にんにくの地上に伸びた茎の部分。さっくりした歯ざわりと、にんにくよりやさしい香りが特徴です。

チンゲンサイを1枚ずつ使うとき

1 根元をやや深めに切ります。

2 葉をはずし、茎の内側の泥などをきれいに洗い落とします。

タアサイの洗い方

葉を1枚ずつはがして洗います。

チンゲンサイを株ごと使うとき

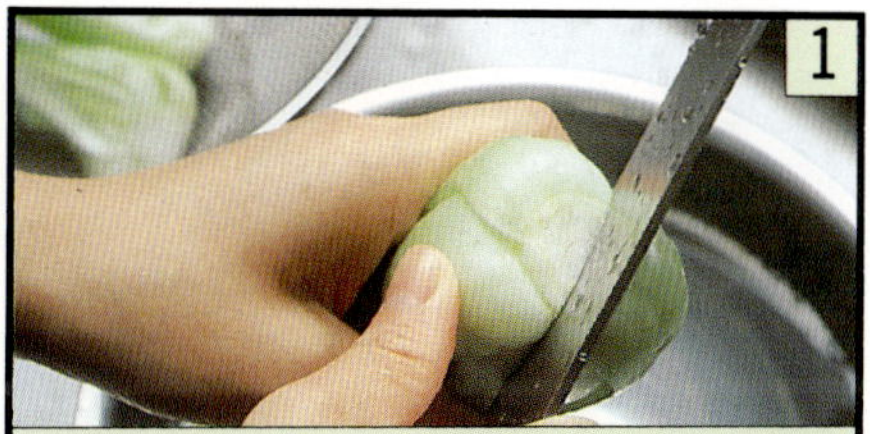

1 根元に切りこみを入れ、料理によって2つか、4つ割りにします。

2 水を流しながら根元をよく洗います。

●中国野菜を加熱するとき

中国野菜はアクが少ないので、いためものや煮ものに使うときは、下ゆでせずに直接加熱します。茎のほうがかたいので、先に加熱します。

チンゲンサイのいためもの

●材料（2人分）

- チンゲンサイ……2株（250g）
- しょうが……小1かけ
- サラダ油……大さじ1½
- 塩……少々
- Ⓐ
  - 酒……大さじ2
  - オイスターソース……大さじ½
  - こしょう……少々

●鍋肌から入れる

主に中国料理で、しょうゆやごま油を香りづけのために入れるとき、材料に直接かけず、鍋の周囲の熱い面に入れ、より高い香りを引き出すことをいいます。

1 縦4～6つ割りにして洗い、ざるにとって水気をきります。3～4cm長さに切ります。しょうがはせん切りにします。

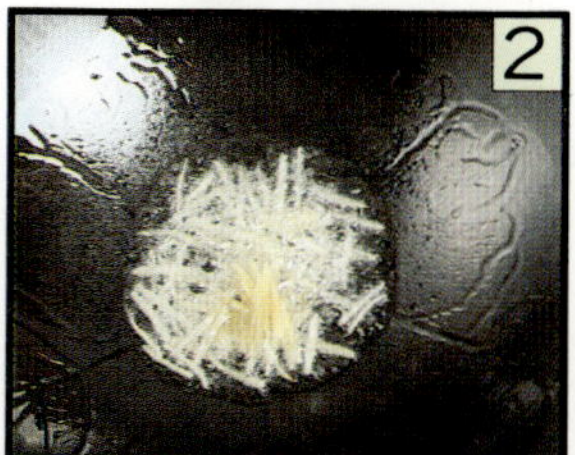

2 Ⓐを合わせます。中華鍋に油を熱し、しょうがと塩を入れます。チンゲンサイの茎をいため、続いて葉をいためます。

3 火が通ったら、Ⓐを鍋肌から回し入れ、ざっと混ぜます。

トマト

室温	野菜	冷凍
青いもの。赤くなったら冷蔵庫に。	赤くうれたもの。ポリ袋に入れて。	完熟したもの。丸のまま。

避けたいもの	・角ばったものは中がスカスカ ・へたの近くにひび割れがある

平均して赤い
緑色が鮮やか
切り口が新しい
かたくしまっている
丸みがある
ミニトマト

皮の湯むき

ソースやいためもの、煮ものに使うときは、皮があると舌ざわりが悪いので、熱湯につけてむきます**(湯むき)**。

1 へたの部分にフォークを刺し、熱湯に3～5秒つけます。穴あきおたまにのせてもよいでしょう。

2 すぐに冷水につけます。

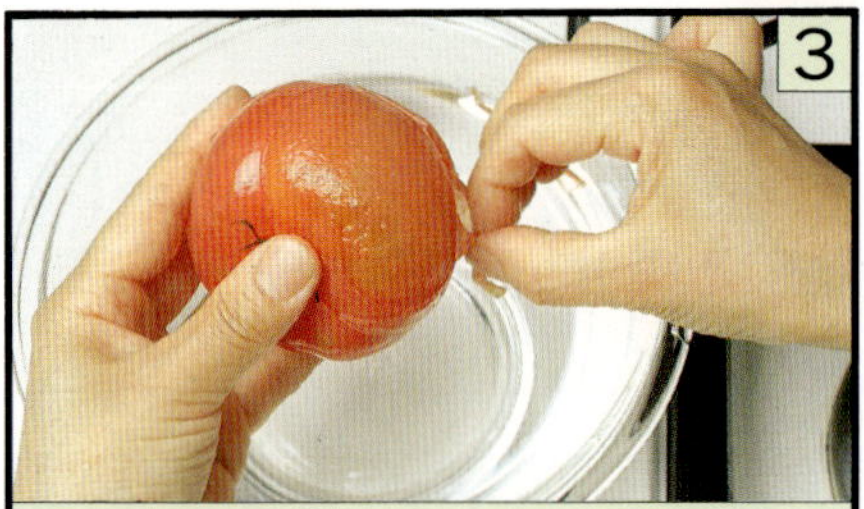

3 皮がはがれてくるので、そこから手でむきます。

くし形切り

1 縦半分に切り、へたのついた白い部分を三角形に切りとります。

2 半分をそれぞれ3～4つに切ります。

種をとる

ソースなどを作るときは、舌ざわりと味をよくするために、種をとります。

横に2つに切って、スプーンで種を出します。

輪切り

横向きにまっすぐ立てて切ります。

トマトのサラダ

1 トマトは輪切りにします。たまねぎのみじん切りは、ふきんに包んでもみ洗いし、水気をかたくしぼります。

2 ドレッシングの材料を合わせます。トマトを器に盛り、たまねぎ、ドレッシングをかけ、パセリを散らします。

●材料（2人分）

- トマト……中2個
- たまねぎ（みじん切り）…1/8個
- パセリ（みじん切り）……少々
- ドレッシング
  - 酢……大さじ1/2
  - 塩……小さじ1/6
  - こしょう……少々
  - 砂糖……少々
  - サラダ油……大さじ1

キッチンメモ

●鍋は料理や材料に合わせて選びます

たとえば少量の煮ものに大きな鍋を使うと、ガスの熱がむだになるし、余分なだしも必要になります。また、鍋からはみ出るほどの量の材料を調理すると、鍋の中で熱が対流しにくいので、うまく煮えません。煮炊きものには、適当な大きさ（口径、深さ）の鍋を選び、熱を効率よく使いましょう。

材質では、ゆでものの湯をわかすときは、薄手のアルマイトなど熱伝導のよいものが最適です。じっくり煮こむ料理には厚手のアルミやほうろう鍋、ジャム作りなど酸のあるものを煮るときには、酸におかされないガラスやほうろうの鍋を選びます。

なす

室温

ラップに包んで。水分が蒸発して、しなびやすい。（温度が低すぎるといたむので、冷蔵庫には入れません。）

米《べい》なす
長なす
卵形なす
がくにさわるととげが痛い
へたの切り口が新しい
暗紫色
つやがある

避けたいもの	・皮に傷がある ・しなびている

がくをつけておくとき

1

1 焼きなすなど、がくをつけたまま調理する場合は、まずへたを切ります。

2

2 がくの分かれたところに、ぐるりと切り目を入れます。

3

3 ヒラヒラ出た余分ながくを、とり除きます。

がくを切り落とす

水で洗い、がくのついている部分を切り落とします。

切り目を入れる

丸のまま調理するときや、大きく切って使うときは、皮に細かく切り目を入れて味をしみやすくします。

▲切り目は、斜め格子に入れたり、縦に入れたりさまざま。皮をところどころむいても、同じ効果があります。

なすはアクが強く、空気にふれると変色するので、切ったらすぐ水につけ、5～6分おきます。浮き上がらないように、皿などで押さえます。

▶油で揚げたり、いためたりするときは、水につけず、切ったらすぐ調理します。油で調理すると、なすのアクは甘みに変わります。

なすの鍋しぎ

●材料（2人分）
なす……………3個(200g)
ごま油…………大さじ1½
Ⓐ
みそ……………大さじ1
砂糖……………大さじ½
みりん…………大さじ1
だし……………大さじ2

▶なすは、スポンジのような白い身が、油や煮汁をたっぷり吸収するので、味がつけやすく、料理しやすい材料です。

1 なすはがくを切り落とし、皮を縦じまにむきます。1cm厚さの輪切りにします。Ⓐを合わせておきます。

2 鍋にごま油を熱し、なすを入れて強火で焼き色がつくように、充分やわらかくなるまでいためます。

3 Ⓐを加えて弱火にし、煮汁が少し残る程度にいりつけます。

キッチンメモ

●湯をわかすときはふたをします

水を火にかけると、熱くなった水が対流し、熱い湯は上にいくので、水の表面が先に熱くなります。湯をわかすときにふたをしないと、表面の熱い空気が逃げ、全体が底のほうまで熱くなるのに時間がかかって、熱がむだになります。必ずふたをして湯をわかしましょう。

また、水を鍋に入れてわかすよりも、湯わかし器からいちばん熱い湯をくみ、それをわかすほうが早くわき、ガスの消費量も少なくてすみます。

にら

野菜

ポリ袋に入れて。

にら
葉が厚く
みずみずしい

黄にら

▲水がかかるといたみやすいので、使う直前に洗い、根元を少し切り落として使います。

花にら
つぼみのかたいもの

黄にらは香りがやわらかく、生でサラダにしたり、いためて食べます。

花にらは、いためたり、ゆでたりして、つぼみまで食べられます。

にらの卵とじ

●材料（2人分）

- にら……………1束(100g)
- 卵……………1個
- だし……………カップ1/2
- みりん…………大さじ1/2
- しょうゆ………小さじ1/2
- 塩………………少々

▼にらはすぐに火が通ります。煮すぎると色が悪く、歯ごたえもなくなります。

1

1 にらは4cmくらいの長さに切り、卵はときほぐします。

2

2 鍋にだし、みりん、しょうゆ、塩を合わせて煮立て、にらを入れます。

3

3 にらに8分通り火が通ったら、卵を回し入れます。ふたをして半熟程度で火を止め、少し蒸らします。

にんじん

野菜

ラップに包むかポリ袋に入れて。ぬれたままだと腐りやすい。使いかけのものは、特に水気をよくふき、切り口をラップでおおう。

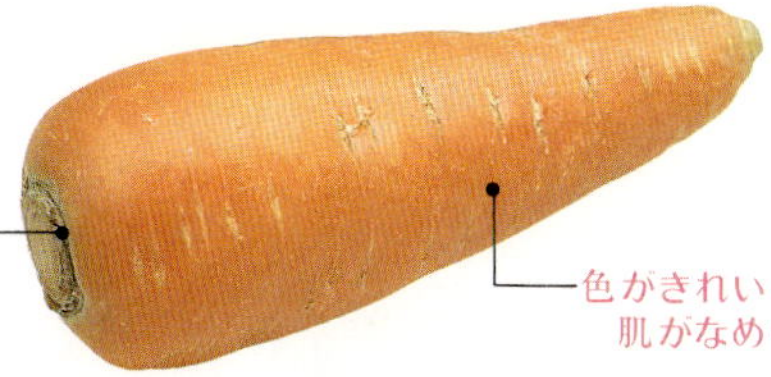

避けたいもの	・肌にコブがある ・切り口が黒ずんでいる ・頭が緑色

皮をむく

皮は加熱すると黒くなるので、むいたほうがきれいです。なるべく薄くむくには、皮むき器が便利。

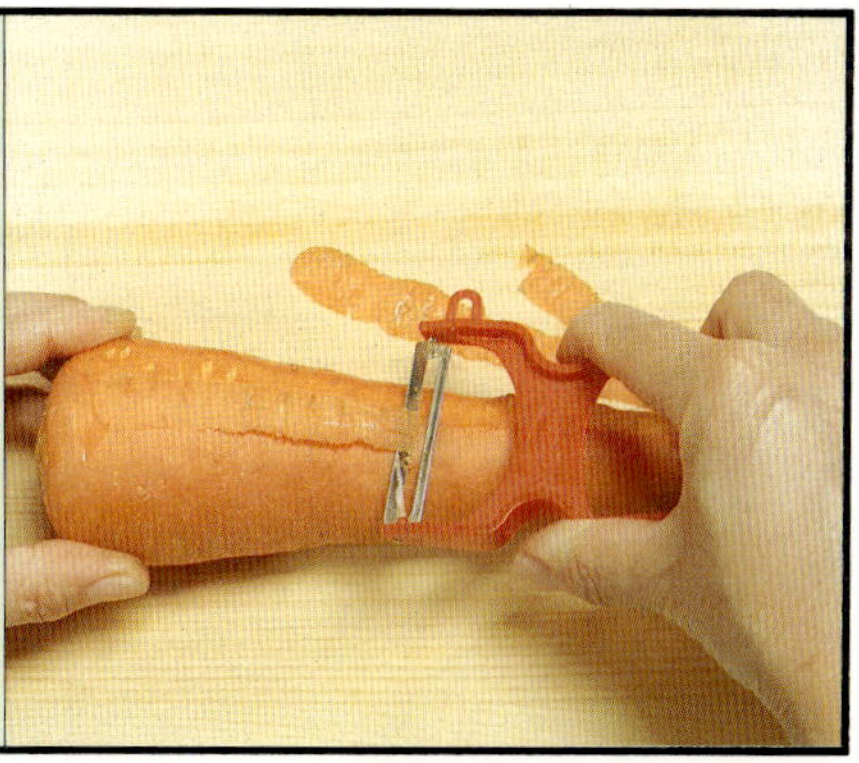

梅花にんじん

赤色を生かして梅の花形に作り、彩りとして使います。

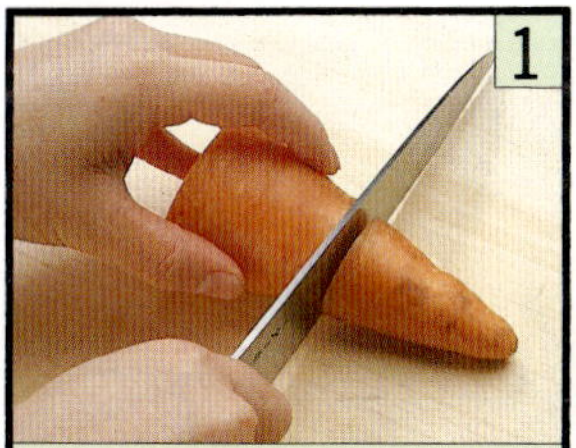

1 抜き型の直径より太い部分を4～5cm長さに切ります。

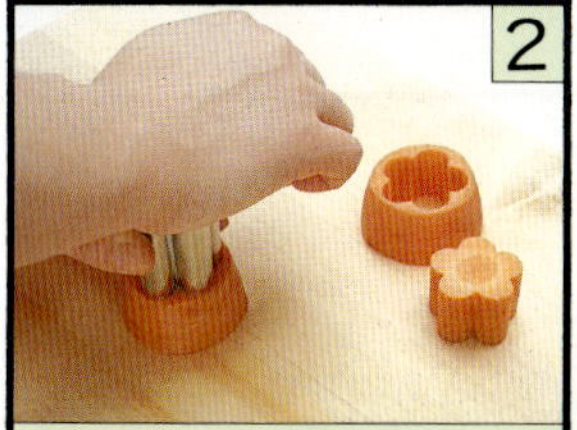

2 切り口に型をあて、力を入れて下まで抜きます。型の中のにんじんを押し出します。

3 小口から5～6mm厚さに切ると、できあがり。

せん切り

1 適当な長さに切ってから、縦に薄く切ります。

2 少しずつずらして重ね、端から細く切ります。

乱切り

にんじんを手前に半回転させ、向こう側の切り口の中央から斜めに切ります。

▲小さい乱切りにしたいときは、にんじんを縦2～4つに切ってから、斜めに切ります。

シャトー切り

形がきれいで煮くずれしにくい切り方です。洋風料理のつけ合わせや煮こみ料理に。

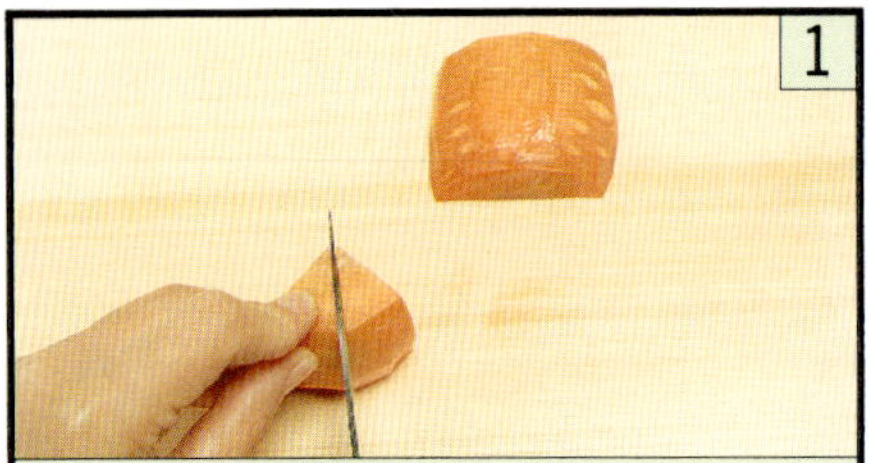

1 3～4cm長さに切り、太さによって4～6つに放射状に切ります。

2 皮をむきながら切り口の角を落とします。両端は少し厚めにむいて、丸みのある形にします。

▲角を落として面とりすることで、煮くずれを防ぎます。落とした部分は、スープなどに利用します。

ねじり梅

型で抜いたにんじんに、ちょっと包丁を入れて作ります。おもてなし料理や、おせちに最適です。

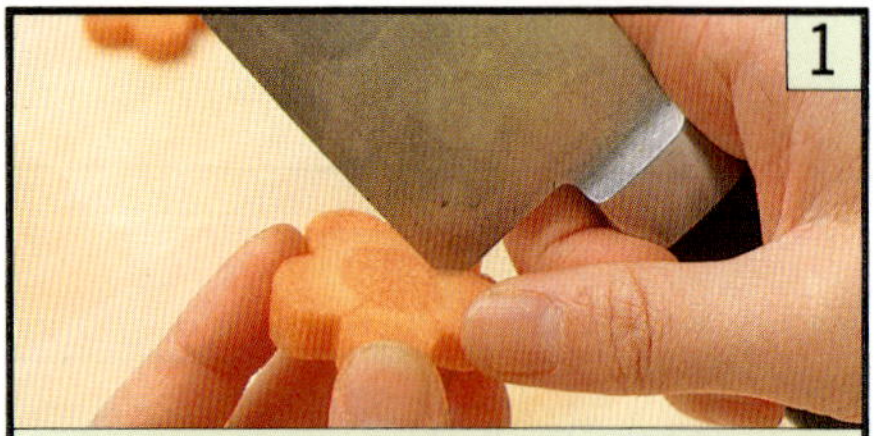

1 梅花にんじんの花びらの切りこみから中心に向かって、浅く包丁を入れます。

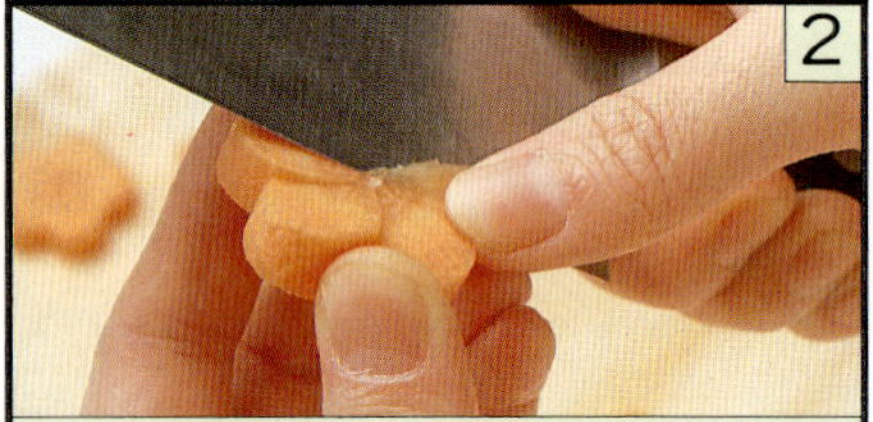

2 花びらの片側を斜めにそぎとります。

3 同じ向きに5か所ともそぎとって、できあがり。

にんじんのグラッセ

シャトー切りにしたにんじんと、かぶるくらいの水、調味料とバターを鍋に入れ、弱火で汁気がなくなるまで煮ます。

●材料（2人分）
にんじん……½本（100g）
砂糖……小さじ1
バター……大さじ½
塩……少々

洋風料理のつけ合わせに使います。

にんにく

室温
網袋に入れて乾燥したところにつるす。

冷凍
皮をむき、ポリ袋に入れて。凍ったままおろすか、しぼる。

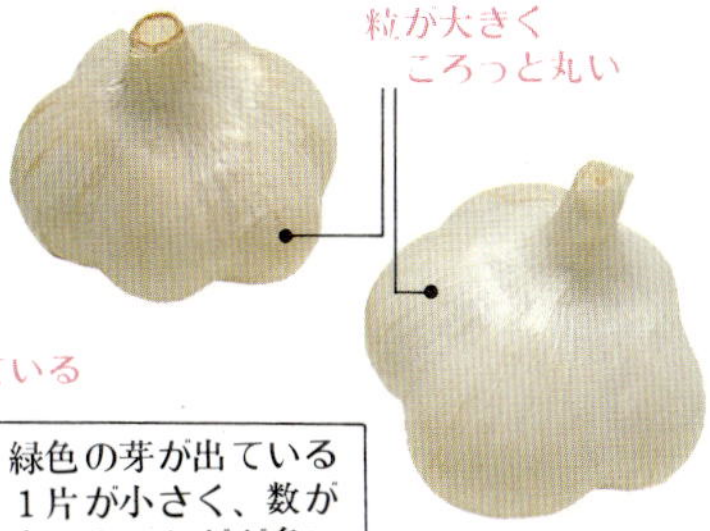
粒が大きく
ころっと丸い
かたく
しまっている

避けたいもの	・緑色の芽が出ている ・1片が小さく、数が多いと、むだが多い

おろす

おろすときは、おろし金を使うか、写真のように、にんにくしぼりでしぼります。しぼったものは、みじん切りとしても使えます。

みじん切り

薄切り→せん切り→みじん切りと順に切る方法（⇨88ページ）もありますが、小さいにんにくではめんどう。包丁の腹でつぶしてから（⇨87ページ）、細かく切る方法が簡単です。

▲にんにくを切った包丁やまな板は、においが移るのですぐに洗います。また、切る前には必ずまな板をぬらすことも忘れずに。まな板の端のほうで切ります。

1片ずつとり出して使う

1

1 外皮を少しむきます。

2
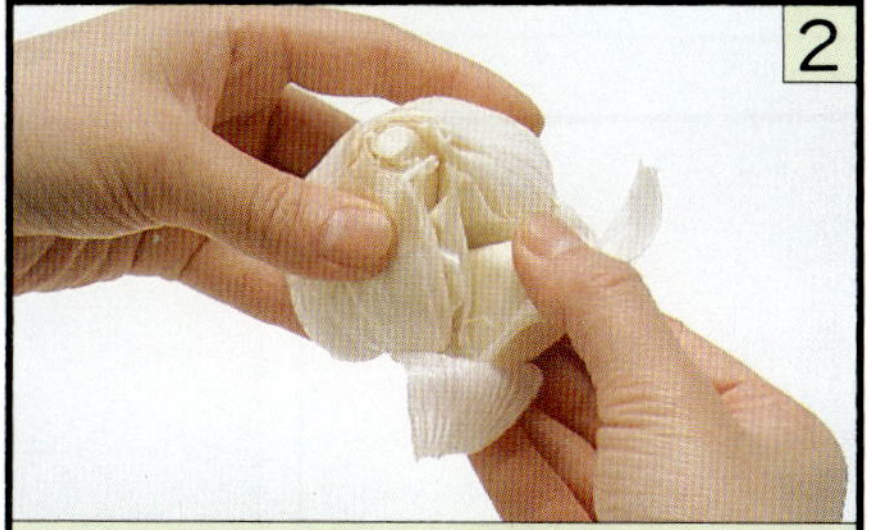

2 使う分だけとります。

3
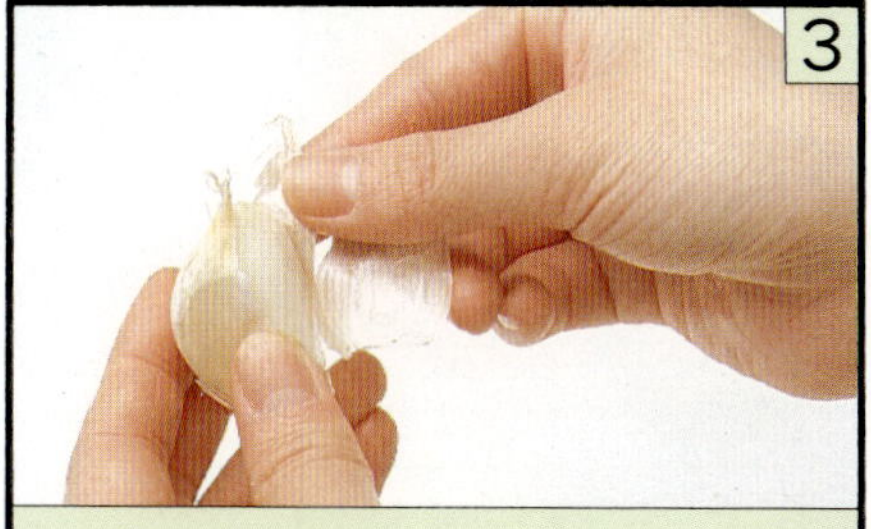

3 薄皮をむきます。

ねぎ

大きく分けると、白い部分を食べる根深《ねぶか》ねぎと、緑色のやわらかい部分を食べる葉ねぎがあります。葉ねぎにはあさつき、万能ねぎなどが含まれます。

わけぎ

緑色が鮮やか

根深ねぎ

万能ねぎ

あさつき

避けたいもの	・**根深ねぎは**、**白い部分**がフカフカしてやわらかい ・葉ねぎは表面がカサカサしている

新聞紙に包んで、できれば、根を下にして立てて。

使いかけの場合。ラップかポリ袋で。

みじん切り

1使う量の長さに切り、端を少し残して、縦に2～3㎜幅に切りこみを入れます。

2切りこみを入れたほうから、細かく切ります。

3大さじ1になるおよその分量を覚えておくと、便利です。

小口切り

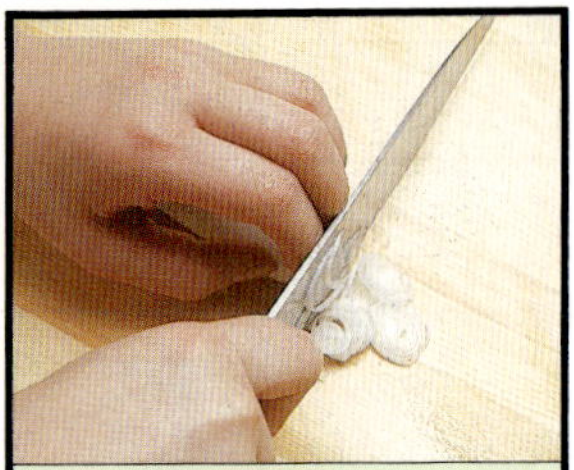
丸い切り口になるよう、端から薄く切ります。

▶根深ねぎの緑色の部分は、かたくて香りが強いので生食には不向きです。いためものやスープの香りづけに利用できます。

皮をむく

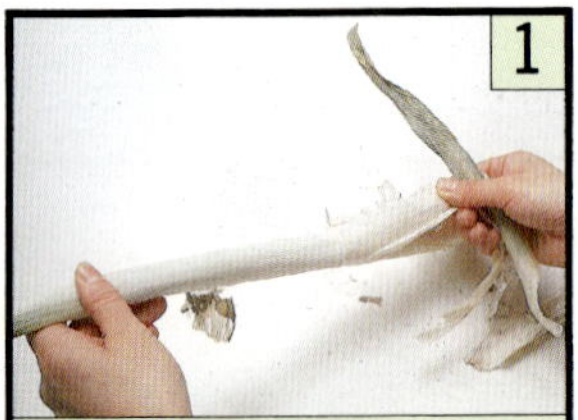
1洗ったあと、乾燥したり、汚れが落ちない薄皮はむきます。泥つきのものは、汚れた皮をむいて、洗います。

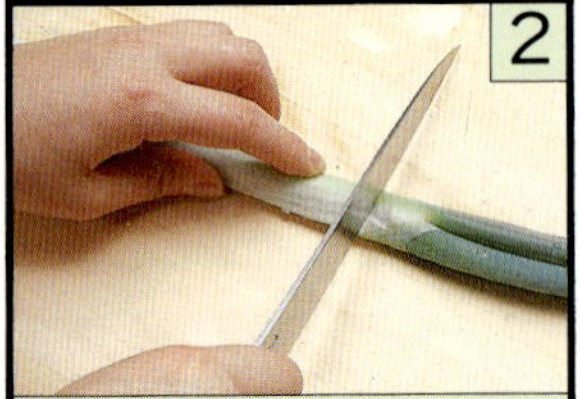
2緑色の部分の根元に近いところはやわらかいので、少し残して切りとります。

水にさらす

用途によっては、ねぎの辛みをとり、シャキッとさせるために、水にはなして（浮かべて）しばらくおきます。これを水にさらすといいます。ざるにあげ、水気をきって使います。

小口切りのねぎは散りやすいので、ふきんに包んで水にさらし、軽くしぼって水気をきります。

たたく、つぶす

中国料理でスープをとったり、肉を煮たりするときに、たたくか、つぶしたねぎを入れることがあります。これはねぎの風味を出しやすくするためです。

包丁の腹でつぶします。または、包丁のミネ（背）でトントンとたたきます。

●しらがねぎ
7～8cm長さに切り、せん切りと同じ要領で、もっと細く切ります。

ぶつ切り

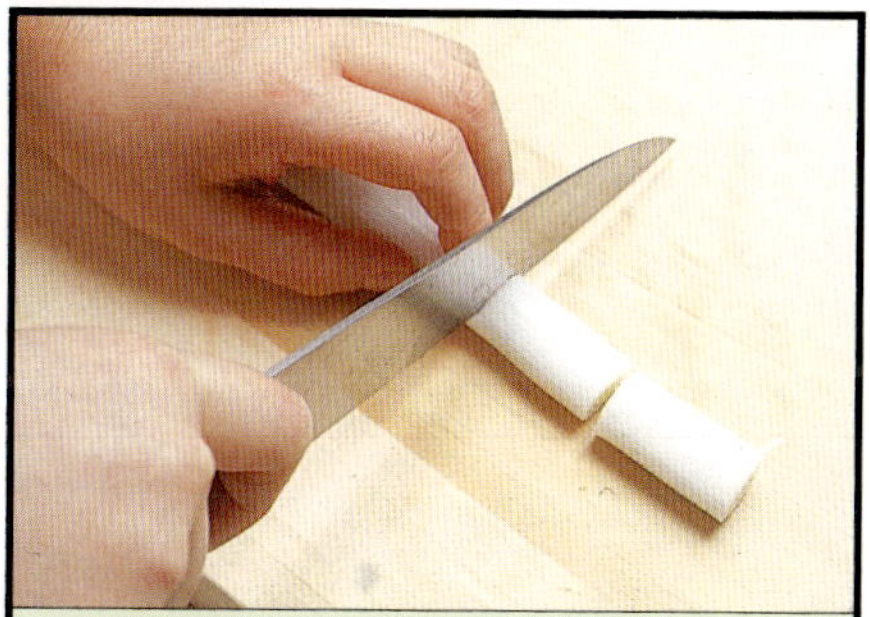

適当な長さにぶつぶつ切ります。

斜め切り

ねぎに対して包丁を斜めにあてて切ります。

せん切り

5～6cm長さに切り、縦に切りこみを入れて、薄いクリーム色の芯をとり除きます。皮の部分を広げ、縦に（繊維にそって）細く切ります。4～5枚重ねて切るとよいでしょう。

はくさい

室温

野菜

〈冬〉丸のまま新聞紙に包み、芯を下にしてたてかける。3～4週間もつ。

〈春秋、夏〉ポリ袋に入れて。

ずっしりと重量感がある
巻きがかたい
外側の葉が色濃く、厚い

避けたいもの	・葉に黒い斑点がある（少しならかまわない）

●**カット売りは芯でみる**

日がたつにつれて、切り口の芯の部分から盛り上がってきます。また、中心に緑の葉が見えるものは4～5日たっているはずです。

葉はザク切りに

葉のやわらかい部分は、ザクザクと切って使います。軸の部分は、細切りにしたり、斜めにそぎ切りにしたりして使います。

漬けものにするとき

1 漬けものにするときは芯を上にして、十文字に深く切りこみを入れます。

2 両手で裂くようにして4つ割り、または6つ割りにします。

3 葉と葉の間を開くようにして洗います。このように芯をつけて洗ったあとは、切り口を下にして置き、できるだけ水気をきります。

葉を1枚ずつ使うとき

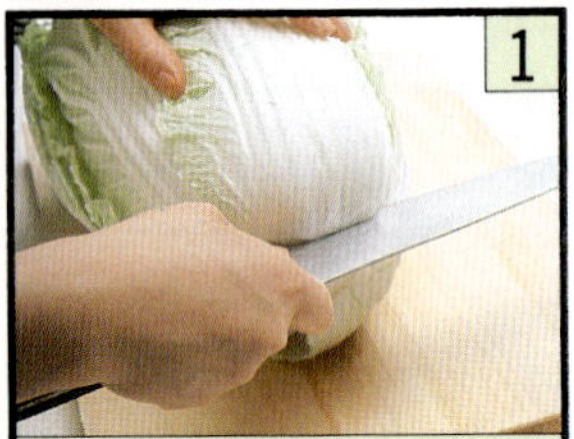

1 1枚ずつ使うときは、葉のつけ根に切り目を入れて、はがします。

2 1枚ずつ洗います。

3ざるに広げてさまします。

電子レンジでも

洗った葉の水気をきらずに、葉先と根元を交互に並べてラップで包み、電子レンジにかければ、手早く火が通せます。（はくさい200ｇで約3分30秒〈500Ｗのレンジで〉）

芯をそいでゆでる

1軸の厚い部分は、火が通りやすいように、２枚にそいで厚さを平均にします。

2たっぷりの湯を沸とうさせ、軸のほうから入れてゆでます。

はくさいの酢じょうゆあえ

●材料（2人分）

はくさい……2枚（200ｇ）
酢……小さじ2
しょうゆ……小さじ2
だし……小さじ2
赤とうがらし……½本

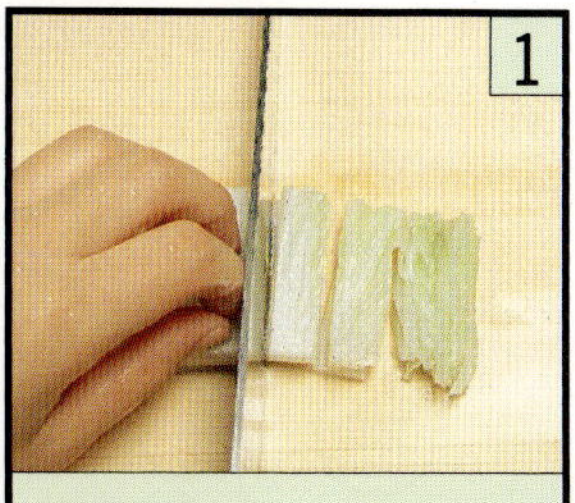

1軸の厚いところをそいで、ゆでてさまします。1×4㎝くらいのたんざく切りにします。

2軽く水気をしぼります。とうがらしの種をとって小口切りにします。（⇨166ページ）

3酢、しょうゆ、だしを合わせてとうがらしを入れ、はくさいと混ぜ合わせます。

パセリ

縮み方が細かい
緑色が濃い

野菜 ポリ袋に入れて。

冷凍 みじん切りにして1回分ずつに小分けし、ラップに包んで。

みじん切りは葉だけを

1 洗ったパセリの葉の部分だけをつみとり、ふきんでさらにたんねんにふきます。

2 水気をよくふきとったまな板の上で、細かくきざみます。

ふるように洗う

1 水をはったボールの中で葉先をふるようにして洗います。

2 乾いたふきんで水気をふきとります。

キッチンメモ

●食卓のととのえ方

日本料理の場合は、図のように、汁ものは右、ごはんは左に置きます。揚げもの、焼きもの、いためものなどの主になるおかずは、ごはんの奥に、副菜（煮ものやあえものなど）は汁の奥に、小鉢などの副菜は中央に置きます。主菜がさし身のときは、汁の奥に置き、主菜と副菜が逆になります。

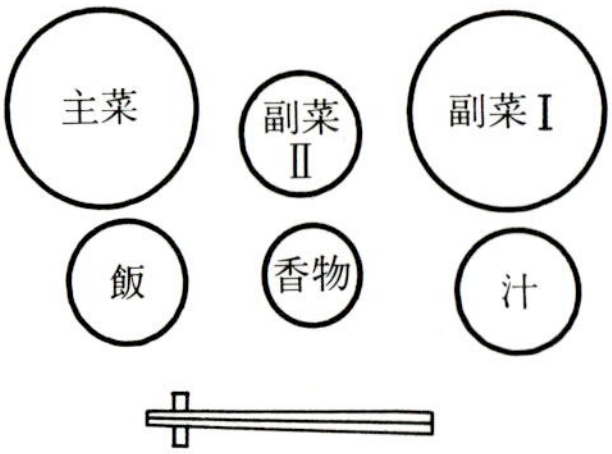

主菜
副菜Ⅱ
副菜Ⅰ
飯
香物
汁

ピーマン

野菜

ポリ袋に入れて。

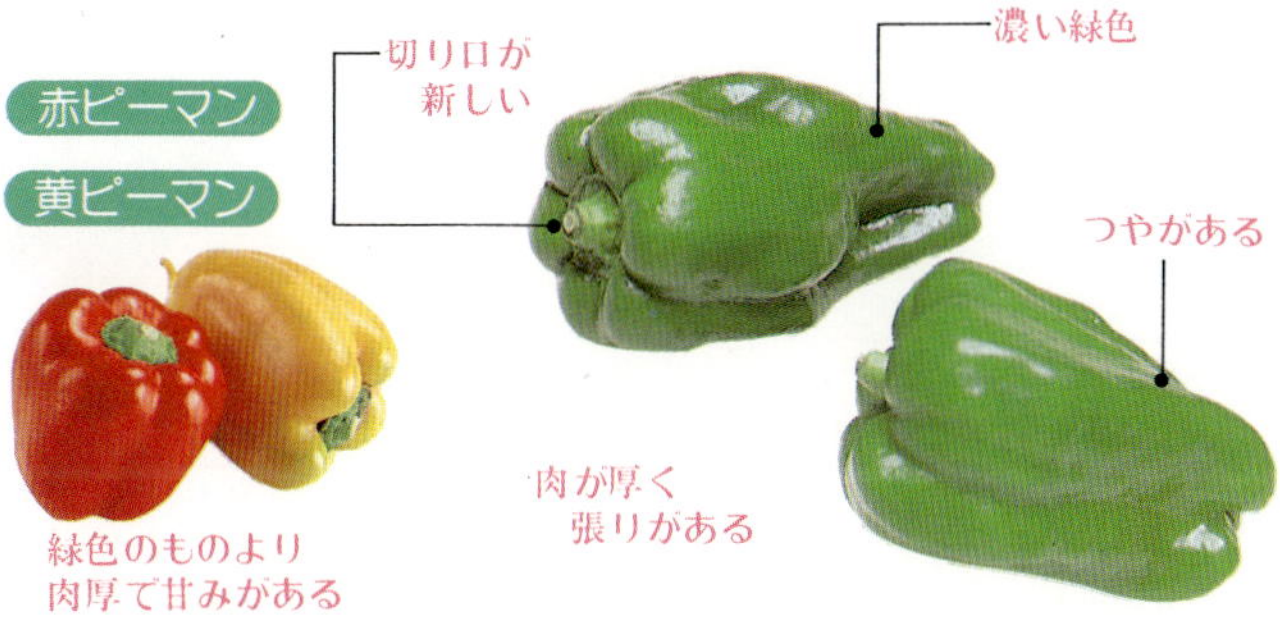

赤ピーマン
黄ピーマン
緑色のものより
肉厚で甘みがある
切り口が
新しい
濃い緑色
つやがある
肉が厚く
張りがある

輪切りは芯をとってから

1 へたを切り落とし、中に包丁の刃先を入れて芯を切り離し、とり出します。

2 つぶさないように軽く押さえて、切っていきます。

芯と種をとる

1 よく洗って2つに切り、へたに切り目を入れます。

2 芯と種を一緒にとり除きます。

せん切りの方法

縦2つに切って、芯と種を除きます。裏返しにして、縦に端から切ると切りやすい。用途によっては横に向けて切ると、短いせん切りになります。

ふき

冷蔵

ゆでてから、ポリ袋か密閉容器で。

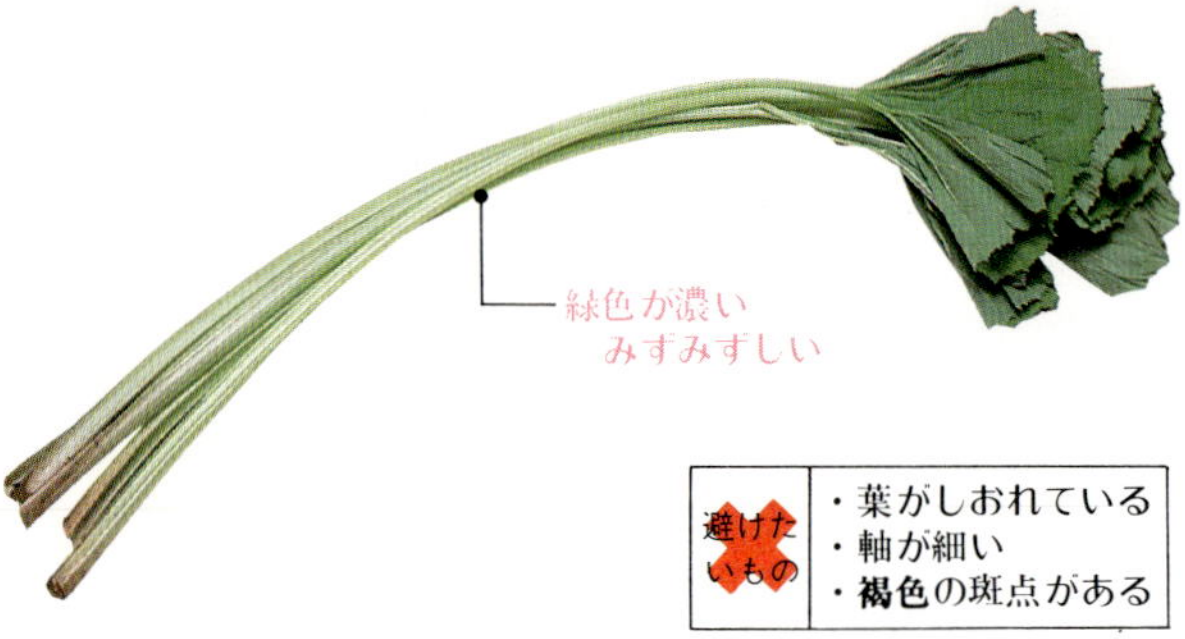

避けたいもの
・葉がしおれている
・軸が細い
・**褐色**の斑点がある

下ゆでする

1 葉をつけ根から切り落とします。水で洗い、鍋の直径に合わせて、入るように長さを切りそろえます。

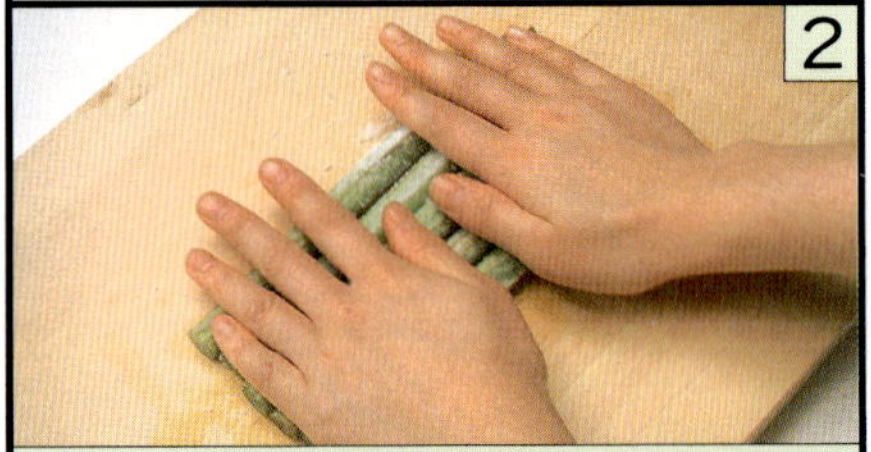

2 色よく仕上げるため板ずりをします。まな板の上で塩をふり（ふき200ｇに対して小さじ１程度の割合）、手のひらで軽く押さえるようにころがします。

3 アクが強いので、下ゆでしてから調理します。沸とうした湯に、塩がついたままのふきを太いほうから入れます。

4 １～２分したら、１本とり出して指で押し、ゆで具合をみます。

5 ゆであがったら、水に入れ、水をかえながら手早くさまします。こうすると、きれいな緑色になり、アクも抜けます。

6 根元側の皮を、ぐるりとひとまわり少しずつむいて、むき始めを手に集め、あとは一気に下まで引きます。

ふきの青煮

●材料
ふき(茎のみ)……150g
だし……カップ3/4
みりん……大さじ1
塩……少々
うすくちしょうゆ……小さじ1

▼ふきの香りと色を保つために、加熱は短時間にし、す早くさまします。煮汁も充分さましましょう。

1 下ゆでして皮をむいたふきを、5cm長さに切ります。

2 鍋にだし、みりん、塩、しょうゆを煮立てて、ふきを入れてひと煮立ちさせます。ふたはしません。

3 ふきをとり出し、ざるに広げてさまします。煮汁がさめたらもどし、しばらくおいて味を含ませます。

ふきの葉のいり煮

●材料
ふきの葉……150g
ちりめんじゃこ……20g
しょうゆ……大さじ2
砂糖……大さじ1/2
酒……大さじ1
だし……大さじ1

●若い葉は食べられます
若い新鮮な葉は、つくだ煮風に煮て常備菜の一品に。大きく育った葉は、アクが強すぎるうえ、かたいので食用には向きません。

1 葉はゆでやすいように、手でいくつかにさきます。

2 たっぷりの湯でゆでて、水にさらします。茎よりアクが強いので、水をかえながら1時間以上さらします。

3 水気をしぼって細かくきざみます。だし、調味料と一緒に鍋に入れ、中火でいりつけます。

4 水分がとんだら、じゃこを加えて混ぜ、火を止めます。

ブロッコリー

濃い緑色
切り口が新しい
つぼみが大きい
こんもりしている
しまっている

避けたいもの	・切り口にひび割れやスが入っている ・色がまだらだったり、黄色い花が咲きかけている

つぼみの上部が少し紫色がかっているのは、低温が原因。味に影響はありません。

野菜

ラップに包むか、ポリ袋に入れて。日もちせず、2～3日でつぼみが開いて黄色く変色するので、早めに使いきる。

小房に分ける

1 全体を流水で洗って、小房に切り分けます。太い茎の部分も、皮をむき、せん切りか薄切りにして使います。

下ゆでする

2 たっぷりの湯を沸とうさせ、かたい茎の部分から先に入れます。

3 ふたをせず1～2分ゆで、竹串で刺して、かたさをみます。ちょっとかたいかな、と思うくらいで火を止めます。

4 ざるにあげ、重ならないように広げてさまします。ざるにあげてからも、余熱で多少火が通るので、ゆですぎないようにします。

みつば

根みつば
つやがある
香りが高い
糸みつば
切りみつば

避けたいもの	・切りみつばの切り口が茶色い

野菜

ぬらした新聞紙に包み、ポリ袋に入れて。

▶根みつばの根に茎を5cmくらいつけて切り、土に埋めておくと、新しい芽が出てきます。

結びみつば

1 吸いものに入れるときなどは、結びみつばにすると上品です。さっとゆでるか、茎を軽くしごきます。

2 軽く結びます。

みょうが

いわゆるみょうがは、つぼみを収穫した花みょうがです。ほかに、細長いみょうがたけ(幼茎)があります。

みょうがたけ

かたいので**小口切り**にして**みそ汁の実**にしたり、**斜めに細く切**ってさし**身のつま**に。

野菜

ポリ袋か密閉容器で。鮮度が落ちると香りがなくなってしまうので、なるべく少量買って使いきる。

皮をむいて洗う

汚れている皮は1枚むいて、土や砂を洗い落とします。

切ったら水にさらす

アクが強いので、薬味のときは切ったらすぐに水にさらします。小口切り、縦薄切り、せん切りなどに切って使います。

芽キャベツ

ゆでて、いためものや、煮こみ料理、サラダなどに。

巻きのかたい
よくしまったもの
外側の葉が緑色
切り口が新しい

避けたいもの	・黄色く変色している

野菜　ポリ袋に入れて。

冷凍　さっとゆで、ポリ袋に入れて。

外側の葉はとる

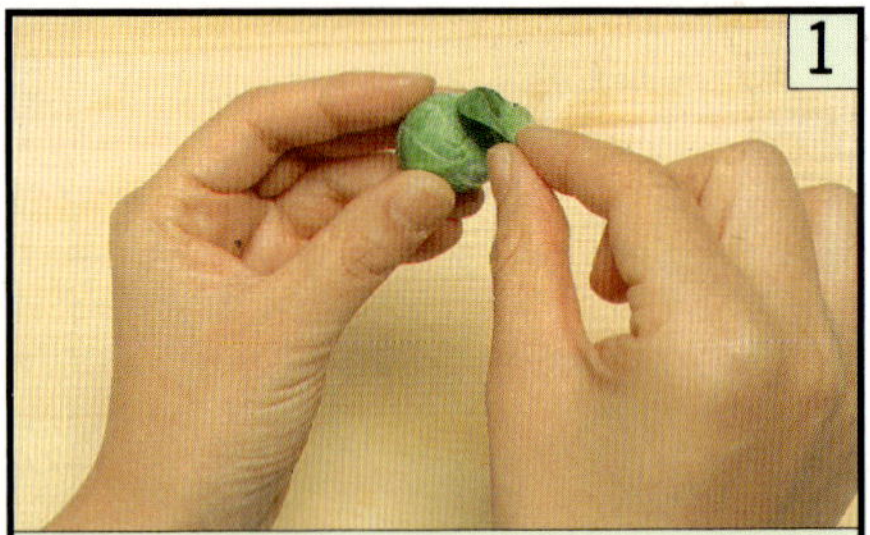

1 いたんだり、汚れている葉は、はずします。

切り口を切り落とす

2 流水で全体を洗い、切り口の部分を薄く切り落とします。

▲切り口部分はかたく、黒っぽくなっているためです。厚く切ると葉がバラバラになるので気をつけます。

切り目を入れる

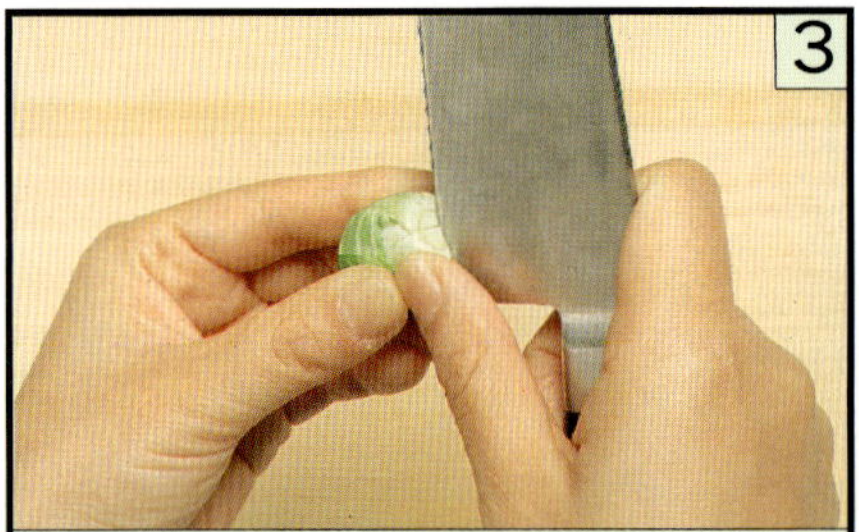

3 包丁の刃元を使い、切り口に十文字の切り目を入れます。こうすると、均一に早く火が通ります。

下ゆでする

4 いためたり、煮たりする場合は、かたいので下ゆでしてから使います。色も、じかに煮こむより鮮やかになります。

▲下ゆでは約2分、そのままサラダにする場合などは3～4分がめやすです。竹串を刺してかたさをみます。

もやし

野菜

袋の中の空気をできるだけ抜き、口をしばって。いたみやすいので翌日には使いきる。真空パックのものも、1度開けたら同じ。

避けたいもの	・茶色く変色している ・いやなにおいがする

洗う

水をはったボールの中で2～3度水をかえて洗い、浮いてきた黒い皮をとり除きます。ざるにとって水気をきります。

大豆もやし

豆の部分がかたいので、10分くらいふたをしてゆでる。

アルファルファ

洗って水気をきり、そのままサラダや料理のつけ合わせに。

もやしと豚肉のいためもの

●材料（2人分）

- もやし……150g
- キャベツ……100g
- 豚薄切り肉……100g
- （しょうゆ……小さじ½
- しょうが汁……小さじ½）
- サラダ油……大さじ1½
- 塩・こしょう……各少々
- しょうゆ……小さじ1

1 豚肉はひと口大に切り、しょうゆとしょうが汁をかけて下味をつけます。もやしは洗い、キャベツはザク切りにします。

2 中華鍋に油大さじ½を熱し、強火で肉をいためます。肉に充分火が通ったら器にとり出します。

3 鍋に油大さじ1をたし、もやしとキャベツを手早くいためます。

4 塩、こしょうをしてから肉をもどしてざっといため、しょうゆを鍋肌から回し入れます（⇨101ページ）。

れんこん

室温
ぬらした新聞紙に包み、ポリ袋に入れて。水につけ、毎日水をとりかえてもよい。

野菜
ラップに包むかポリ袋に入れて。

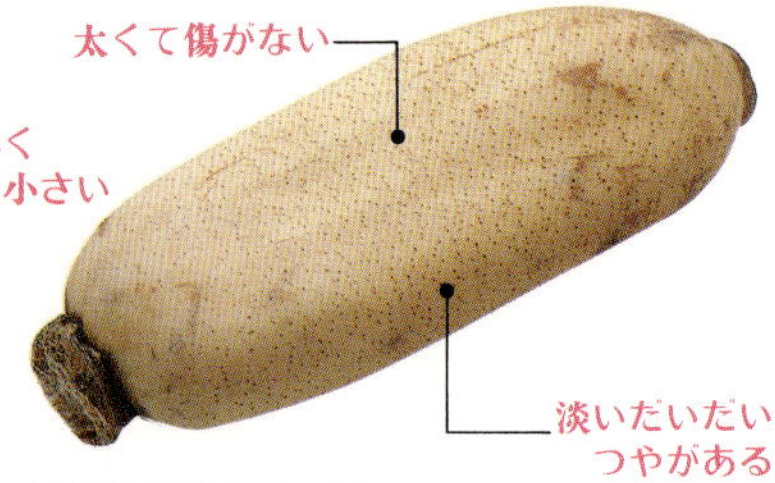

太くて傷がない
肉が厚く
穴が小さい
淡いだいだい色で
つやがある

避けたいもの	・茶色くなっている ・穴がアクで青黒くなっている

花れんこん

れんこんの穴の丸みを生かして花のように見せる切り方。飾り用や焼き魚の前盛りの酢れんこんなどに。

1

1 皮をつけたまま輪切りにし、包丁の先端を使って穴の間をV字に切り落とします。

2

2 V字の切りこみに向けて、皮の真ん中ほどから、カーブをつけながら皮をむきます。

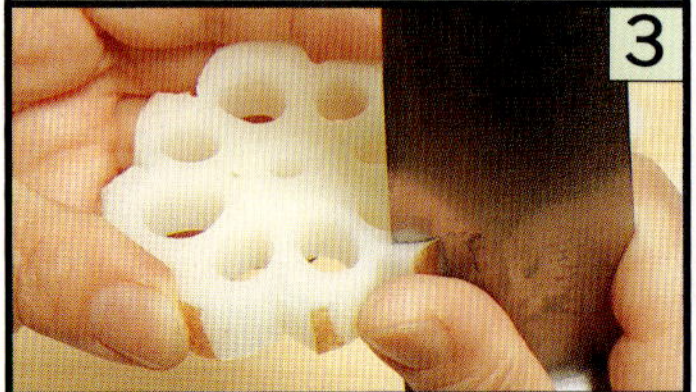

3

3 片側を一周したら裏返し、同じように残った皮をカーブをつけながらむいていきます。

穴の汚れは箸で

穴が汚れている場合は、箸を使って洗い流します。切り口のあたりが黒ずんでいるのは、空気にふれたためで、汚れではありません。

皮をむく

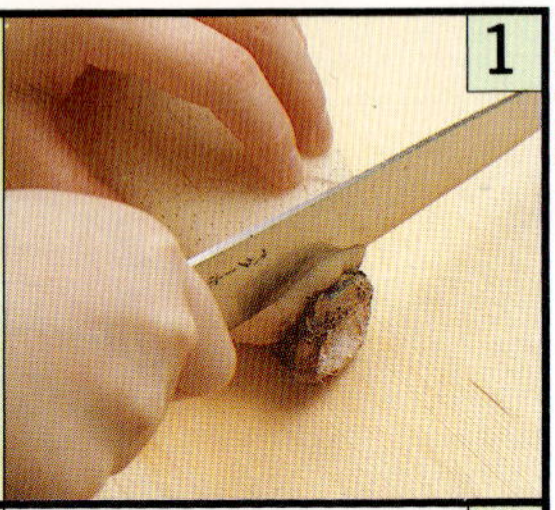

1

1 節の部分を少し切り落とします。切り口が黒ずんでいれば、その部分も切り落とします。

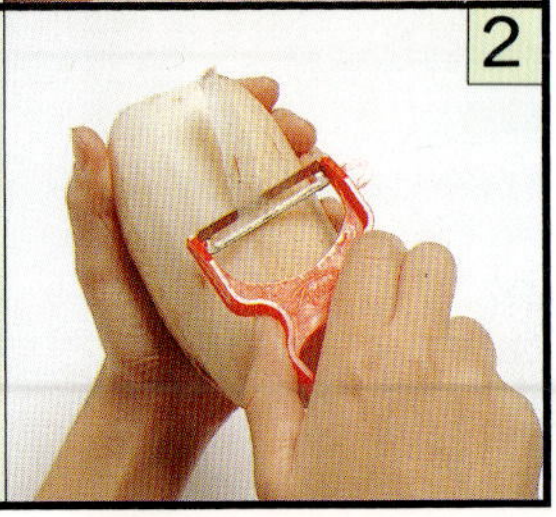

2

2 れんこんの皮は、かたくてむきにくいので、皮むき器を使うとらくです。

アクを抜く

切り口が空気にふれるとすぐに黒くなるので、酢水（水カップ3に対して酢大さじ1の割合）を用意しておき、切ったらすぐにつけます。

酢れんこん

●材料
- 花れんこん……8枚（100g）
- 甘酢
  - 砂糖……大さじ2
  - 酢……大さじ4
  - だし……大さじ4
  - 塩……小さじ$\frac{1}{3}$
- 赤とうがらし……$\frac{1}{2}$本

1

1 5㎜厚さの花れんこんを作ります。沸とうした湯に酢（量はアク抜きと同じ割合）を加え、れんこんが少しすき通るまでゆでます。こうすると、白く仕上がります。

2

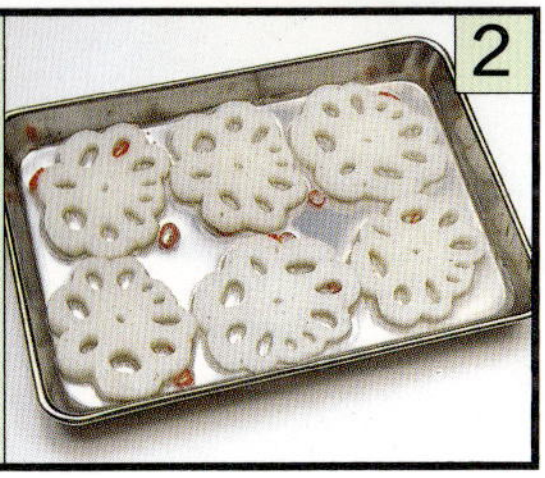

2 甘酢の材料をひと煮立ちさせて火を止めます。とうがらし（種は除く）の小口切りを加え、ゆでたてのれんこんを20～30分つけます。

やまのいも

やまのいもには、いろいろな種類があります。

長いもは水っぽいものが多く、シャキシャキした歯ざわり。細く切ってあえものにしたり、煮ものに。やまといも、つくねいも、自然薯《じねんじょ》などは粘りが強く、すりおろしてとろ汁に向きます。

新聞紙に包んで、涼しい場所に。使いかけは、切り口をラップに包んで、冷蔵庫の野菜室に保存します。

すりおろす

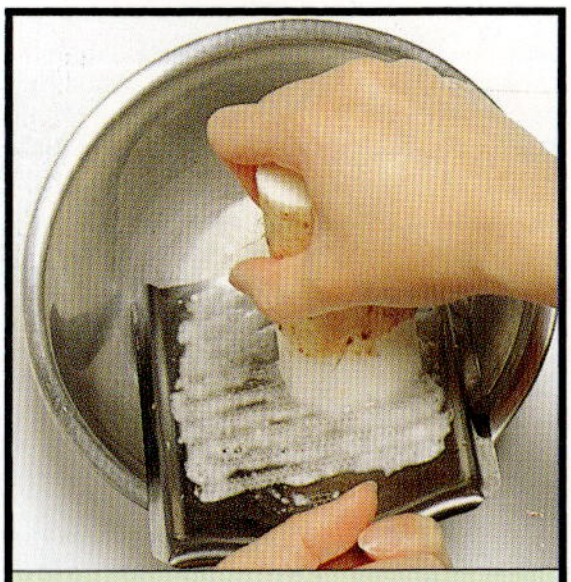

全部皮をむいてしまうと、すべってうまくおろせません。皮をむき残し、その部分を持っておろします。

▶皮をむくとき手がかゆくなる人は、皮むき器を使いましょう。酢で手を洗っても、多少かゆみが防げます。

アクを抜く

空気にふれると酸化して色が変わります。切ってそのまま食べる場合は、皮をむいて酢水（水カップ3に酢大さじ1の割合）に2～3分つけ、アクをとります。すべるので、水気をよくふいてから切ります。

柑《かん》橘《きつ》類

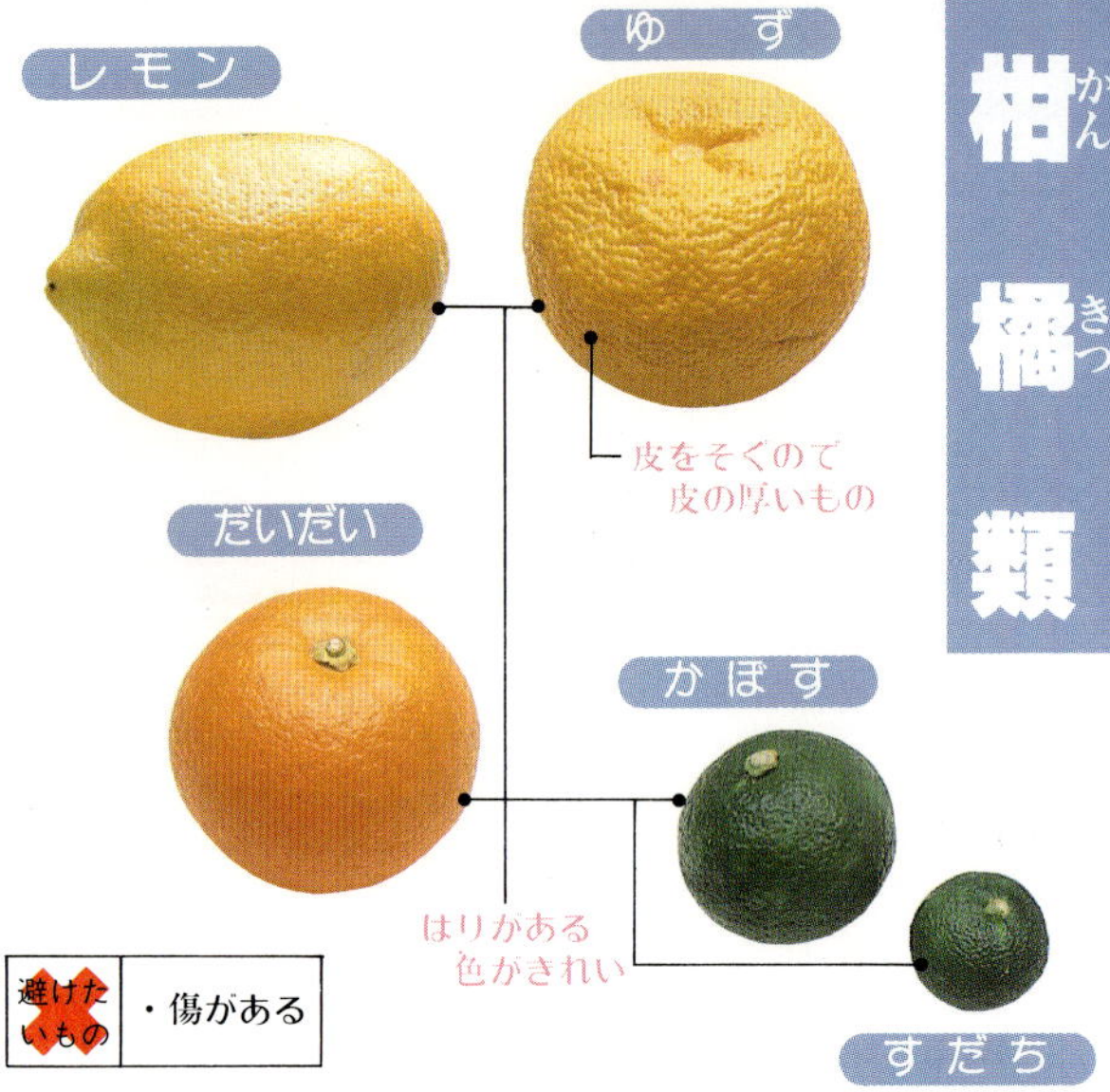

レモン
ゆず
皮をそぐので
皮の厚いもの
だいだい
かぼす
はりがある
色がきれい
すだち

避けたいもの	・傷がある

野菜

ラップか密閉容器で。使いかけは切り口をラップでしっかり包む。

冷凍

丸ごとラップに包むかポリ袋に入れて。凍ったままそぎ切りにしたり、おろしたりする。汁の多いものは皮はそぎ切りにして、汁はしぼって冷凍する。

ゆずの皮をすりおろす

洗ったゆずの水気をとり、おろし金で表面の皮だけをおろします。おろし金についた皮は、竹串や、ようじの先で落とします。

▲皮の下の白いわたまでおろすと、苦くなります。

ゆずの切り方

▶へぎゆずは、表皮を薄くそぐようにして切りとります。松葉ゆずは、長方形にして真ん中に切りこみを入れたものと、互い違いに切りこみを入れ、端を軽く交差させたもの（折れ松葉）があります。

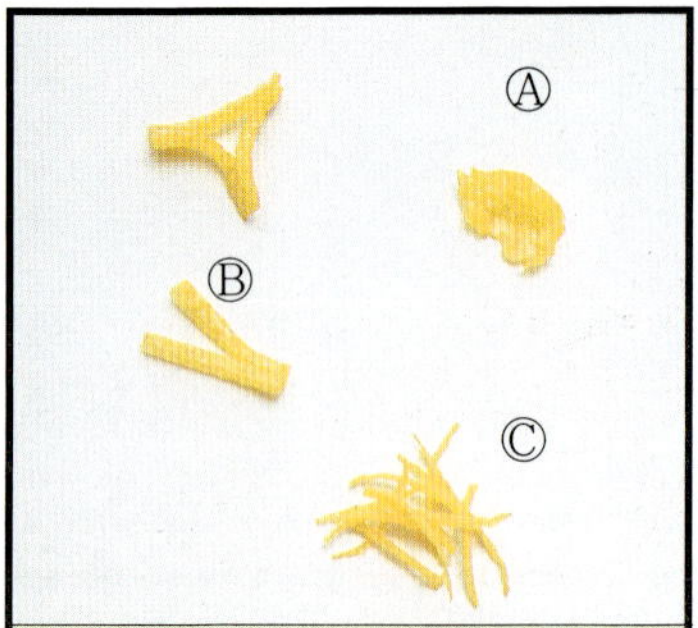

Ⓐ
Ⓑ
Ⓒ

Ⓐへぎ（そぎ）ゆず　Ⓑ松葉ゆず　Ⓒ針ゆず　いずれも吸い口や天盛りに使います。香りがとぶので食前に切ります。

木《き》酢《す》をとる

1

1 柑橘類のしぼり汁をそのまま酢として調味に使うとき、木酢といいます。まず、横半分に切って種を除きます。

2

2 汁をしぼり出します。すだち、かぼすは、切って料理に添え、食べるときにしぼることが多いものです。

PART 4

肉・卵・乳製品ほか

1 牛肉

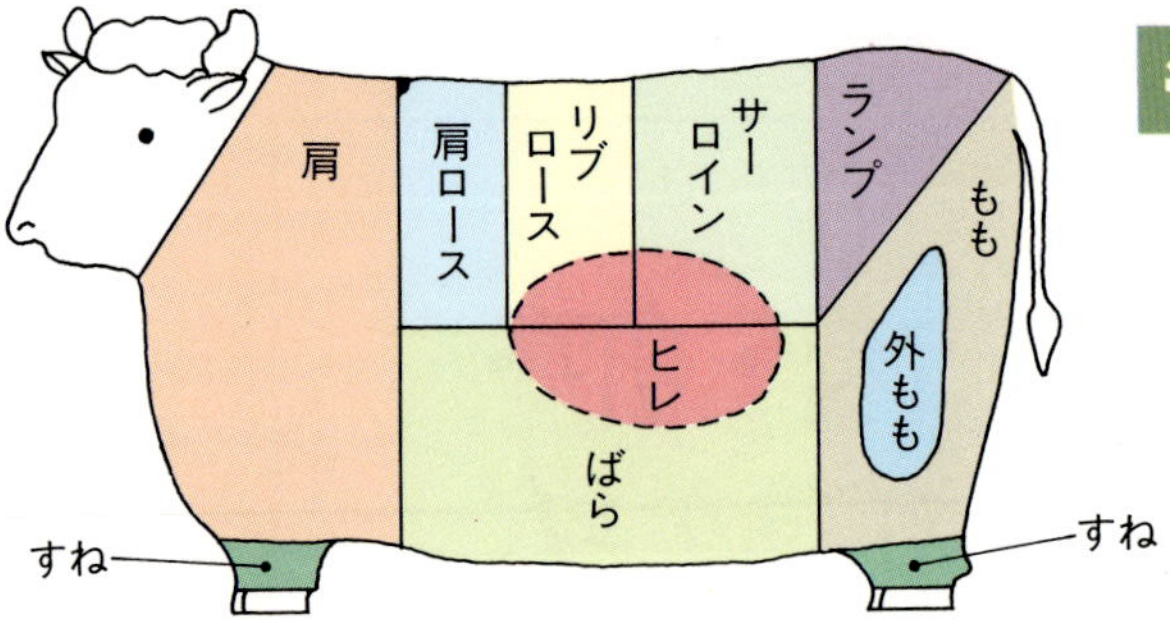
肩
肩ロース
リブロース
サーロイン
ランプ
もも
外もも
ヒレ
ばら
すね
すね

肉の呼び名	特　　徴	向いている料理
肩ロース	ロースの中では筋っぽく、かたい。脂肪は適度。	薄切りはいためものに。角切りはカレー、シチューなど煮こみ料理に。
リブロース	ロース特有のすぐれた肉質で、きめ細かく、やわらかくて風味がよい。	すき焼き、ステーキ、ローストビーフに。
サーロイン	肉厚で長方形をしたかたまり。全体にやわらかい。	ステーキに最適。
肩	かたいが、エキス分やゼラチン質が豊富。	煮こみ料理に。
ばら	赤身と脂肪が層になっている。かたくてきめがあらく、繊維や膜が多いが、うまみがある。	煮こみ料理、焼き肉、汁ものに。
もも	きめがややあらいが、赤身が多い。	薄切りはいためものに。角切りは煮こみ料理に。
外もも	きめがあらく、かたい。	煮こみ料理に。
ランプ	脂肪が少なく、きめが細かく、やわらかい赤身。	ステーキ、ローストビーフ、すき焼き、ソテーに。
ヒレ	きめ細かく、脂肪が少ない。	ステーキ、カツレツに。
すね	濃い赤色で筋が多いが、味がよい。	シチューなど長く煮こむ料理に。

薄切り肉のせん切り

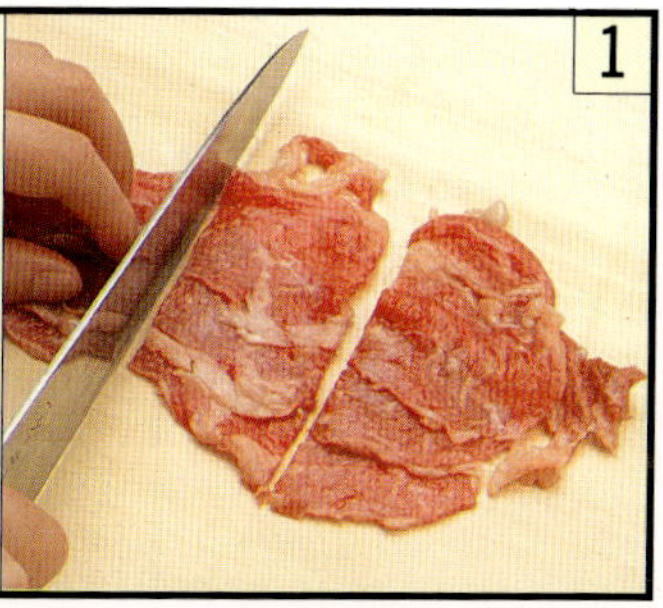

1 仕上がりの長さになるように切ります。

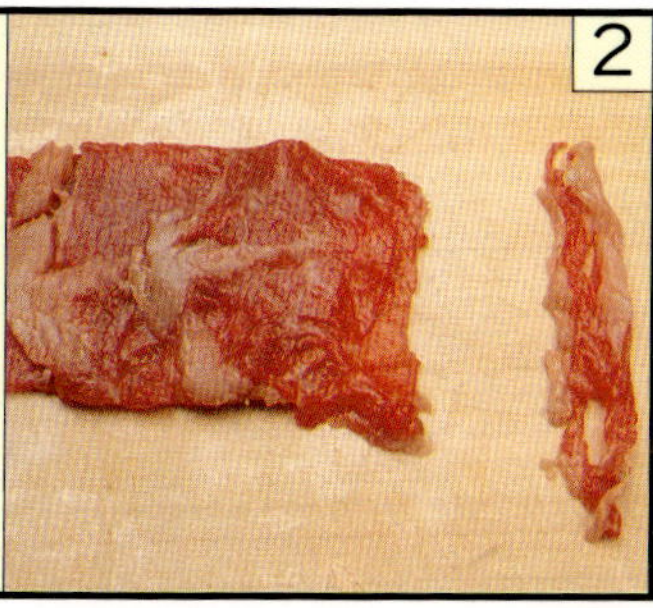

2 肉の向きをかえ、端から細く切ります。

黒ずんだ肉も安全

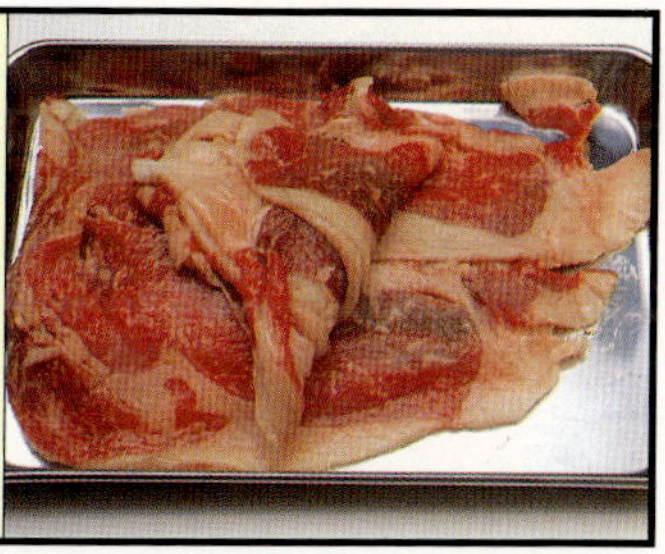

空気にふれないと赤く発色しないので、重なっている部分は黒ずんでいます。古いわけではないので食べられます。

▼肉は、いためすぎたり、焼きすぎたりするとかたくなってしまいます。いため合わせるときは先にいためてとり出し、ほかの材料に火が通ってからもどして仕上げます。

牛肉とにんにくの芽のいためもの

●材料（2人分）

牛ロース肉（薄切り）…150g
酒・しょうゆ・かたくり粉……各小さじ1
にんにくの芽…1束（150g）
しょうが・にんにくのみじん切り……各小さじ1
サラダ油……大さじ1½
合わせ調味料（酒大さじ2　しょうゆ小さじ1　砂糖小さじ½　塩少々）

1 牛肉は長さ4～5cm、幅2cm、にんにくの芽は4cm長さに切ります。肉に酒、しょうゆ、かたくり粉をまぶして10分ほどおきます。

2 中華鍋に油大さじ½を熱し、牛肉をいためて、表面の色が変わるくらいでとり出します。

3 同じ中華鍋に油大さじ1を熱し、しょうがとにんにくのみじん切りをいためて香りを出します。

4 香りが出てきたら、にんにくの芽を入れていため、合わせ調味料を回し入れます。牛肉をもどしてひと混ぜします。

しばる

焼き豚、ローストポークなど、かたまり肉を調理するときには、煮くずれず、形よく仕上がるように、たこ糸でしばります。

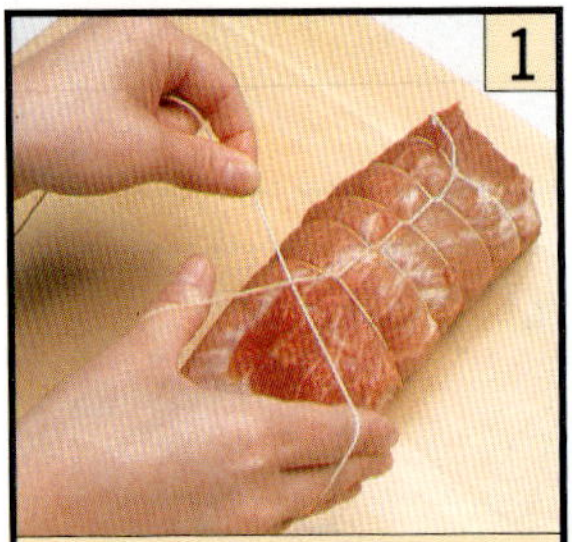

1たこ糸の一方の端を短くして、肉の片端を結び、長いほうの糸を手にかけて輪を作り、肉をくぐらせ、引っぱります。

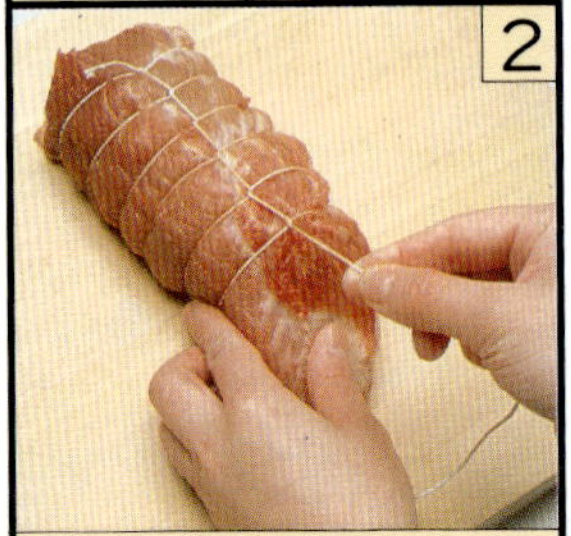

2 2cmくらいの間隔で1をくり返し、巻き終わりを引っぱって、肉を裏返します。

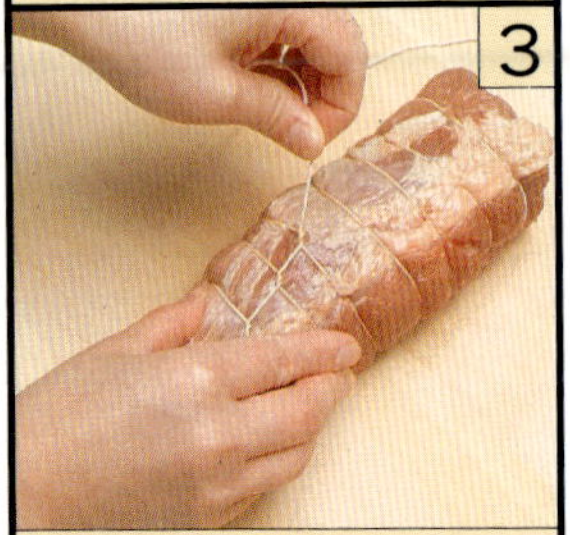

3横糸の中央に糸をかけていき、端までいったら裏側の短い糸端と結びます。

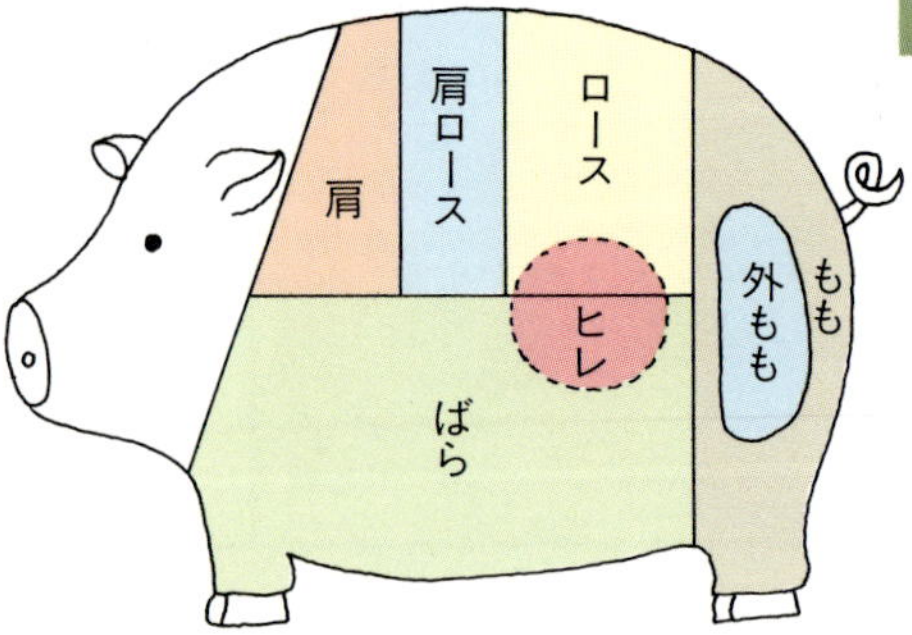

肉の呼び名	特　　徴	向いている料理
肩	きめがあらく、色は濃いめ。筋肉の間に脂肪が多少ある。	薄切りはいためもの、豚汁に。角切りは煮こみ料理に。
ロース	やや淡いピンク色。表面の脂肪はうまみの決め手なので、とり除きすぎないこと。	いためもの、とんカツ、ソテー、焼き豚、煮こみ料理に。
肩ロース	やや赤みのあるピンク色。ロースよりかたいのでじっくり煮る料理に向く。	焼き豚、煮こみ料理に。薄切りはいためものに。
ばら	赤身と脂肪が層になっている。こくがある。	角煮、シチュー、カレー、酢豚、豚汁、いためものに。
もも	脂肪がほとんどない赤身肉。	とんカツ、焼き豚、酢豚に。薄切りはいためものに。
外もも	色が多少濃いめの赤身肉。ももよりかたい。	煮こみ料理に。
ヒレ	最もきめ細かく、やわらかで、脂肪はほとんどない。淡泊な味。	ロースト、とんカツ、ソテーに。

たたく

肉たたき、すりこぎ、空きびんなどで、全体が均一な厚さになるようにたたきます。

▲強くたたきすぎると破れるので、気をつけましょう。ヒレのようなやわらかい肉は、たたく必要がありません。脂肪のほうをよくたたいて、赤身より薄くしておくと、火の通りが均一に。

筋を切る

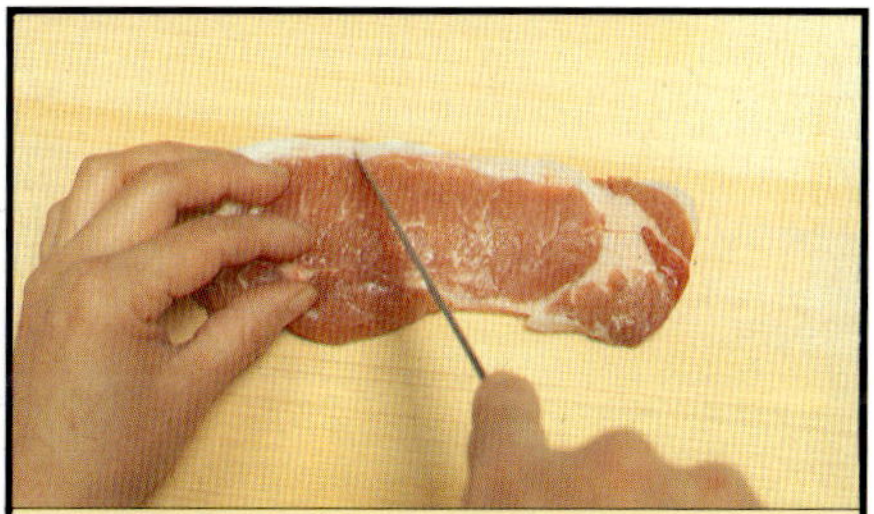

赤身と脂肪との境に白く走っている筋に、包丁の先を直角に入れて、3～4か所切ります。厚い肉なら、裏側にも切り目を入れます。

▲筋切りをすると、焼いたときに肉が縮んでそり返り、形が悪くなるのを防ぎます。また、やわらかく食べることができます。

豚肉のしょうゆ煮

●材料（4人分）

豚ロース肉（かたまり）……600g
しょうが……1かけ
ねぎの青い部分……1本分
しょうゆ……カップ⅓
酒……カップ⅓
（あれば）八角……2片

八角は中国料理によく使う香辛料で、肉や魚のにおいを消し、独特の風味をつけます。星形をしたものが1個で、1片ずつ割って使います。

1 肉はたこ糸で形を整えます。しょうがは、包丁の腹で押しつぶし（⇨87ページ）、ねぎはぶつ切りにします。鍋に材料全部と水カップ3を入れて火にかけます。

2 煮立ったら弱火にし、アクをとります。落としぶたをし、肉の上下を時々返しながら40～50分煮ます。

3 鍋に入れたままさまして、味を含ませます。糸をはずし、2～3㎜厚さに切ります。

豚肉のみそだれ焼き

幅の広いほうを左にして盛ります。

●材料（2人分）

豚ロース肉（1枚100g）……2枚
A〈酒・しょうゆ 各大さじ1〉
B
- 砂糖……大さじ½
- みりん……大さじ½
- 酒……大さじ½
- みそ……大さじ1½

万能ねぎ……3本

つけ合わせ
- ピーマン……1枚
- しいたけ……1枚
- 塩……少々
- サラダ油……大さじ1

1 豚肉は筋を切り、たたいてやわらかくします。（⇨129ページ）。Aをまぶして約10分おきます。

2 Bを合わせます。万能ねぎは小口切りにします。ピーマンは1cm幅に切り、しいたけは薄切りにします。

3 フライパンに油大さじ½を熱し、ピーマンとしいたけを強火で焼いて塩をふります。皿にとります。

4 フライパンに油大さじ½を熱し、肉の汁気をふいて表側から強火で焼きます。

5 焼き色がついたら裏返します。ふたをし、弱めの中火で約5分、中までしっかり火を通します。

6 表側に合わせみそを塗り、1分ほどそのまま焼きます。食べやすい大きさに切って、万能ねぎを散らします。

とり肉

とり肉は、牛・豚肉とくらべて、とてもいたみやすい肉です。肉質のしまった新鮮なものを買い求め、1~2日のうちに調理するようにします。

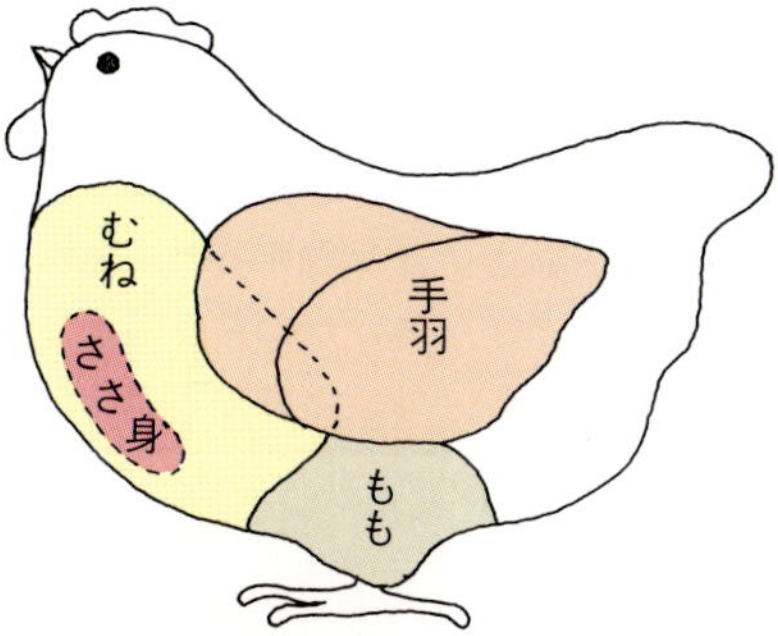

肉の呼び名	特　　徴	向いている料理
手　羽	手羽元と手羽先に分かれ、肉は少ないが、ゼラチン質が多く、味がよい。	揚げもの、煮こみ料理、焼きものに。
む　ね	白くてやわらかく、脂肪が少ないので淡泊な味。	焼きもの、煮もの、いためもの、揚げものに。
も　も	赤身の肉で、ほどよい脂肪とコクがある。骨つきで利用されることもある。	
ささ身	むねの内側に2本ついている、笹の葉形の肉で、やわらかい。脂肪が少なく、淡泊な味。	さし身、あえもの、椀だねに。

そぎ切り

斜めにそぎ切りにすると、歯ごたえがやわらかく、食べやすくなります。また、表面積が広くなるので、火の通りがよく、味もしみこみやすくなります。

左手の指先をそろえて、とり肉を軽く押さえ、包丁の腹を肉にぴったりとのせるようにねかせ、包丁を前後に動かして、厚みをそぐように切ります。皮つきの場合は皮を下に。

余分な脂肪をとる

とり肉の脂肪は、霜ふりにはならず、主に皮の裏にかたまってあります。脂肪の多いもも肉など、気になる場合は少しそぎとります。余分な皮も除いておくと食べやすいでしょう。

皮と肉の間に、脂肪がありますが、無理にとろうとすると、皮がはがれてしまいます。余分な皮を切るときに、少し引くようにしてとるとよいでしょう。

観音《かんのん》開き

厚みのある肉や、魚の切り身に包丁で切り目を入れ、1枚に薄く開く方法です。詰めものをしたり、巻いたりするときに。

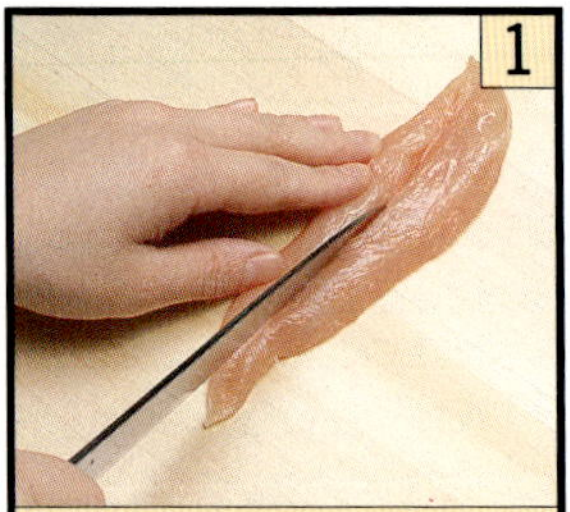

1 ささ身の筋を除いたほうの中央に、縦に切り目を入れます。厚みの半分までをめやすにし、切り離してしまわないように気をつけます。

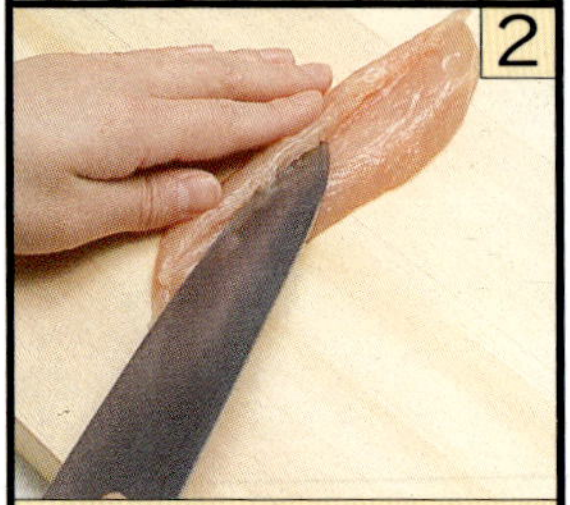

2 包丁をねかせて、1の切り目に入れ、刃を手前に引くようにして、身の途中まで切りこみを入れます。

3 切りこみを入れた部分を外側に開きます。向きをかえて反対側も同様にし、1枚に開きます。

筋をとる

ささ身には、中央に太い筋が1本あります。そのまま調理すると、縮んだり、身がかたくなったりするので、とり除きます。

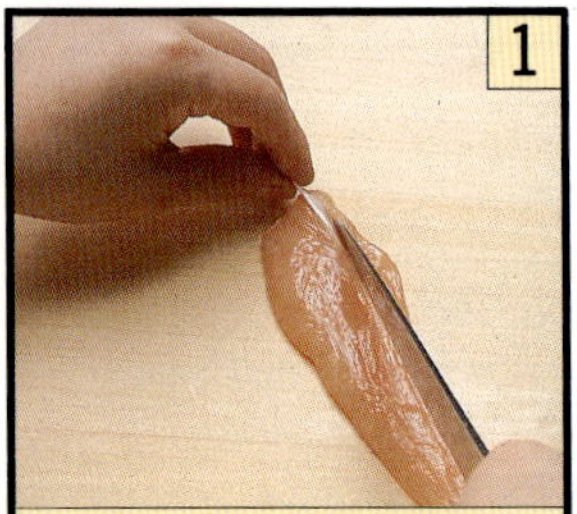

1 幅の広いほうの端に、白く見えている筋の両側に、包丁の先で浅く切り目を入れます。

2 筋のある面を下にして、筋の先を左手の指先でしっかりと持ち、包丁を筋にあて、しごくようにしてとり除きます。

▶とりの骨を無理に切ろうとすると、くだけてしまうことがあります。ぶつ切りを使うときは、切ったものを買うか、店の人に切ってもらいます。

骨つきもも肉の開き方

火の通りがよくなるように、骨のまわりの肉を開きます。開いて売っているものもあります。

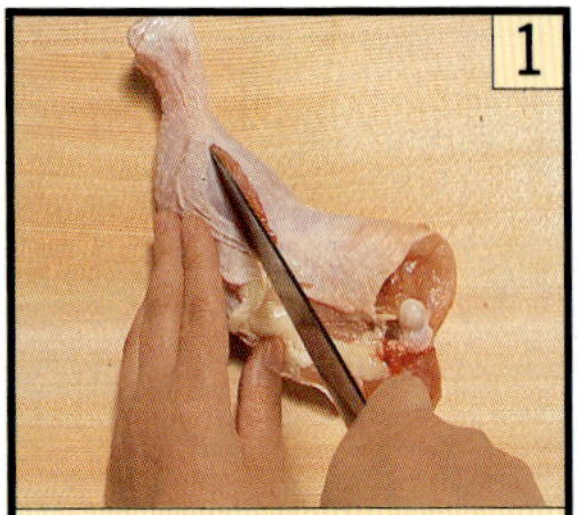

1 足のほうから、骨にそって縦に切りこみを入れます。

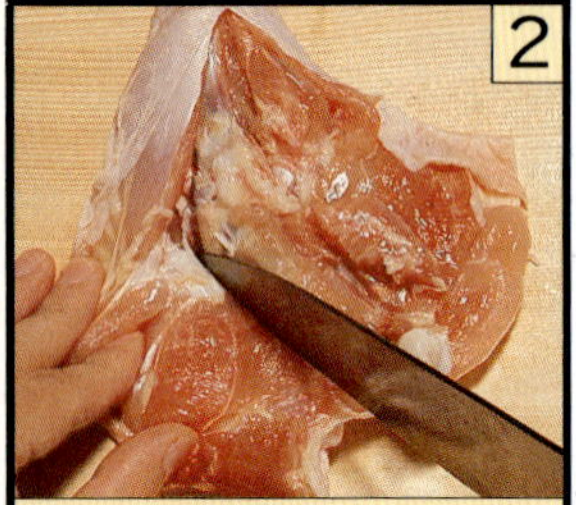

2 骨の両側に包丁の先を入れて、骨から肉をはずすようにして開きます。

3 フォークで皮に穴をあけておくと、加熱したとき縮んだり、はじけたりしません。味のしみこみもよくなります。

とりささ身とみつばのわさびあえ

●材料（2人分）

とりささ身……1本（40g）
（酒……大さじ½
水……大さじ1
塩……少々
みつば……½束（25g）
しょうゆ……小さじ½
練りわさび……小さじ½
しょうゆ……大さじ½
だし……大さじ½

1 みつばは、沸とうした湯に入れて手早くゆで、すぐ水にとります。そろえて水気をしぼり、3～4cm長さに切ってしょうゆをかけます。

2 とりささ身は筋をとり、鍋に酒、水、塩と一緒に入れます。ふたをして弱火で5～6分、蒸し煮にします。電子レンジなら約1分。

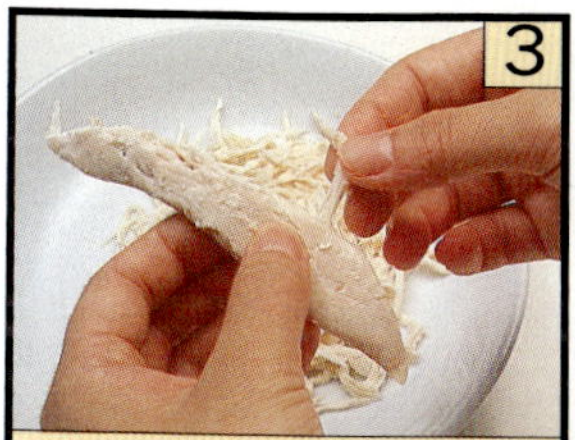

3 火を止めて、そのままあら熱をとり、手でさきます。みつばと混ぜ合わせて器に盛ります。わさび、しょうゆ、だしを合わせて、かけます。

砂肝

いためものや揚げもの、南蛮漬けなどに。

肝といっても、とりの胃の一部です。コリコリとした歯ざわりが特徴。水洗いしてから調理します。

切り目を入れる

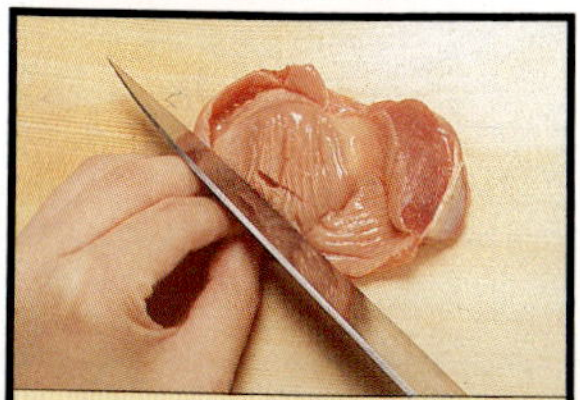

筋目のついたかたい部分は、切り目を入れて、食べやすくします。

▲包丁の先のほうを使って、切り目を入れます。大きいままで使うときは、切り目を細かくします。

脂肪をとる

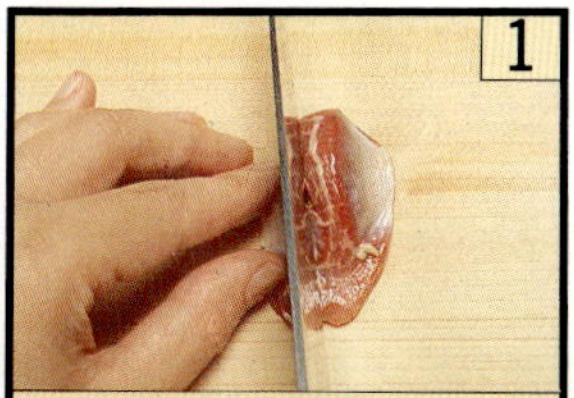

1 白い部分の端に包丁で切りこみを入れます。

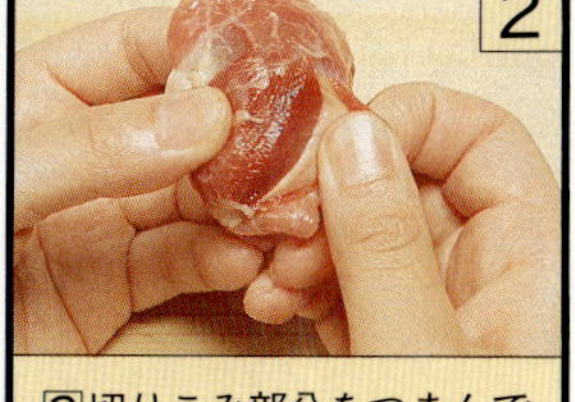

2 切りこみ部分をつまんでむくようにしてはがします。

ひき肉

牛ひき肉　豚ひき肉　とりひき肉

合びき肉

ふつう、牛ひき肉と豚ひき肉を混ぜ合わせたもの。それぞれを買って自分で合わせてもよい。

同じ種類の肉をひいたものでも、赤身と脂肪の割合で違いが出ます。脂肪は適度にあるとおいしく、多いと、火を通したときに脂が出てかさが減ります。

　ひき肉はいたみやすいので、なるべく早く調理します。

とり肉のつくね

●材料（4本分）

- とりひき肉……200g
- ねぎ……½本
- しょうが……1かけ
- 卵……½個
- 小麦粉……大さじ1
- みりん……小さじ1
- しょうゆ……小さじ1
- たれ
  - 砂糖……大さじ½
  - しょうゆ……大さじ3
  - みりん……カップ¼

1 ねぎはみじん切り（⇒110ページ）、しょうがはすりおろして汁をとります（⇒87ページ）。

2 ボールにつくねの材料を全部入れ、よく混ぜます。

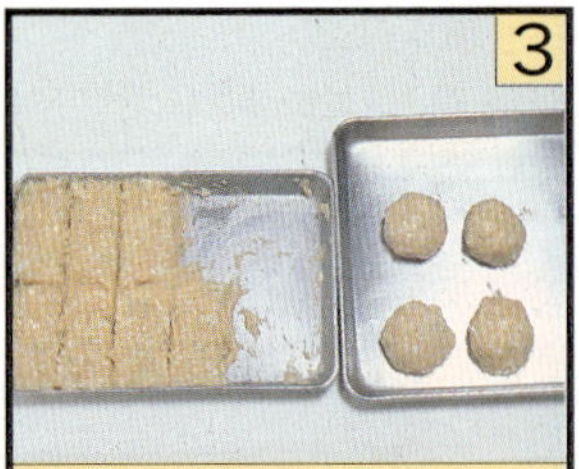

3 トレーに広げて12等分し、丸めます。

4 たっぷりの湯をわかし、3を入れて、浮かんできたらすくい上げます。

5 たれの材料を鍋に合わせ、弱火でとろりとするまで煮つめます。

6 つくねを5に入れ、鍋を動かして、たれをからめます。串に刺します。

くさみをとるには

血抜きでかなりのくさみはとれますが、さらにくさみをとりたいときは、牛乳に５分ほどつけます。

▲さっとゆでてもくさみがとれます。

牛・豚レバーの血抜き

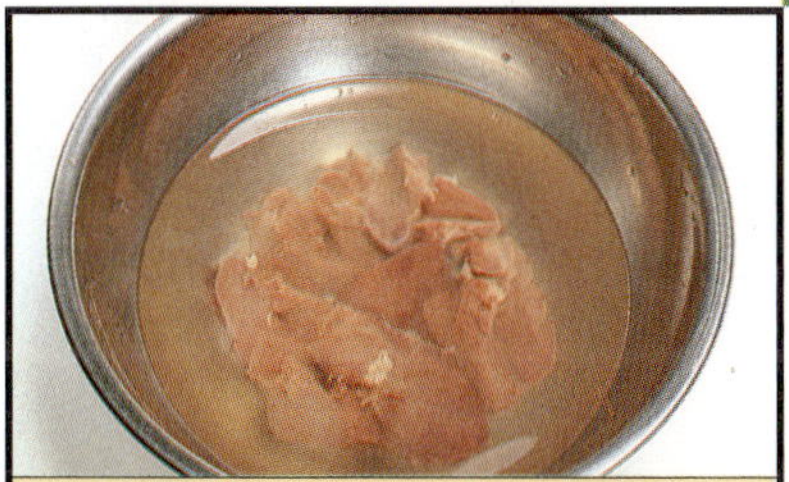

薄く切ってあるレバーは、たっぷりの水につけます。

▲かたまりのままの場合は、水の中でもみ洗いします。

とりレバーの扱い方

1 水に５～６分つけて、心臓を切り離します。

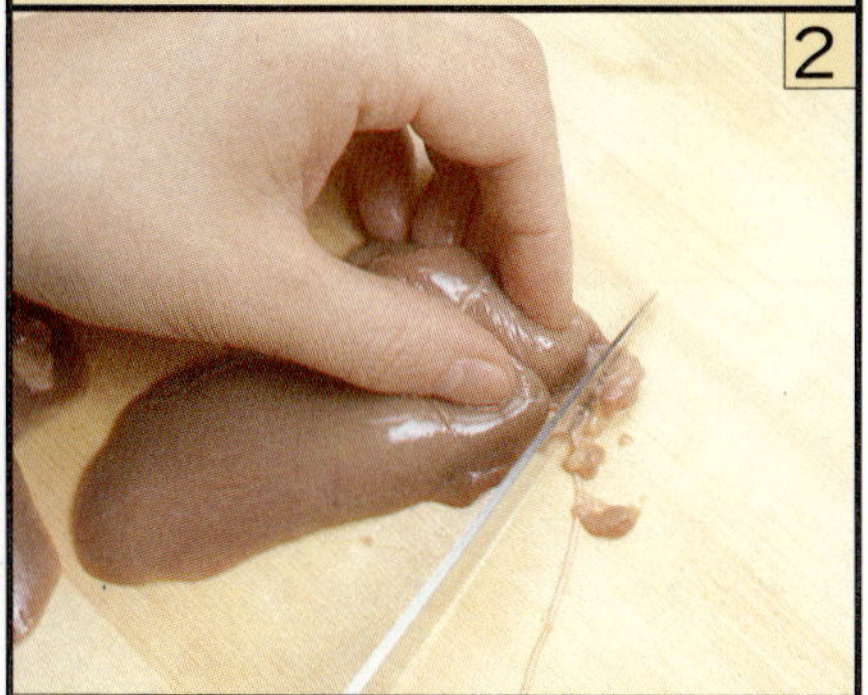

2 脂肪をとり除きます。

3 心臓は脂肪部分を切りとり、縦２つに切ります。

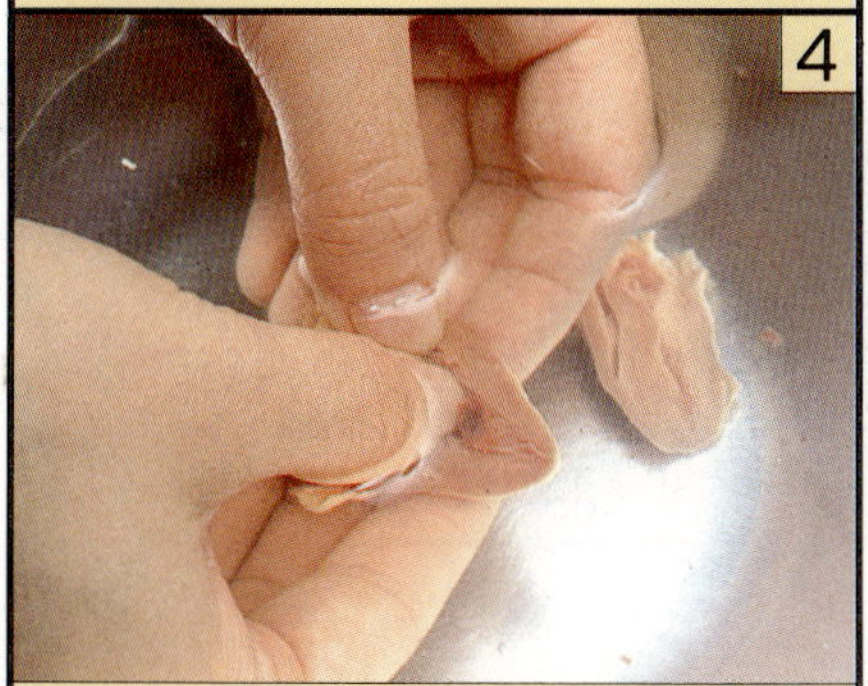

4 水の中で血のかたまりなどをとり除きます。

卵

選ぶポイント

卵の鮮度は、見ただけではわかりにくいもの。日付を確かめて、なるべく新しいものを、回転の速い店で買いましょう。

割ったとき、卵白に濃度があり、卵黄が盛り上がっていれば新鮮です。

冷蔵

室温でもかなり日もちするが、鮮度保持のためには、冷蔵庫の卵入れに。

●卵の保存

卵の表面は、クチクラという層でおおわれています。この層は細菌の侵入を防ぐので、本来、卵は常温で十数日間ももつといわれてきました。しかし、現在市場に出回っている卵は、汚れや細菌を除くために洗ってあり、クチクラ層も除かれています。そのため、細菌が入りやすく、特にぬれた状態だと、かびが生えやすくなります。冷蔵庫の清潔な卵入れに保存し、早めに食べましょう。

殻を割る

1 調理台などに軽くぶつけ、殻にひびを入れて、中身を容器に出します。容器の縁でひびを入れると、殻が卵の中に入ってしまうことがあります。

2 ひびが入ったところを、両手の親指で開き、中身を出します。

▲血液が混じっていることがありますが、無害で、鮮度とも関係ありません。気になるなら、その部分だけ除きます。

卵黄と卵白に分ける

いったん割り入れてから、手のひらですくいとると、卵黄をこわす心配がありません。

●卵の冷凍保存

割った卵が残ったら、ときほぐしてポリ袋や容器に入れて冷凍保存します。卵白だけなら、そのまま混ぜないで冷凍できます。ハンバーグのつなぎや揚げ衣の材料として活用できます。

●卵の種類

殻が褐色の赤玉や、卵黄の色が濃い卵は栄養価が高いといわれます。しかし、色の違いはにわとりの種類や飼料によるもので、成分とは関係がありません。ヨード卵、有精卵などの商品も、体への影響は、ふつうの卵と変わりません。

卵1/2個のはかり方

割った卵をよくかき混ぜてから、同じ形のコップ2個に入れて分けると、正確にできます。

卵白の泡立て方

1 卵白を入れたボールの下に、ぬれぶきんかすべり止めのゴムを敷き、左手で少し持ち上げて、ボールを手前に傾け、卵白を1か所に集めます。

▲卵白は泡立てると、かさが約3倍に増えます。そのことを考えて、ボールの大きさを決めましょう。

2 泡立器をねかせ、ボールの肌にそわせるように、左右に動かします。

▲ボールや泡立器に、油、汚れ、水分がついていると、泡立ちが悪くなります。よく洗って、ふいたものを使いましょう。また、卵白の中に卵黄が少しでも混ざっていると、泡立ちが悪くなります。

角が立つまで泡立てる

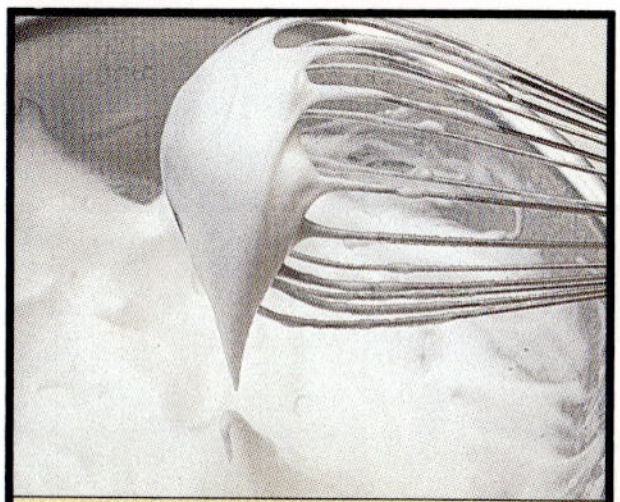

泡立器で一部すくい上げたとき、泡立器についた卵白の先がピンととがって、角のようになる状態です。

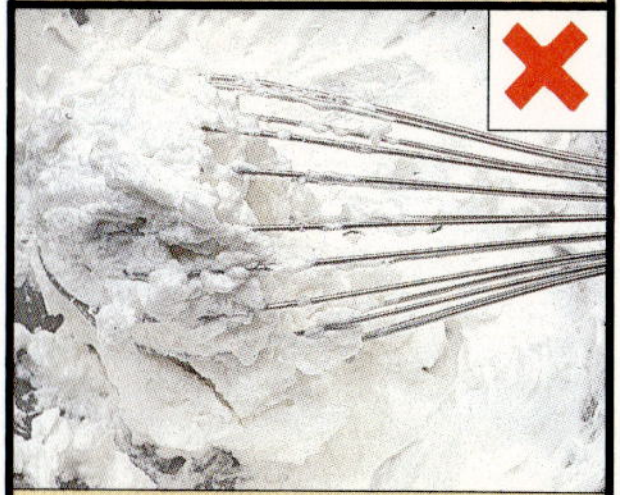

泡立てすぎると分離してしまうので、気をつけます。

◀分離したときは、泡立器をまっすぐにして静かに混ぜると、少しは回復します。フリッターの衣ならこれでも使えます。

黄身をまん中にしたいとき

沸とうするまでの間、卵を箸でころがします。鍋にぶつけて殻にひびが入らないように、静かにころがします。

かたゆで卵	半熟卵

ひびが入ったときのために

水の中に塩（水カップ１に対して小さじ½弱の割合）か酢（水カップ１に対して大さじ½の割合）を入れると、卵白が流れ出るのを防ぎます。

●ゆで卵の殻がむきにくいときは

卵がとても新しかったり、ゆでたあとの冷やし方がたりないと、むきにくくなります。そんなときは、水の中でむくと、きれいにできます。

ゆで卵

卵は火にかける10分くらい前に冷蔵庫から出して、室温におきます。急ぐときはぬるま湯につけます。冷たいままでゆでると、殻にひびが入って、中身が出てしまうことがあります。

1鍋に卵と、卵がかぶるくらいの水を入れて強火にかけ、沸とうしたら火を弱め（沸とうが続く程度に）、半熟なら３～５分、かたゆでなら約12分（沸とう後）ゆでます。

▲沸とう後、火を弱めて３分ゆで、火を止めてふたをし、そのまま10分ほどおきます。これでもかたゆで卵ができ、省エネルギーになります。

2すぐに水に入れ、２～３回水をかえて、さましてから殻をむきます。

▲ゆですぎると、卵黄のまわりが緑色になります。ゆでてすぐ水に入れるのは、余熱で火が通りすぎて、緑色になるのを防ぐ意味があります。また、殻もむきやすくなります。

ポーチドエッグ（落とし卵）

熱いまま、または冷やして、トースト、パイ、野菜などにのせます。

1 卵は、小さい容器に割り入れておきます。鍋に水を入れて沸とうさせ、塩（水カップ2に小さじ⅔）か酢（水カップ2に大さじ1）を入れて弱火にし、沸とうを静めたところへ卵をそっと入れます。

▲湯が少なすぎたり、卵が古いと、卵白が散ってしまって、うまくできません。

2 さい箸やフォークで、卵白を卵黄にかぶせるようにして、形よくまとめます。

3 1～2分して、卵白が固まってきたらできあがりです。穴あきおたまですくい上げ、ふきんの上にとって、水気をきり、器に盛ります。

温泉卵

卵白は固まりかけて、卵黄はやわらかい状態の卵です。

●材料（4人分）

卵……………………………………4個

つけ汁
- だし……………カップ¾
- しょうゆ………大さじ1
- 酒………………小さじ2

1 卵は早めに冷蔵庫から出し、室温にもどしておきます。厚手の鍋に、カップ8の湯を80℃にわかし、火を止めます。卵を入れ、ふたをして約15分おきます。

▲厚手の鍋で沸とうさせた湯カップ8を4～5分おけば、80℃くらいになります。

2 つけ汁をひと煮立ちさせ、器に分け入れます。そこへ、卵を割り入れます。

▲卵2～3個でも、同じ湯量、湯温、時間で同じようにできあがります。

だし巻き卵

●材料（15cm卵焼き器1本分）

卵……3個
だし……大さじ3
砂糖……小さじ2
みりん……小さじ1
しょうゆ……少々
塩……少々
サラダ油……適量

1 卵をボールに割り入れ、泡立てないように、箸をボールの底につけて、ほぐします。

2 だしに調味料を入れ、塩や砂糖をよく溶かしてから、卵に混ぜます。直接、卵に調味料を入れるより混ざりやすくなります。

3 混ぜた卵液をこし器でこします。卵白が均一に混ざって焼きあがりがきれいになります。

4 卵焼き器に油大さじ3を入れ、弱めの中火で熱します。全体に油をなじませ、余分な油をボールなどにあけます。この油は、卵を焼くときに使います。

▲揚げものに使ったあとの油も利用できます。

5 ペーパータオルなどで、卵焼き器の4隅まで充分に油をなじませます。さらしやガーゼを5～6cm角に切り、4つ折りにしたものも利用できます。

▶焼き始める前に、卵液を箸の先につけて、落としてみましょう。ジューッと音がするくらいが適当。煙が出るようだと熱しすぎです。卵焼き器をいったん火からおろし、底をぬれぶきんにあてて、さまします。

6卵液の$1/3$〜$1/4$量を入れ、卵焼き器を動かして、厚みを平均にします。

7火が通ってくると泡立ってきます。大きな泡を箸でつぶして、均等に焼けるようにします。

8表面が半熟程度になったら、向こう側から箸を入れて、手前に巻きます。

9卵焼き器のあいたところに、油をひきます。

10卵を向こうにすべらせ、手前にも油をひきます。

11残りの卵液の$1/3$量を、あいているところへ入れ、箸で卵を持ち上げて、下まで卵液がいきわたるようにします。6〜10を繰り返し、残りの卵液も流して、仕上げます。

12熱いうちに巻きすにのせ、好みの形に巻いてそのまま4〜5分おき、さまします。

◀熱いうちなら、丸でも四角でも自由に形作れます。

●材料（1人分）

卵……………………2個

サラダ油……………大さじ½

1卵を器に割り入れます。フライパンに油を熱します。全体にゆきわたらせ、余分な油はペーパータオルでふきとります。

▲油が多いと卵白に泡ができてきれいに仕上がりません。

2弱めの中火にして、卵を静かに流し入れます。卵白が固まり、卵黄が好みの程度に固まるまで焼きます。

白い膜をかぶせるには

卵を流し入れたあと、ふたをして弱火で焼くと、卵黄に白い膜がかかった目玉焼きができます。ふたをして約2分をめやすに、あとは好みのかたさで。

こげそうなとき

水大さじ1を卵白のまわりに入れると、こげつかず、白身がしっとりした目玉焼きができます。

スクランブルエッグ

●材料（2人分）

卵……………………2個
牛乳……………大さじ1
塩・こしょう…各少々
バター…………大さじ1

1 ボールに卵を割り入れてほぐし、牛乳と塩、こしょうを混ぜます。

2 鉄製のフライパンの場合は、フライパンにサラダ油大さじ3～4（材料外）を入れ、弱火で煙が出るまで火にかけます。火を止め、油をボールなどにとります。

▲これをフライパンの「油ならし」といい、油がなじんできれいに仕上がります。

3 2のフライパンにバターを入れて強火にかけます。バターが半分ほど溶けたら卵液を一気に流し入れます。

4 下のほうが固まってきたら、箸で大きくかき混ぜて火を止めます。余熱で半熟状態に仕上げます。

いり卵

●材料（2～3人分）

卵……………………2個
砂糖……………大さじ1
酒………………大さじ½
塩………………小さじ¼

1 ボールに卵を割り入れてほぐし、調味料を混ぜます。

2 混ぜた卵液をこし器でこします。

3 鍋に卵液を入れ、中火にかけます。さい箸を4本使って、円を描くように手早く、かき混ぜます。

4 固まりかけたら弱火にし、細かくほぐして火を止めます。細かくほぐれないうちに、固まりそうになったら、ぬれた台ふきんの上に鍋を置き、温度を下げてほぐします。

うずら卵

選ぶポイント
斑点がはっきりしていて、全体につやがあり、持って重く感じるのが新しいものです。鶏卵と同様に、回転の速い店を選んで買いましょう。

こんな使い方も
うずら卵1個はだいたい鶏卵1/5個分。鶏卵1個では多すぎるときや、たりないときの補いに使っても便利です。

ゆで卵のむき方

水からゆでて、沸とう後3～4分で火を止め、水に入れて冷やします。

1 とがっていないほうに、包丁の刃元で切り目を入れるか、たたいて殻を割ります。

2 水の中でむきます。

中身を出すには

1 とがっていないほうを、包丁の刃元や調理ばさみで少し切りとります。

2 逆さにして、中身を出します。

スパゲティ

スパゲティは、適度な歯ごたえがあり、しかも芯の残らないゆで方が適当です。ゆでたてをいただくのがいちばんおいしいので、食事時間から逆算して、ゆで始めるようにしましょう。少しおくときは、サラダ油かバターをまぶしておきます。

塩を入れた湯でゆでる

1 厚手の大鍋にたっぷりの湯をわかし、塩を入れます（水2ℓに大さじ1の割合)。スパゲティをまとめて鍋の中央に立てます。

2 指の輪を広げていって、スパゲティを鍋の縁にそわせるようにしながら、放射状に広げて入れます。

▶湯の量は、スパゲティの重さの7～8倍用意します。塩は水の0.8％。めんをひきしめ、歯ごたえをよくする効果があります。鍋が薄かったり、湯が少ないと、スパゲティを入れたとき温度が下がり、おいしくできません。

◀ふつう12～13分でゆであがりますが、スパゲティの種類によっても異なるので、袋に表示してある時間を参考にします。

3 湯に入っている部分がやわらかくなってくるので、箸で外に出ている部分も湯に入れます。

4 再び沸とうしてきたら、火を弱めて、ふきこぼれない程度に沸とうさせ続け、スパゲティ同士がくっついたり、鍋底につかないように、時々かき混ぜます。

5 1本とって、爪で切ってみて、中心に白い芯がなければ、ゆであがりです。ざるにあげて、水気をきります。

そうめん

たっぷりの湯でゆでる

①そうめんの重さの６～７倍の湯をわかし、めんをパラパラと入れます。

②手早く箸でかき混ぜて、めんがくっつかないようにします。沸とうしたら火を弱め、ふきこぼれないように沸とうさせ続け、２～３分したら１本とって水で洗い、食べてみます。好みのかたさにゆだったら火を止めます。

③ざるにあけます。

④水をはったボールにめんを入れ、水を流しながら、もみ洗いしてぬめりや表面についている油をとります。

▲表面のでんぷんがとれ、くっつくのを防ぎます。ただし、いつまでも水につけておくと、弾力がなくなってしまいます。

⑤ざるにとり、食べやすいように少量ずつ手で巻きとって皿やざるに盛りつけます。

●最後にゆでる

めん類は、のびてしまうとおいしくありません。そうめんなどすぐにゆであがるものは、食卓の準備をすべてととのえてからゆでます。薬味（☞164ページ）を切っておくのはもちろん、つゆ（☞163ページ）は早めに作って充分冷やしておきましょう。

のり

のりには表裏がある

裏

すだれの跡が残っている面が裏です。

表

つやのある面が表です。

ひじき

長ひじき

芽ひじき（粉ひじき）

●乾物の保存

乾物は、どれも湿気をきらいます。びんや缶、ビニール袋などに入れ、乾燥剤を入れて密閉し、乾燥した場所に置きます。スペースがあれば、冷蔵庫に入れておくと安心です。

保存がきくとはいえ、長くおけば風味が落ちますから、なるべく少量ずつ買って、早めに使いきるようにしましょう。最高 3 か月がめやすです。特に梅雨入りの前には、使いきってしまうか、冷凍するほうが無難です。

たっぷりの水でもどす

1

1 たっぷりの水に入れて、混ぜるように洗います。ごみや砂を除き、ひじきをざるにとります。

2

2 たっぷりの水に20～30分つけておきます。サラダにするときには、このあとゆでて使います。

3

3 もどったひじきは、元のかさの約8倍にもなります。

4

4 長ひじきの場合は、食べやすい大きさに切って、使います。

かんぴょう

白っぽいクリーム色で、太さがそろい、よく乾燥しているものを選びます。すしの具、汁の実、あえもの、いなりずしやこぶ巻きの帯などに使います。

ゆでてもどす

1たっぷりの水でさっと洗って湿らせ、ざるにあけます。

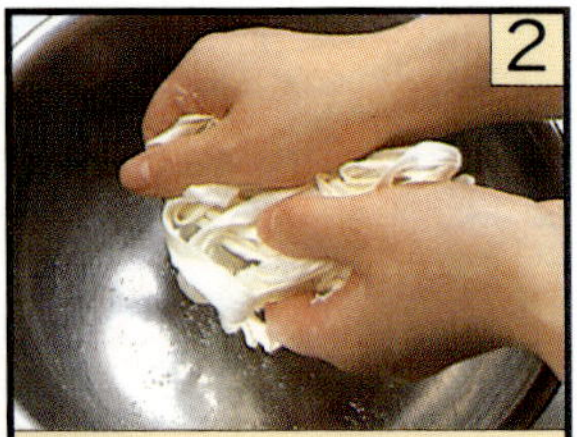

2かんぴょうひと握り（約30ｇ）に対して塩小さじ１の割合でふりかけ、よくもんでから水で洗います。

3鍋に入れて水からゆで、ふたをして10〜15分、やわらかくなるまでゆでます。

4爪で押してみて、どうにかちぎれるくらいになったら、ゆであがりです。

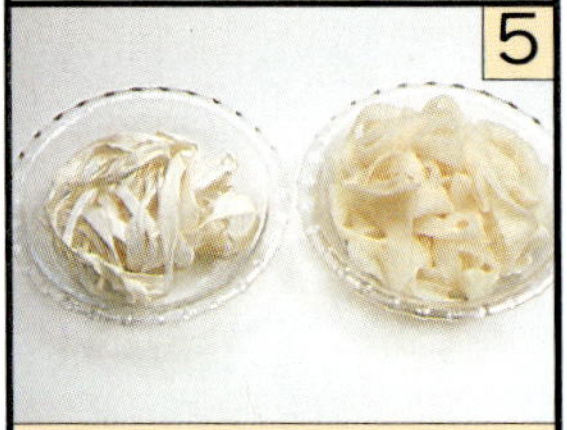

5もどしたかんぴょうは、元のかさの約６倍に増えます。

干ししいたけ

水につけてもどす

1水で手早く洗い、白い側を下にしてちょうど浸るくらいの水に入れます。

2浮き上がらないように、皿などで落としぶたをして、押さえます。

▲もどし時間は、暖かい季節の水道水なら約20分、秋から冬なら約40分がめやすです。急ぐときは、ぬるま湯につけるか、水につけたままラップをして電子レンジで約２分（500Ｗ）加熱すると、早くもどります。ただし、うまみもたくさん溶けるので、もどし汁を一緒に使わない料理では避けたいものです。
もどし汁は、とてもよいだしになるので、一緒に使わない場合も捨てずにみそ汁や煮物に利用しましょう。

切り干しだいこん

だいこんをせん切りにして乾燥させたものです。白っぽいものを選びます。古くなると変色し、味も香りも落ちます。

漬けものやあえもの、煮ものなどに使います。

ほぐしながら洗う

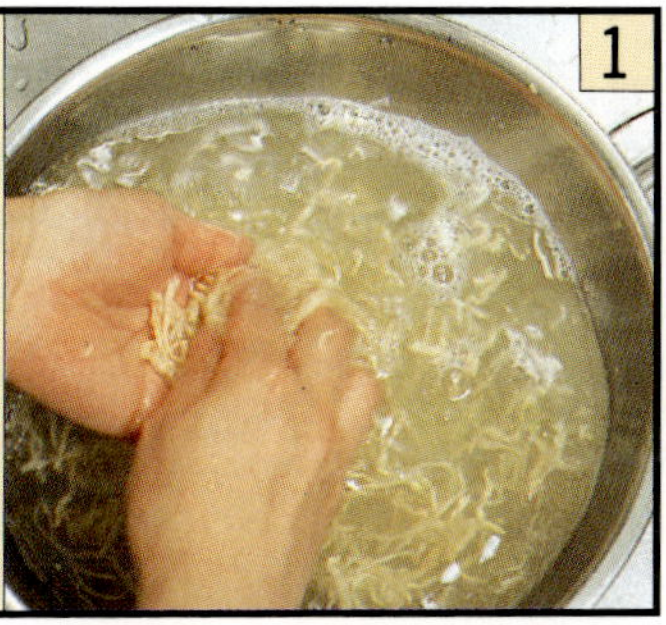

1 たっぷりの水の中で、ほぐしながら洗い、ごみをとり除きます。

たっぷりの水でもどす

2 軽く水気をしぼり、たっぷりの水に10分くらいつけてもどします。

3 もどったら、ざるにあけます。味がしみやすいように、水気をしぼってから調理します。

▶漬けものやあえものにするときは、ちょっとかためにもどして熱湯をかけると衛生的です。

あずき

あずき

ささげ

あずきとささげは、見たところはよく似ていますが、あずきのほうが味がよく、色もきれいに仕上がります。ただ、皮が薄くて割れやすいので、それを嫌う場合は、ささげを使います。

両方とも水につけずに、すぐゆで始めます。

沸とうしたらゆでこぼす

1 あずきを水で洗って鍋に入れ、かぶるくらいの水を入れてすぐに火にかけます。

2 沸とう後、2～3分煮てからざるにあけます（渋きりといい、えぐみがぬけます）。もう1度たっぷりの水（汁粉の場合は、あずきの量の約5倍、赤飯用は約10倍）を加えて火にかけ、煮立ったら弱火にし、ふたをして約30分、やわらかく煮ます。

大豆

つやがあり、粒がそろっていて、皮に張りがあるものを選びます。虫の食っているものや、皮が破れているもの、しわのあるものは避けましょう。

水につけてもどし、やわらかくゆでてから調味します。もどし方は、きんとき豆などほかの豆も同様です。

ひと晩水につけてからゆでる

1 水に入れてよく洗い、浮いてくるごみを除きます。

2 豆の4倍量の水につけて、充分に水を吸わせます。春～秋は6～10時間、冬は1昼夜がめやすです。

▲あまり長くつけすぎると、皮がむけたり、また夏にはくさみが出ることもあります。豆を横2つに切って中心にすきまがなくなっていれば充分。

3 つけ汁ごと強火にかけ、沸とうしたら、アクをていねいにすくいます。

4 弱火にして、豆がおどらないように落としぶたをし、ゆでます。

5 途中で水が少なくなったら、必ず水をたして、大豆がかぶるくらいの水量を保ち、1時間～1時間半ゆでます。

▲豆の新しさによってゆであがる時間は多少違います。食べてみて、用途や好みに合ったやわらかさになっているかを確かめます。調味はやわらかくなってからします。

ごま

市販の「洗いごま」は、汚れやごみを洗って、乾かしたもの、「いりごま」は、洗いごまをいったもの、「すりごま」は、いりごまを半ずり、または油が出るまですったものです。

白ごまと黒ごまのどちらを使うかは、材料との色合いを考えて決めればよいでしょう。

よくいったごまを、少しずつ指先でつぶす「ひねりごま」は、薬味や吸い口にします。

弱火で温める

洗いごまは、弱火で10分ほどいる必要がありますが、いりごまも少し温めると香りがよくなります。するときも、すりやすくなります。

油気のないフライパンにごまを入れ、弱火で１分ほど温めます。１度にたくさん入れず、鍋底にひと並びするくらいにして、木べらで混ぜながら、こがさないように。

切りごま

いりごまを切ったものを、切りごまといいます。香りが高くなります。

まな板の上に乾いたふきんを広げ、温めたごまをのせます。ふきんを敷くと切ったごまを集めやすくなります。包丁の先を左手で押さえ、右手を小きざみに上下させて、きざみます。１粒を３～５つに切る感じに。

ごまをする

すり鉢は、必ず乾いたものを使います。すり鉢が動かないよう、ぬれぶきんを厚めにたたんだものやすべり止めのゴムを敷きます。押さえてもらってもよいでしょう。

1 ごまは、熱いうちにすります。すりこぎは、上のほうを左手で、下のほうを右手で持ちます。左手は握らず、軽くすりこぎを支える感じで、まっすぐより少し手前に倒すようにかまえます。

2 左手は軽く押すようにし、右手だけ回してすります。

慣れない人は、両手でしっかり握りしめ、両手に力を入れてすりがちですが、これでは疲れるわりに、はかどりません。

本ずり	半ずり	あらずり

油がにじみ出るくらいまで、充分にすりつぶした状態です。ごまどうふやあえものに。	全体が均一にすれて、なめらかになった状態です。ごまあえに。	ざっとすっただけで、ごまの形が少し残る状態です。天盛り、薬味、吸い口に。

膜がはったら

牛乳を火にかけると、表面に膜がはります。これは、たんぱく質が固まったものですから、食べてもかまいません。ただ、料理に使うときなどは、膜を入れるとなめらかに仕上がらないので、とり除きます。

ホワイトソース

●基本分量

牛乳……………………カップ2
バター…………………大さじ4
小麦粉(薄力粉)*…大さじ4
塩…………………………小さじ¼
こしょう(白)…………少々

◀この分量はグラタン類用です。コロッケなら牛乳を少なめに。シチューやポタージュには薄めて使います。

1 厚手の鍋を弱火にかけ、バターを溶かします。

2 小麦粉をふり入れ、木べらで混ぜながら、こがさないようにいためます。

▲小麦粉は、あらかじめふるっておくか、茶こしでふるい入れるとよいでしょう。

3 木べらで鍋底をすくったとき、べたつかず、あっさりとした状態になったら、火を止めます。

●小麦粉の種類*

小麦粉は、含まれるたんぱく質の量で、薄力粉と強力粉に大きく分けられます。薄力粉は含有量が少なく、粘りが少ないので、お菓子作りや天ぷらなどに使います。粘りが強い強力粉は、パン作りなどに使います。

チーズリナーでおろす

プロセスチーズや、ナチュラルチーズ(グリュイエールチーズ、モッツァレラチーズなど)をおろすときは、チーズリナーを使います。ないときは、小さく切ります。

1 適当な大きさに切って、入れます。

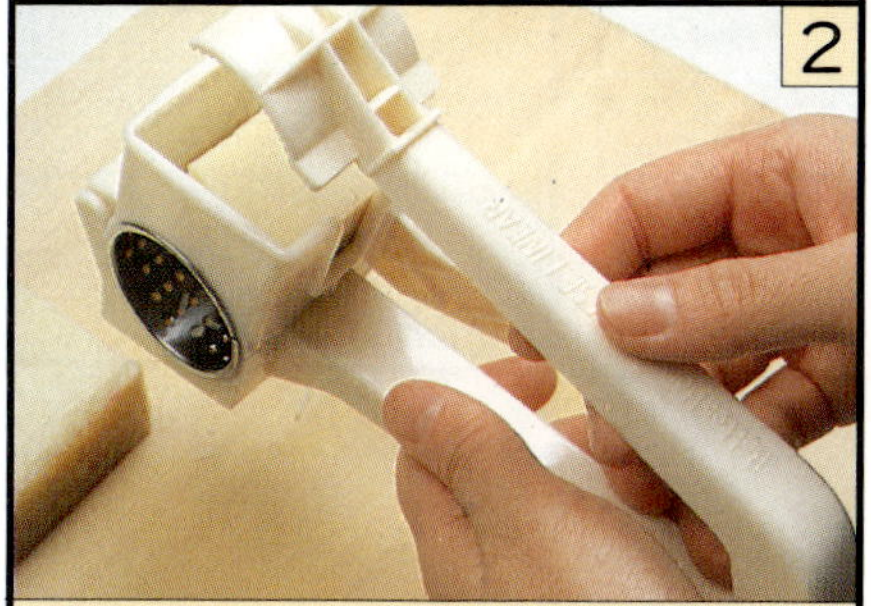

2 ふたをします。

3 ハンドルを回すと、細いひも状になって出てくるので、ボールなどで受けます。

4 火を止めて、牛乳を一気に加え、ダマ(かたまり)ができないように、泡立器でなめらかに混ぜます。

5 強火にかけ、沸とうしたら少し火を弱めます。とろみがでるまで4～5分、かき混ぜながら煮ます。塩、こしょうします。

チーズ

おろし金でおろす

ゴーダ、エダム、パルメザンなど、かたいチーズをおろすときは、チーズ専用のおろし金を使います。なければ、ふつうのおろし金でもできます。

ポテトグラタン

●材料（2人分）

じゃがいも…中2個(300g)
ハム………………2枚
グリーンアスパラガス
……………………2本
ホワイトソース…カップ1
(152ページのホワイトソースの半量)
スープの素………小さじ$\frac{1}{4}$
粉チーズ…………30g

1 じゃがいもは皮をむいて7～8㎜厚さの輪切りにし、水にさらします。

2 形がくずれない程度に、塩ゆでにします（湯カップ1に塩小さじ$\frac{1}{3}$の割合）。

3 ハムは8つくらいに切り、アスパラガスは2～3等分してから、ゆでます。ホワイトソースを作り(⇨152ページ)、スープの素を加えます。

4 耐熱容器にじゃがいもとハムを入れ、ホワイトソースをかけます。アスパラをのせ、チーズをふります。

5 210℃のオーブンで約10分、焼き色がつくまで焼きます。

キッチンメモ

●オーブンの上手な使い方

庫内が熱くなるまでに、ある程度時間がかかります。材料を入れるときに適切な温度になっているよう、必ず前もって点火し、温めておきます。

ふつうは中段、容積の大きいもの、火の通りにくいものは下段に、温めて焼き色をつけるだけのものは上段に入れます。

熱いオーブン皿の出し入れには、必ず厚手のオーブンミトンを使います。湿ったり、ぬれたりした布では熱が伝わり、危険です。

庫内の汚れは、温かいうちにふきとると、簡単です。油の汚れは、中性洗剤液でふいてから、水ぶきします。

オーブンそれぞれのくせがあるので、タイマーや温度計だけにたよらず、ようすをみながら調節します。

食用油

一般に売られているのは、サラダ油、オリーブ油、ごま油などです。かつては、揚げものには天ぷら油、ドレッシングにはサラダ油といった使い分けがされていましたが、精製技術の進んだ今は、これといった違いはなくなりました。油は開封すると、酸化が進みます。使用頻度に合わせ、早めに使いきれる量のものを求めましょう。

揚げ油の温度…さい箸を入れる

1度ぬらしてふいた箸を入れると
- 箸の先から泡がチョロチョロ出る …約150℃
- 箸全体から泡がフワフワと出る（写真の状態） …160～170℃
- 箸全体から泡がワーッと出る…約180℃

揚げ油の温度…天ぷら衣1滴

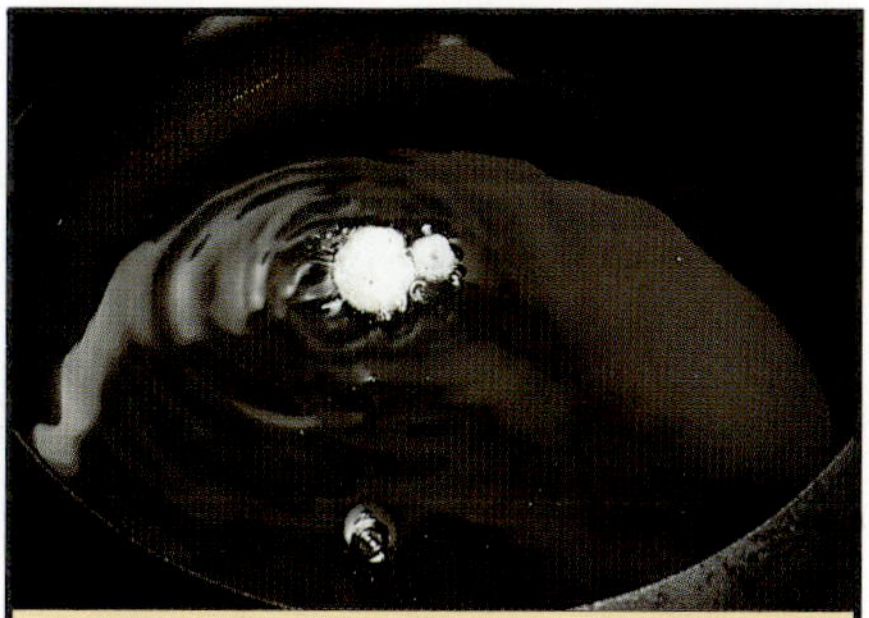

- なかなか浮き上がらない…低すぎる
- いったん底まで沈み、ゆっくり上がってくる…150～160℃
- 途中まで沈んで、浮き上がってくる…170～180℃（天ぷらの適温）
- すぐ浮かんでくる…高すぎる（200℃）

油は流しに捨てない

揚げものに2～3回使った油は、なるべくいためものに使って使いきるようにします。何回か使った油や古くなった油は、ごみとして出します。牛乳の空きパックに古新聞などを入れて油をそそぎ、吸わせて捨てると、外にもれず手軽です。

揚げ油の始末

熱いうちに油こし器でこします。さめると、こし紙を通りにくくなります。こぼれたとき危険なので、自分のほうへ向けてそそがないように気をつけます。

フレンチドレッシング

●基本分量

酢……………………………カップ¼
サラダ油…………………カップ½
塩……………………………小さじ1
こしょう………………………少々

1ボールに塩、こしょうを入れます。他にマスタード、しょうゆなどを入れるときは、ここで入れます。

2酢を入れて、泡立器でよく混ぜ合わせます。

3サラダ油を少しずつ加えながら、よく混ぜます。こうすると分離しにくくなります。

◀少量作る場合や、サラダ油の割合が少ない場合は、酢とサラダ油を1度に入れて混ぜても、分離しません。少量のときは、長さ10cm程度の小さな泡立て器を使うと便利です。

溶かしバター

直接火にかけるとこげやすいので、湯せんにかけます。鍋に湯をわかし、バターを入れた容器を入れます。

電子レンジでも

溶かしバターは、電子レンジでもできます。30gなら約1分、ラップなしで加熱します。

こんにゃく

こんにゃくは味がしみにくいので、できるだけ表面積が広くなるような形にします。

●こんにゃくの保存

袋入りのものは、開封せずに、中に入った水にひたしておいたほうがもちます。残ったものはポリ袋に入れるか、水につけて冷蔵庫に入れます。こんにゃくは、冷凍するとスカスカになりますが、わざとそうして天ぷらなどにし、独特の歯ざわりを楽しむこともあります。

ゆでてくさみを抜く

かぶる程度の水を沸とうさせ、こんにゃくを入れて、再び煮立ったらざるにあげます。しらたきも同様にします。

しらたきは切って使う

洗って（輪ゴムのついているものははずして）、ゆでます。まな板にそろえて置き、食べよい長さに切ります。

ねじりこんにゃく

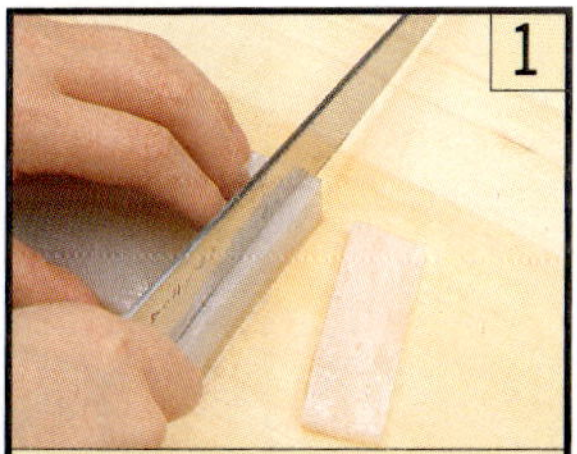

1 5㎜厚さに切ります。包丁を押しつけず、引くようにすると、うまく切れます。

2 包丁の刃先で中央に1.5～2㎝くらいの切り目を入れます。あまり大きく入れると、ねじっても元にもどったり、切れたりしてしまいます。

3 こんにゃくの片端を、切り目に指で押しこんで、くるりと返します。

手でちぎる

1 大きさをそろえるために、縦に2～3等分します。

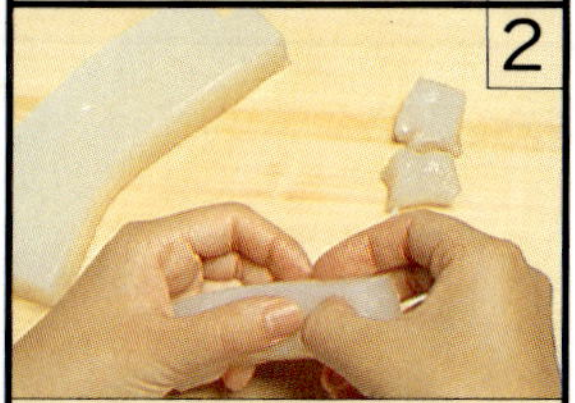

2 端から好みの大きさにちぎります。

細かく包丁目を入れる

味がしみこみやすく、口あたりもソフトです。

とうふほか

とうふ

絹ごしどうふは、舌ざわりがなめらかですが、くずれやすいので、水きりしたり、いためたりする料理には向きません。

もめんどうふ　絹ごしどうふ

水気をしぼる

いりどうふやしらあえなど、形がくずれてもかまわないときは、水気をしぼります。

▼しらあえなど、そのまま食べるときは殺菌の意味もあって加熱します。いりどうふなど、加熱する場合は必要ありません。

1 とうふはあらくほぐしてから、沸とうした湯に入れ、再び沸とうしたら火を止めて、ふきんを敷いたざるにあけます。

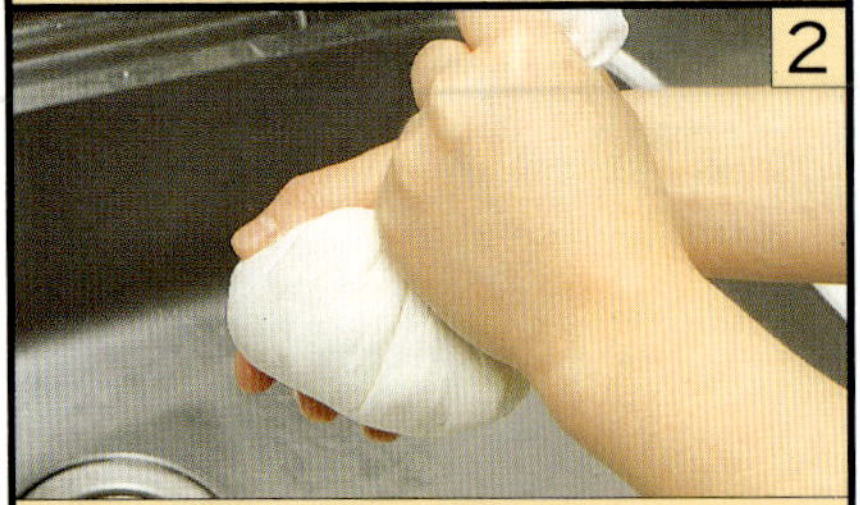

2 少しさめたら、ふきんごとしぼって水気をきります。加熱しない場合は、あらくほぐしたとうふをふきんに入れてしぼります。

まず水に放す

ケースからいったん手に移し、水をはったボールにそっと入れます。調理するまでこの状態でおきます。

水きり

2枚の皿やバットなど平らなものではさみ、斜めにしてしばらくおきます。形を整えたいときは乾いたふきんで包みます。

●電子レンジで

ペーパータオルで包み、皿にのせて1丁約2分（1丁300ｇで500Ｗの場合）加熱しても水きりができます。

水につけて保存

とうふはいたみやすいので、その日のうちに食べましょう。どうしても残るときは、水につけて冷蔵庫に入れれば、1～2日はもちます。充てんどうふは、封を切らなければ、冷蔵庫で約1週間（製造日から）もちます。

深い容器に入れ、とうふがかぶるくらいの水を入れます。水の量が少ないと、おいしくなくなります。

油揚げ類

●油揚げ類の保存

揚げものは、時間がたつと油が酸化し、味も香りも悪くなります。1～2日なら冷蔵、それ以上使わないときは、冷凍します。

袋にする

1 油揚げを包丁の腹で軽くたたき、開きやすくします。

2 2つに切り、切り口から破れないように開きます。

油抜きをする

油くささをとるためと、味のしみこみをよくするため、使う前には必ず油抜きをします。

少量ならざるにのせ、両面に熱湯をかけます。多ければ、鍋でゆでます。

おから

いたみやすいので、できたてのものを買い、すぐに調理します。どうしても保存したい場合は、ラップできちんと包み、冷凍します。

調味料

入れるタイミング

焼きもの、蒸しものは、加熱しているときは味がなじまないので、あらかじめ調味料につけて、しばらくおき、味がしみこんだところで加熱します。これを、下味をつけるといいます。

煮ものは、豆やだいこんなど火の通りにくいものは、材料に火が通り、やわらかくなったところで調味料を入れます。かたいうちに塩やしょうゆを入れると、やわらかくならなかったり、味がしみなかったりします。

入れる順序

基本的には、**サ**(砂糖)、**シ**(塩)、**ス**(酢)、**セ**(しょうゆ)、**ソ**(みそ)の順に入れます。

●砂糖と塩で味つけするとき、塩を先に入れると、砂糖の甘みがなじみにくくなります。

●酒は、うまみをしみこませたいので、砂糖と同様に、始めのほうに入れます。

●しょうゆは、塩と同様に、甘みをなじませにくくするので、砂糖と一緒に使うときは、甘みがしみこんでから入れるようにします。

入れる量

ふつう料理の本では、4人分の材料が示されています。これを8人分にする場合、調味料まで2倍にすると、味が濃くなりすぎます。1.5倍くらいで作ってみて、最後の味見で調整します。半分にしたいときは、だしは多めに、調味料は半量にして味をみます。

しょうゆ

種類	塩分 重量/容量	特徴	使い方
こいくちしょうゆ	15.0%	しょうゆといえば、ふつうこいくちしょうゆをさす。香りが強い。	魚料理、かば焼き、焼きとりのたれ、そばつゆ、つけじょうゆ、すき焼きなど。
うすくちしょうゆ	16.3%	こいくちしょうゆに比べてかなり色が薄い。塩分は多いので、ひかえめに使いたい。	野菜や白身魚など、材料の色やもち味を生かす料理に。吸いもの、煮ものに。
うす塩しょうゆ	12.0%〜14.0%	塩分がこいくちより少なめで、他の成分はこいくちと同じ。	塩分をひかえたい人に向く。
減塩しょうゆ	約9%	特殊栄養食品。	高血圧、心臓、腎臓疾患など、塩分をひかえなくてはいけない人に。つけじょうゆ、かけじょうゆにしてもおいしい。

みそ

密閉容器に移し、冷蔵庫にしまいます。

赤だしみそ（桜みそ）
白みそ（西京みそ、甘みそ）
豆みそ（八丁みそ）
麦みそ
赤みそ
淡色みそ

豆みそ、麦みそのほかは、米こうじが原料の米みそです。

みりん

煮きりみりん

●みりんをたくさん使う料理や、あまり加熱しない料理のときは、アルコール分をとばしてから使います。沸とうしたら火をつけて燃やすか、1度煮立てます。

●みりんは、酒の一種。酒を販売している店で買います。一般の店で売っている塩分などを添加した「みりん風調味料」と区別するために「本みりん」と表示されています。調味上の役目は同じですが、本みりんのほうがうまみがあります。

●みりん大さじ1のかわりに、酒大さじ1＋砂糖小さじ1でほぼ近い味が出せます。煮ものの仕上がりにみりんを入れてつやを出すことを、**照りを出す**といいます。

酢

酢洗い

酢のものを作るとき、あえる前に、それぞれの材料に酢をふりかけてしぼるか、酢の中にさっとつけるかすると、水っぽさが消えて、おいしくなります。このときの酢は、あえるのに使う合わせ酢を少しとり分けるか、生酢《きず》（そのままの酢）をだしか水で薄めて使うと、味がまろやかです。

かたくり粉

水どきかたくり粉

料理にとろみをつけるために使います。加熱すると、アッという間に固まり、ムラになりやすいので、慣れないうちは、いったん火を止めてから入れるとよいでしょう。

材料をできるだけわきに寄せ、汁気を1か所に集めて、そこに少しずつ入れては混ぜ、ようすを見ながらたしていきます。合わせ調味料に最初から入れておくこともあります。

1 かたくり粉の同量～2倍量の水を入れて、よく溶かします。

2 沈みやすいので、使う前にもう1度よくかき混ぜてから入れます。

小…小さじ5cc　大…大さじ15cc　C…カップ200cc

種類		作り方	料理例
合わせ酢	二杯酢	しょうゆ大1（または、塩小½強）＋酢大3	魚介類の酢のもの
	三杯酢	砂糖小2＋塩小¼＋しょうゆ(うすくち)小1＋酢大2＋だし大1	うどときゅうりの酢のもの
	甘酢	砂糖大1＋塩小¼＋酢大2＋だし大½	なます
	黄身酢	砂糖大½＋塩小⅓＋しょうゆ(うすくち)小½＋みりん小2＋酢大2＋卵黄2個分＋だし大3 全部を合わせ、湯せんにかけてとろりとさせる。	あおやぎとうどの黄身酢あえ
	ごま酢	砂糖大1弱＋しょうゆ小1＋酢大2＋白ごま大4 白ごまをいって油が出るまですり、調味料を入れて混ぜる。練りごま大2を使ってもよい。	きゅうりと油揚げのごま酢あえ
	ポン酢	しょうゆ大5＋酢大2＋だし大5＋柑橘類の汁大1	鍋もの・しゃぶしゃぶ
	すし酢	砂糖大2＋塩小1＋酢C¼ (米C2に対する分量)	
	南蛮酢	しょうゆ大3＋酒大3＋みりん大3＋酢大3＋水C½＋赤とうがらし1本　水と調味料を煮立て、とうがらしの小口切りを入れてさます。	わかさぎの南蛮づけ
	中国風合わせ酢	砂糖小2＋塩少々＋しょうゆ小2＋酢大4＋ごま油大1	くらげ・蒸しどり・きゅうりのせん切り
	マリネ液	酢C⅓＋レモン汁大1＋白ワイン大1＋塩小⅔＋こしょう少々＋サラダ油C½	
合わせじょうゆ	からしじょうゆ	しょうゆ大1½＋練りがらし小½～1	菜の花のからしあえ
	わさびじょうゆ	しょうゆ大1＋練りわさび小1＋だし大1	とりささ身とみつばのわさびあえ
	土佐じょうゆ	しょうゆC¼＋酒大1＋みりん大1＋けずりかつおC¼　全部を合わせてひと煮立ちさせる。	焼きなす・さし身
	ごまじょうゆ	砂糖小1＋しょうゆ大1＋ごま大1＋だし大1½ いりごまをすり、調味料を入れて混ぜる。	いんげんのごまあえ ほうれんそうのごまあえ
	照りじょうゆ	しょうゆ大3＋みりん大2	魚や肉の照り焼き

＊分量はそれぞれ4人分の料理を作るのに必要なめやすです。

種類		作り方	料理例
合わせみそ	練りみそ	砂糖大2＋みりん小2＋赤みそ大3＋だしC⅓ 全部を弱火にかけて練り混ぜる。	なすのしぎ焼き
	酢みそ	砂糖大1＋酢大2＋白みそ大3　酒大2を入れてもよく、その場合は全部を弱火にかけて混ぜる。	あさりとわけぎのぬた
	からし酢みそ	砂糖大1＋酢大2＋白みそ大3＋練りがらし小1	
	木の芽みそ	砂糖・みりん・酒各大1＋白みそ大2½＋木の芽8枚＋ほうれんそうの葉先少々　木の芽とゆでたほうれんそうをよくすり、調味料を弱火で練ったものをすり混ぜる。	たけのこの木の芽あえ
	でんがくみそ	砂糖大1½＋みりん大½＋赤みそ大2＋だし大4 全部を弱火にかけて練り混ぜる。	でんがく
	ごまみそ	砂糖大3＋みりん大1＋赤みそ大5＋だしC½＋練りごま大4　練りごま以外を加熱し、火を止めてからごまを加える。	ふろふきだいこん
つゆ・たれ	天つゆ	しょうゆC¼＋みりんC¼＋水C1＋けずりかつおC⅓(約5g) みりんを煮立てほかの材料を入れて弱火で沸とうさせ、こす。	
	おでんの汁	しょうゆ大2＋酒大3＋塩小1＋だしC8 全部を合わせて火にかける。	
	そうめんのつゆ	しょうゆ大3＋みりん大2＋水C1½＋けずりかつおC½ みりんを弱火で煮立て、残りの材料を入れて沸とうしたら、こす。	
	そばつゆ(つけ汁)	しょうゆC¼＋みりんC¼＋だしC1 みりんを弱火で煮立て、残りの材料を入れて沸とうさせる。	
	そばつゆ(かけ汁)	関東風　しょうゆ大4＋みりん大1½＋だしC4 関西風　しょうゆ(うすくち)C⅓＋みりん大2＋だしC4 だしに調味料を入れてひと煮立ちさせる。	
	冷やし中華(かけ汁)	砂糖大1＋しょうゆ大4＋酢大3＋ごま油小1＋スープC⅔	
	焼きとりのたれ	砂糖大4＋しょうゆC½＋みりんC½ 材料を合わせて、⅔量になるまで煮つめる。	
	焼き肉のたれ	砂糖大1½＋しょうゆ大4＋酒大1½＋白ごま大2＋おろしにんにく小2＋ねぎのみじん切り大3＋こしょう少々＋七味とうがらし小¼＋しょうが汁大1＋ごま油大1½ ごまは切りごまにし、ほかの材料(ごま油を除く)と合わせる。肉と汁がなじんでからごま油を加え、20分つける。	

薬味のいろいろ

薬味は、できあがった料理に味や香り、彩りを添えます。同じ野菜でも、添える料理によって切り方を変えたりします。

＊吸い口は、吸いものに浮かせて香りを添えるもののこと。

＊天盛りは、酢のものやあえもの、煮ものなどを盛りつけた上に飾って香りを添えるもの。まだ誰も手をつけていないという意味もあります。

だいこん

（もみじおろし）

（だいこんおろし）

焼き魚・鍋もの・天ぷら・厚焼き卵

ね　ぎ

万能ねぎ

あさつき

わけぎ

鍋もの・吸い口・さし身

根深ねぎ

（しらがねぎ）

（小口切り）

吸い口・めん類・とうふ料理・天盛り

し　そ

花　穂

穂じそ

しその葉

さし身・めん類・とうふ料理

みつば

吸い口・天盛り

しょうが

（針しょうが）

（おろししょうが）

とうふ料理・さし身・吸い口・天盛り

せり

天盛り

みょうが

吸い口・さし身・天盛り

パセリ

スープ･ドレッシング･青み

のり

（細切り）

（もみのり）

めん類・ごはんもの・吸い口

ごま

黒ごま

白ごま

天盛り・めん類・ごはんもの・吸い口

わさび

さし身・めん類・すし

さんしょう

うなぎ・めん類・みそ汁

七味とうがらし

めん類・みそ汁

からし

おでん・ドレッシング・
フライ・肉料理

香辛料と上手につきあうには

香辛料には、料理に香りや独特の風味、色をつけたり、材料のくさみを消したりする効果があります。

ホール(原形)と粉末がありますが、特に粉末のものは少しずつ購入して、香りのよいうちに使いきりましょう。水分が少なく吸湿しやすいので、使い終わったらきっちりふたをして、香りがとばないようにします。

七味とうがらしや粉がらしなどが、ポロポロくっついた状態になることがあります。これはダニによるものです。できるだけ冷蔵庫で保存してダニの発生を防ぎます。

赤とうがらし

1 水またはぬるま湯につけて、やわらかくもどします。

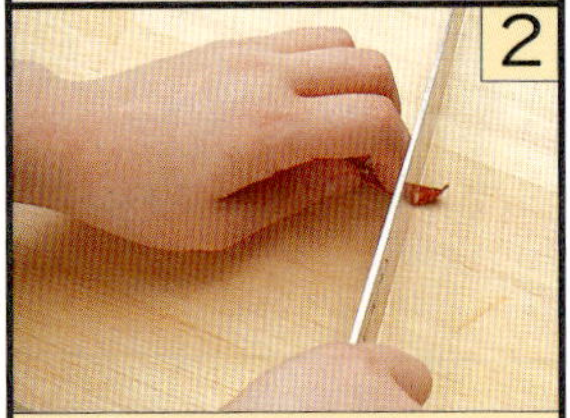

2 さやの両端を少し切りとります。だいこんに刺しこんで、もみじおろしにするときは⇨95ページ。

3 さやをつまみ、水の中で種をもみ出します。

わさび

1 茎に近い部分も使えるので、鉛筆をけずるように茎を落とします。切り口のほうから必要な分だけ、皮をけずってむきます。

2 目の細かいおろし金で輪を描きながらゆっくりおろすと、辛みが増します。おろしたてを使いましょう。

粉わさび

1 大さじ1の粉わさびにぬるま湯小さじ2で約大さじ1の練りわさびができます。

2 さい箸でとき、練るようなつもりでよくかき混ぜます。

3 器をさかさにふせるか、ふたをして空気をこもらせます。5～6分おくと辛みが強くなります。

からし

からしは、粉がらしと練りがらしがあります。粉がらしは粉わさびと同じように、ぬるま湯でといて辛みを出します。熱湯を使うと、逆効果になります。

マスタード

マスタードは、粉がらしに塩、酢、そのほかの香辛料を加えてあります。粒入りのマスタードは辛みが少なく、風味があります。

▶わさびやからしは、加熱すると辛みがとんでしまうので、ふつう加熱調理には使いません。とうがらし、こしょうは加熱しても辛みが残ります。

黒こしょう

白こしょう

黒こしょうは、こしょうの未熟な実を黒い外皮ごと使ったもの、白こしょうは成熟した実の外皮を除いたものです。黒こしょうのほうが強い香りがあります。

クローブ（丁字）

バニラに似た、甘く強い香りです。肉料理によく合うほか、スープやソース、菓子にも使います。原形のままをかたまり肉に刺しこんで使うこともあります。

ナツメグ

上品な甘い香りで、ハンバーグやミートローフなどのひき肉料理によく用いるほか、スープ、ソース、カレーやシチューなどに使います。お菓子やパンにも合います。外皮は「メース」と呼ばれ、菓子やソースに使われます。

ローリエ（月桂樹の葉）

ベイリーフとも呼ばれ、シチューなどの煮こみ料理や、ソース、スープ類によく使われます。肉のくさみを消す作用があります。煮こんだあとは、苦みが強くならないよう、必ずとり出します。生の葉も使えます。

オレガノ

樟脳《しょうのう》に似たくせの強い芳香とほろ苦さがあります。トマトをベースにした料理にとてもよく合い、ピッツァやスパゲティミートソース、オムレツ、ビーフシチューなどに使います。肉、魚のにおい消し効果もあります。

タイム

すがすがしい芳香と、ほろ苦さがあります。ローリエとともに、魚料理や煮こみ料理、ソースなどによく使われます。香りが強いので使いすぎは逆効果。ソースやハムなどの加工食品にもよく使われています。

セージ

ほろ苦さと、かすかな辛みがあります。肉のくさみ消しにたいへん効果があり、特に豚肉料理によく合います。葉の形のものは肉に刺したり、ガーゼに包んで煮こんだりします。調理の下ごしらえから使うと効果的。

パプリカ

赤の色づけをするために使います。甘ずっぱい香りがありますが、辛みはほとんどありません。白っぽい料理に使うと効果的です。サラダやじゃがいも料理、ゆで卵の飾りに使ったり、ソース、ドレッシングに加えたりします。

オールスパイス

シナモン、クローブ、ナツメグの香りを兼ね備えているのでこの名がついています。これらの香辛料を使う肉料理、魚料理、お菓子作りに使います。汁を濁したくない料理やソースにはホール(原形)のものを使います。

シナモン（肉桂）

甘い独特の芳香が、菓子やパン、フルーツの砂糖煮などにぴったりです。特にりんごの風味によく合います。スティック状のものはピクルスに漬けこんだり、紅茶やコーヒーなどの飲みものに添えて香りを楽しみます。

サフラン

サフランの花のめしべで、美しい黄色を出します。独特の香りがあり、魚料理やブイヤベース、パエリヤに使われます。水につけて色を出し、つけ汁ごと使います。

キャラウェー

刺激性のある独特の風味をもち、チーズ料理によく合います。また、ケーキ、ビスケットなどのお菓子類や、ピクルスにも使います。

ごはんの炊き方

●米の選び方

米の品種は、国産だけでも百数十種もあります。同じ品種でも産地が異なったり、また、生産年によっても味が異なるのは、くだものや野菜と変わりありません。また、保存方法や、炊き方によっても、ごはんのおいしさはかなり変わります。

米は収穫後、玄米で保存されます。精米してしまうと、米がじかに酸素に触れて、時間とともに味が落ちてしまうからです。買うときは、精米年月日を必ず確かめ、10日～2週間で使いきれる量を求めましょう。

炊飯器で

1 炊飯器の内釜が傷つかないように、ボールで米を洗います。米にたっぷりの水を加え、さっとかき混ぜて、すぐ水を流します。

2 手のひらを使って軽くシャッシャッと20～30回とぎます。再び水を入れ、3～4回すすぎます。

▶米は、最初に出会った水分をすぐに吸収します。1回目にゆっくり洗うとぬかくさくなるので、別のボールにたっぷりの水を用意しておいて一気に加えます。

▶力を入れすぎると、米粒がつぶれてしまうので気をつけます。

3 炊飯器に移し、目盛りを合わせて水を加えます。そのまま30分以上おいて吸水させてからスイッチを入れます。水温が低いときは、少し長めにつけます。

▲新米は米自体の水分が多いので目盛りより少し低めの水量にします。

4「炊飯」スイッチが切れたあと、10～15分ふたをあけずに、蒸らします。そのあと、全体をさっくり混ぜます。

鍋で炊くなら

昔ながらのガス火で炊く方法も、少量炊きたいときなど、知っておくと便利です。深さのある厚手の鍋を使います。

1洗った米をざるにとり、5分ほど水気をきります（米を炊く水量に影響するので）。ざるを斜めにすると早くきれます。

2鍋に米を入れ、米の1.2倍の量の水を加えて30分以上つけておきます。水量は、新米はひかえめにするほか、好みによっても加減します。

3鍋を火にかけ、中火からやや弱火で、約10分かけて沸とうさせます。ふきこぼれない程度の火加減で3～4分沸とうを続かせ、ごく弱火にして約15分炊きます。最後に5秒ほど強火にして、余分な水分をとばし、火を止めます。ふたをしたまま10～15分蒸らし、鍋の中の蒸気を米に吸わせます。

●カップを混同しない

ふつうの計量カップは1カップ200ccで、160gの米がはかれます。一方、炊飯器についている米用カップは180cc（1合）、150gです。混同しないようにしましょう。

●すしめしの作り方

ふつうのごはんより少しかためになる水量（一般に米と同容量）にし、うまみを加えるために、水と一緒にだしこんぶ（米カップ2に対し5cm角のこんぶ）を入れます。30分以上おいて、酒大さじ1を加え、ふつうに炊きます。10～15分蒸らし、こんぶをとり出します（炊きあがった時点で出してもよい）。

すしおけにあけ、すし酢（162ページ）をかけます。ざっと混ぜて、全体にすし酢をいきわたらせます。しゃもじで切るように混ぜながら、余分な水分をとばします。

●ごはんに芯があったら

まわりはふっくら炊けているのに、食べてみると中心にかたい芯が残っていることがあります。これは、米を水につける時間が短くて、中まで充分に吸水していなかったためです。

こんなときは、酒少々（カップ2の米に対して大さじ1くらい）をふりかけて、もう1度スイッチを入れ、切れるまでおきます。ガス火なら、弱火にかけて7～8分炊き直します。

●米の保存

米は、清潔で乾燥した容器に移して保管します。容器に古い米が残っていたり、ぬかがついていたりすると、せっかくの新しい米がまずくなるので、容器は米を買うごとにきれいにします。風通しがよく、湿気や臭気の少ない、温度の低いところで保存します。

バターライス

とり肉やにんじんなど、具を入れれば、ピラフになります。

●材料（3～4人分）

米…米用カップ2（360cc）
たまねぎ…中1/4個（50g）
バター…………大さじ2

スープストック
（水………………360cc
（スープの素………適量
こしょう……………少々

1 米を洗い、ざるにとって30分ほど水気をきります。

▲いためるので、充分に水気をきります。ふつうのざるなら1時間をめやすに。

2 たまねぎはみじん切りにし、バターでしんなりするまでいためます。米を加え、透明になるまでいためます。

▲いため方がたりなかったり、火が弱いと、ねばり気が出て、おいしくありません。

3 炊飯器に入れ、熱いスープストックと、こしょうを加えて混ぜ、ふつうに炊きます。

4 10分ほど蒸らして大きく混ぜます。ふつうのごはんよりパラパラとした感じに仕上がります。

赤飯

2～3カップなら電子レンジが便利です。

●材料（2～3人分）

もち米…米用カップ2（360cc）
あずき……………30g

1 もち米は洗って、たっぷりの水に1時間以上つけ、ざるにとって水気をきります（⇨171ページ）。

2 あずきをゆでて（⇨149ページ）、豆とゆで汁に分けます。

3 もち米は、同量の水で炊くのが基本。浸水で40%の水を吸収するので、60%にあたるゆで汁（220cc）を入れます。ゆで汁がたりないときは水をたします。あずきも混ぜ入れます。

4 大きめの容器に入れ、ふたかラップをして約8分加熱（500Wの場合）します。

5 加熱ムラを防ぐため、上下を返すように混ぜて約4分加熱します。もう1度混ぜて4分ほど加熱し、1分蒸らしてラップをとります。

今は、インスタントのだしの素がいろいろ市販されていて、煮ものなどに少し使う場合は、手軽で便利です。けれども、汁ものや、だしをきかせたうす味の煮ものを作るときには、きちんととった本物のだしがいちばんです。

2 再び沸とうしたら火を止め、1～2分おいて、こし器かざるでこします。

▲生ぐささがこもるので、だしをとるときは、ふたをしません。

こすときはしぼったりせず、自然に落ちるものだけにします。しぼると渋みなどが出てしまいます。

濃いだしをとる場合

2 で少し火を弱め、途中アクをとりながら約2分煮出して、火を止めます。味の濃い煮ものに使うときに。

かつおぶしのだし

かつおぶしのだしは、ほとんどの料理に使えます。こんぶや煮干しのように水につけてうまみを出す手間もないので便利です。

●基本分量

水……………………………カップ2

けずりかつお……カップ½(4～8g)

1 水を沸とうさせ、けずりかつおを1度に入れます。

だしの材料の選び方

●けずりぶし

かつお、さば、むろあじや、それらの混合されたものがあります。みそ汁なら、安く買えるさばや混合けずりぶしでも充分です。

糸がつおは、おひたしなどにかけて、そのままいただくものです。だしをとるのには向きません。

けずりぶしは、長くおくと風味が落ちるので、なるべく新しいものを求め、早めに使いきります。缶や密閉容器で保存しましょう。

こんぶとかつおぶしのだし

こんぶとかつおぶし両方のうまみが出る、上等のだしです。吸いものやあえもの、煮ものなどに使います。

●基本分量

水……………………………カップ2

こんぶ……………………………10cm

けずりかつお……カップ½(4〜8g)

1 こんぶを乾いたふきんでふきます。表面の砂やごみをとるのですが、白い粉はうまみ成分なので、ふきとらないようにします。

2 鍋に水を入れて、こんぶを約30分つけておき、弱火にかけます。

3 プツプツと泡が浮かび、沸とう寸前になったら、こんぶを引き上げます。こんぶを煮出すと、ぬめりや色が出るので、気をつけましょう。

だしの材料の選び方

●こんぶ

こんぶの多くは北海道産。産地によって特徴があります。よいだしがとれるこんぶとしては、真こんぶ、利尻こんぶ、日高こんぶが有名です。真こんぶは高級品で、家庭用には利尻こんぶ、日高こんぶが向いています。黒色で、よく乾燥した肉厚のものを選びます。

早煮こんぶとして売られているものは、1度蒸したものや未成熟のこんぶです。早くやわらかくなりますが、おいしいだしはとれません。

煮干しのだし

みそ汁以外にも、煮ものなどに使います。

●基本分量

水……………………………………カップ2
煮干し………………………………10～15g

1 煮干しの頭と腹わたは、苦みがあるのでとります。

2 身を2つに裂き、水に30分ほどつけておきます。

3 中火にかけ、途中浮いてくるアクをていねいにすくいとります。沸とう後2～3分煮てから火を止め、こし器でこします。

4 けずりかつおを1度に入れます。

5 再びフワッとわき上がったら火を止め、1～2分おいて、こし器などでこします。

きれいにこす場合

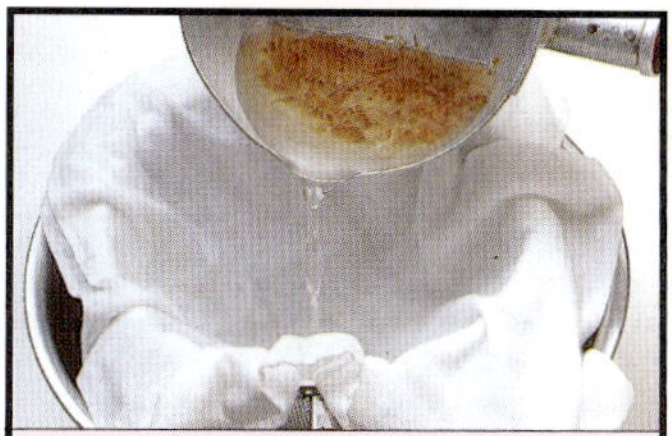

茶碗蒸しや吸いものなど、かつおぶしが少しでも残ると気になる料理のときは、ぬれぶきんを敷いたざるでこします。

だしの材料の選び方

●煮干し

形が整っていて、よく乾燥し、うろこがついて青銀色に光っているものを選びます。赤みをおび、油焼けしたものは、渋くておいしいだしがとれません。

●一番だしと二番だし

こうしてとっただしを一番だしといい、とったあとのかつおぶしとこんぶを約半量の水で2～3分煮たものを二番だしといいます。

二番だしは煮ものやみそ汁などに使います。

みそ汁

簡単なせいか、ついおざなりに作ってしまいがちなみそ汁。でも、ちょっとしたコツで、グンとおいしくなります。

おいしいだしで

こんぶ、かつお、煮干しなどで、ていねいにとっただし（→173ページ）で作れば、おいしさは格別です。

インスタントのだしの素でも、次にあげるポイントに注意すれば、合格点をとれるものが作れます。

みそを選ぶ

いろいろなみそを試してみてわが家好みのみそを見つけましょう。好みの味を見つけるコツは、性質の違う2種類を混ぜることです。白みそと赤みそ、淡色みそと赤みそ、寒い地方のみそと暖かい地方のみそ、といった具合です。

また、季節によって、みそも変えます。冬は甘くてこいめの白みそ仕立て、夏はさっぱりとから口の赤みそで仕上げます。

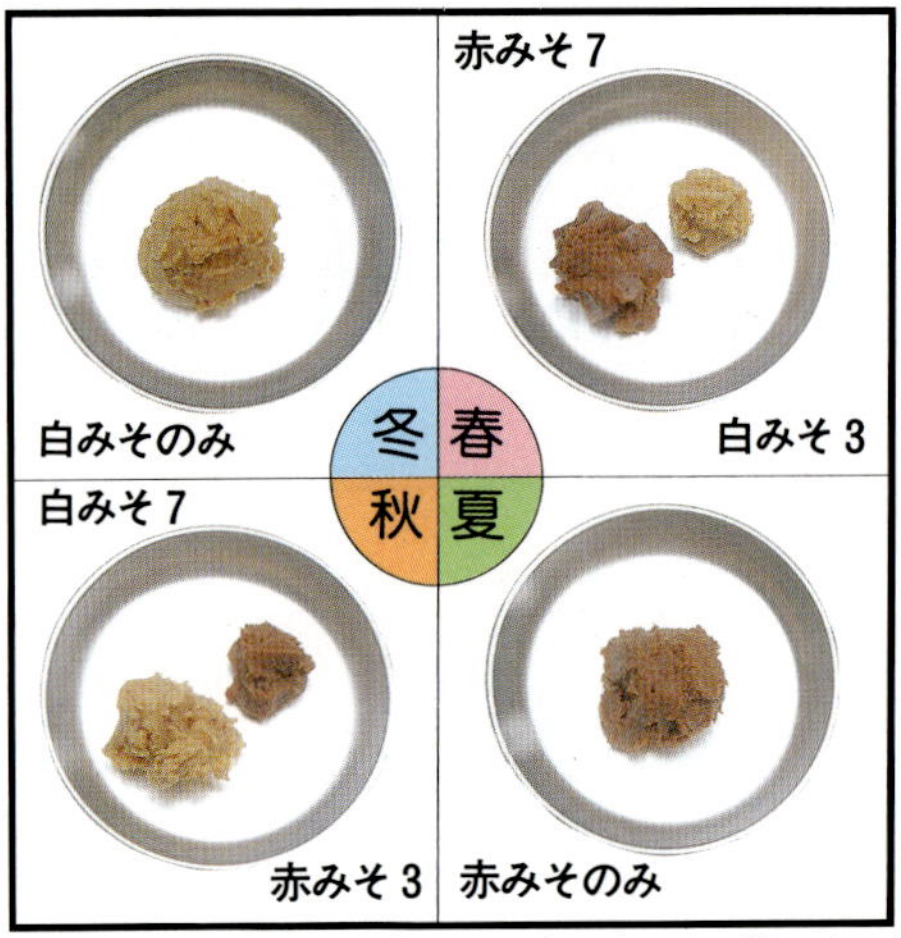

汁の実に工夫を

2種類以上の実を入れると、味に深みがでます。主になる素材と従になる素材を選び、色合いや、香りの似ているものは避けるとよいでしょう。

毎日いただくものですから、季節感を盛りこみ、変化をつけましょう。

みそを入れたら煮立てない

みそ汁は、食事の支度がほぼできたころに、ちょうど仕上がるのが理想です。早めに作ってしまい、温め直したりすると、みそ特有の風味がなくなり、まずくなります。

一緒に食事のできない家族のためには、だしも実もとり分けておき、食べる直前にみそを入れて仕上げる心づかいをしたいものです。

吸い口を忘れずに

吸い口とは、汁ものに添える香味のことです。

春は木の芽、夏はみょうがたけ、秋は花みょうが、実さんしょう、すだち、冬はゆずなどを使うと、季節感が漂います。

1年中使えるものとしては、七味とうがらし、粉ざんしょう、青じそ、あさつき、ねぎ、しょうが、ごまなどがあります。

汁をよそったあとに、添えたり、さっと散らします。

みそ汁

●材料（２人分）

だし……………………………カップ１½
みそ……………………………大さじ１～１½
好みの実２～３種……………………適量
吸い口……………………………………適量

1好みのだしをとり（⇨173～5ページ）、実を入れます。だいこん、じゃがいもなど、煮えにくい実は、あらかじめだしで煮ます。アクが出たらとります。

2おたまにみそをとり、だしを少し入れて、さい箸で溶かします。量が多い場合は、ボールでみそをときます。

3溶けたら混ぜ入れ、鍋から目を離さないで、ひと煮立ちしかけたら、すぐ火を止めます。

キッチンメモ

●鍋の大きさと火口

ガスの炎は、いちばん外側の青い部分が高熱です。小さな鍋を直径の大きな火口にかけ、ガスの炎が鍋のまわりから出て、立ちのぼっているような場合は、ガスのエネルギーがむだ。青い部分がうまく鍋底にあたるよう、火口の大きさと鍋の大きさが合うように選んで使いましょう。火口が同じ場合は、火の強さを調節します。

汁の実の組み合わせ例

じゃがいも	わかめ
油揚げ　オクラ さやえんどう　せり 新たまねぎ　ねぎ類 みょうが　豚肉 わかめ	油揚げ　うど　オクラ きのこ類　さやえんどう じゃがいも　せり たけのこ　とうふ ねぎ類　みつば みょうが　ふ

だいこん	とうふ
油揚げ　きのこ類 いわしのつみれ さといも　とり肉 にら　ねぎ類	オクラ　きのこ類 こまつな　さやえんどう にら　ねぎ類　みつば 豚肉　わかめ

スープストック

スープストックは、がら（肉をとったあとの骨）や野菜からうまみを煮出したもので、日本料理のだしにあたります。

　本によっては、ブイヨン、スープなどと書かれています。

　そのままスープに使うほか、シチュー、煮こみ料理などに使うと、本格的な味。とはいえ、いちいちスープストックを作ってから料理するのは大変なので、まとめて作って冷凍しておき（☞182ページ）、必要な分だけ解凍して使います。

　ふだんの料理に使うなら、インスタントのスープの素を、製品の表示か、料理の作り方どおりに溶かして使います。

スープストック（洋風）

●基本分量（5カップ分）

とりがら……………3羽分（450g）
にんじん……………………………1/3本
たまねぎ……………………………1個
セロリ………………………………1/2本
ねぎ（青い部分）…………………少々
パセリの軸…………………………2本
ローリエ……………………………1枚

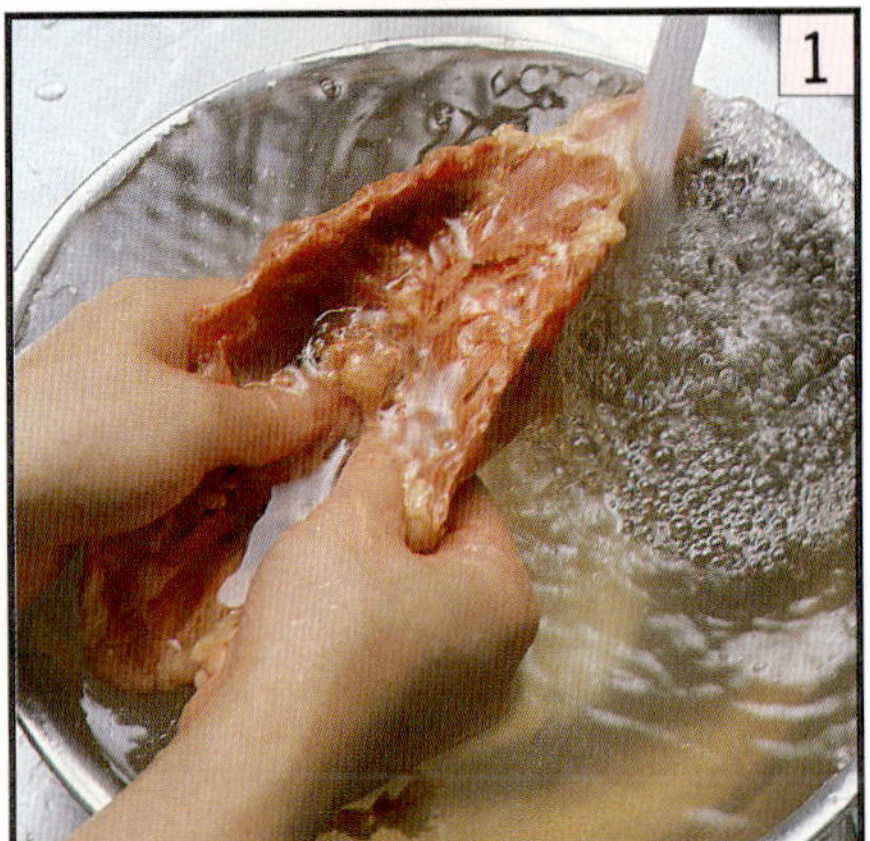

1 とりがらは、水を流しながら、血や汚れをきれいに洗います。

▲湯で洗ったほうが効果的なような気がしますが、血が固まってくっついてしまうので、必ず水で洗います。

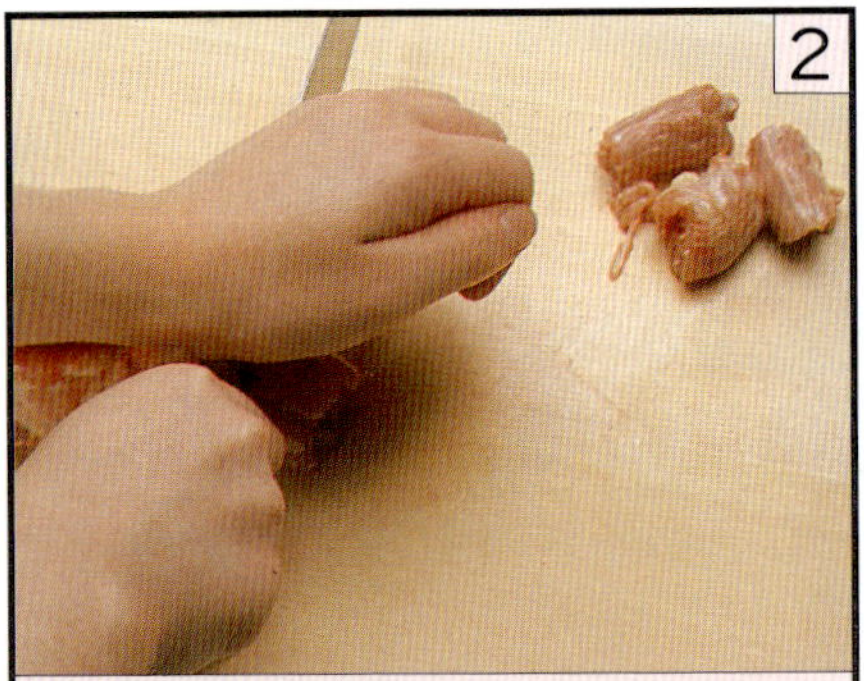

2 骨と骨の間に包丁の刃元のほうをあて、押し切るようにして、約5cmのぶつ切りにします。切るのが大変なら関節を手で折ることもできます。

▲切らないと、骨ずいから出るおいしいだしがとれません。

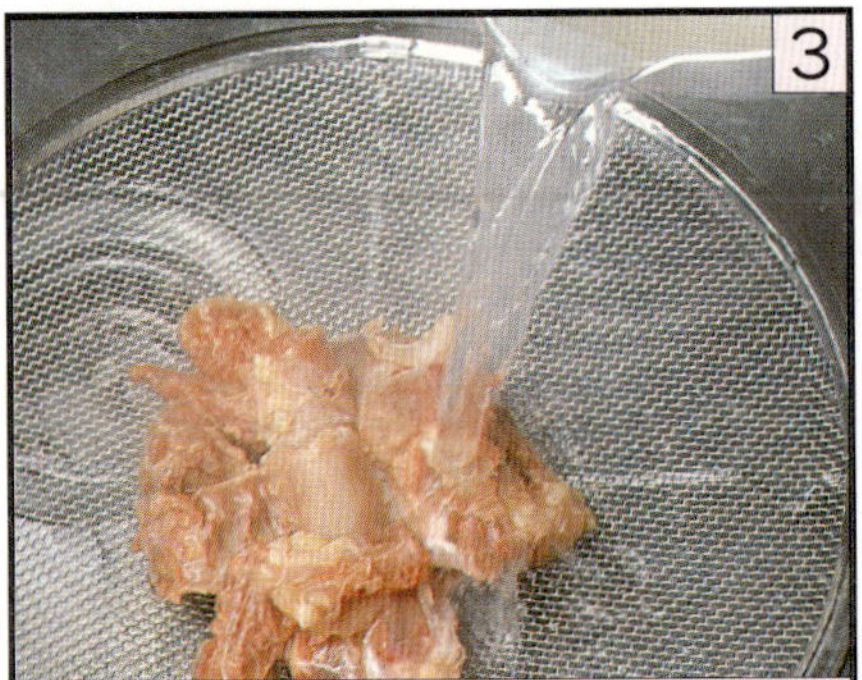

3 熱湯をまんべんなくかけて、くさみを抜きます。スープも濁りにくくなります。

4

④野菜は適当に切ります。

5

⑤深鍋に水カップ10、とりがら、野菜を入れて強火にかけます。ふたはしません。ひと煮立ちしたら、浮いてきたアクをすくい、火を弱めます。

6

⑥出てくるアクをまめにすくいながら、弱火で30分～1時間煮ます。

7

⑦半量まで煮つまったら火を止め、ふきんを敷いたざるにあけて、こします。

▶④の野菜のかわりに、ねぎの青い部分1本分、しょうが1かけを入れると、中国風のスープストックが作れます。

▶煮ている間は、決してグラグラ沸とうさせてはいけません。沸とうさせると煮汁がにごり、うまみ以外の成分まで出てしまいます。

また、煮立てていると、いつまでたってもアクがなくならず、水分がとびすぎてしまうのです。

表面が少し動いているくらいの弱火を保って、ゆっくり煮ましょう。

ホームフリージング

冷凍のポイント

冷凍するものは、ラップやポリ袋で、空気にふれないように、ぴったりと包みます。なるべく小分けにして、薄くすると、速く凍るし、あとで使うときにも便利です。

冷凍庫に入れるときは、金属製のバットやお盆にのせ、冷気の吹き出し口の近くに置きます。完全に凍ったらバットからはずし、においが他のものに移らないように、密閉容器かポリ袋に入れ、とり出しやすい位置に移します。

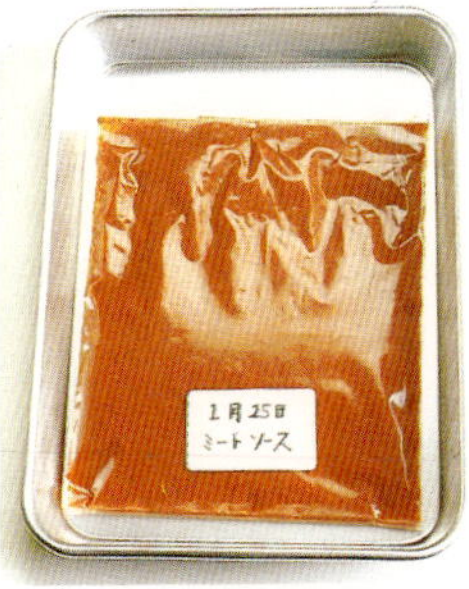

家庭で冷凍したものは、なるべく1か月以内に使いきるようにしましょう。

冷凍できるもの

生の魚は、冷凍品を解凍して売っていることが多いので、家庭での冷凍はやめましょう。

いか、えびなど市販の冷凍素材も、1度溶けかかったものの再冷凍は避けます。

また、いも、ごぼう、だいこんなど繊維の多い野菜は、歯ごたえが悪く、まずくなるので冷凍には向きません。カレー、シチューなどの残りを冷凍する場合は、野菜を除くか、こしてから冷凍します。

家庭でできて、便利な食品の冷凍法をいくつかご紹介します。

ゆず

丸のまま冷凍した場合は、凍ったまま必要なだけ皮をそぎ、残りはすぐに冷凍庫にもどします。皮と汁を別々に冷凍することもできます。

しょうが

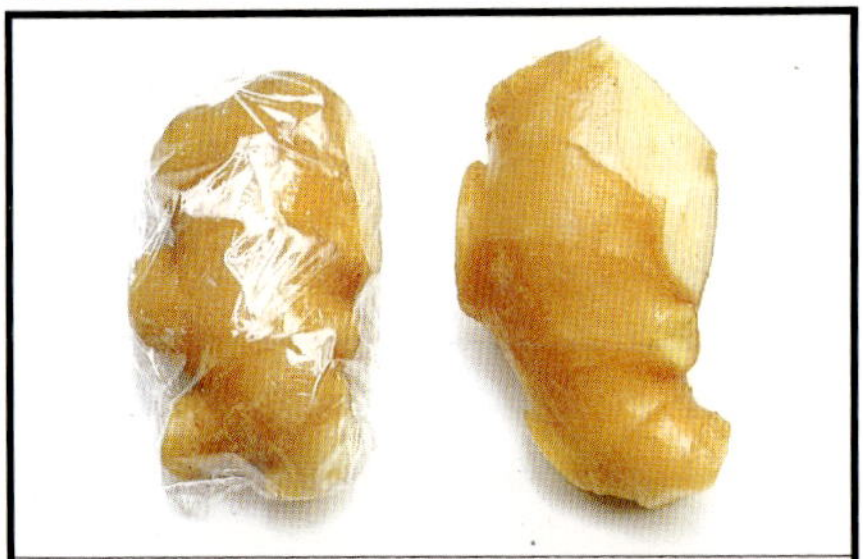

小分けして冷凍します。凍ったまま必要量だけ出してすりおろします。

●冷凍庫の庫内

冷凍庫には直冷式と間冷式（ファン式）とがあり、自動で霜がとれるのは間冷式です。

間冷式は、冷気の吹き出し口の近くがいちばん温度が低いので、食品はまずここに置きます。冷凍できたら別の場所に移します。

扉についている棚は、開閉するたびに温度が変わるので、乾物やパセリなど、温度変化に強いものを置きます。

冷凍できた食品は、積み重ねてもかまいませんが、冷気の吹き出し口はふさがないようにします。古いものを手前に置き、使い忘れがないようにしましょう。

ひき肉

いためて、完全にさましてから冷凍します。冷蔵庫内で半解凍させ、料理に加えます。

トマト

完熟トマトの皮を湯むきし、丸のまま冷凍します。シチュー、ポトフなどに凍ったまま加えます。ピューレにして冷凍してもよいでしょう。

ミートソース

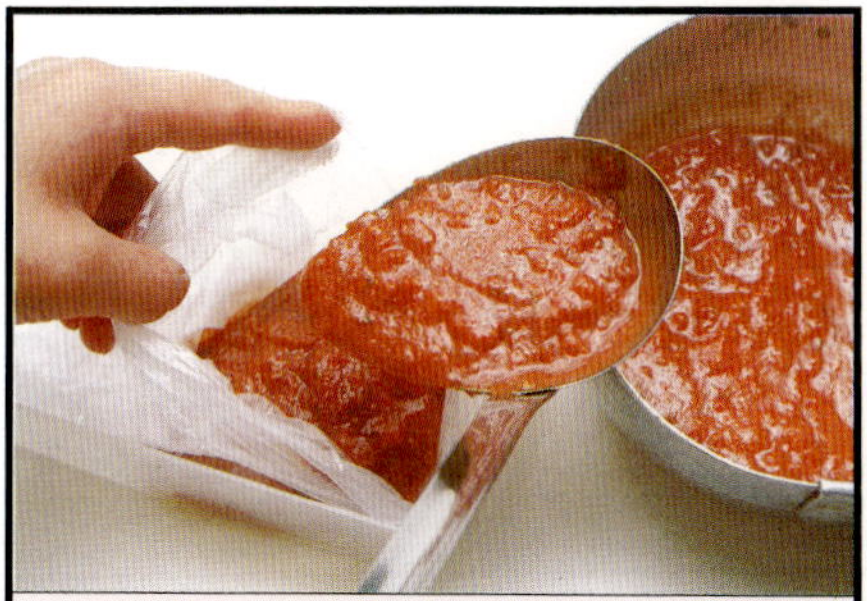

液状のものは、直接容器に入れないで、中にポリ袋を入れて冷凍すると、容器が汚れず、とり扱いもらくです。半解凍にしてから、火にかけます。

たまねぎ

みじん切りにしていため、小分けにして冷凍します。カレー、シチューなどには凍ったまま入れ、ハンバーグには解凍してから混ぜます。

パセリ

よく水気をふきとってからみじん切りにして、冷凍します。凍ったまま使います。

●調理した食品の冷凍と解凍

ハンバーグ…完全に焼き、さめてからラップに包んで冷凍します。冷蔵庫か室温で解凍し、弱火で両面焼くか、電子レンジで温めます。

コロッケ…薄く小さめに作り、衣をつけて冷凍します。解凍すると水気が出てくずれるので、そのまま中温で揚げます。

ごはん…さましてから薄く広げてラップに包み、冷凍します。そのまま電子レンジで温めます。

塩ざけ

1切れずつラップでしっかり包み、冷凍します。冷蔵庫内で低温解凍します。

スープストック

製氷皿に入れて冷凍し、凍ったらポリ袋に入れます。必要量だけとり出し、凍ったまま鍋に入れて、火にかけます。

完全に凍ったら

ポリ袋か密閉容器に入れて、とり出しやすい位置に移します。

煮豆

完全にさましてから冷凍します。冷蔵庫か室温で自然解凍します。

●冷凍用の包装材

冷凍するときに大切なことは、食品ができるだけ空気にふれないようにすること。空気にふれると酸化して、味や鮮度が落ちるからです。

密閉容器に入れるときは、冷凍に使えるものかどうか確かめないと、ふたがあいてしまうことがあります。

ポリ袋に食品を入れたら、できるだけ空気を追い出し、口をしっかりしばって、真空状態に近くします。

専用のファスナー付きポリ袋も市販されており、何度も使えるので便利です。

中身と日付を書いたシールも、忘れずにはっておきましょう。

解凍法

一般的に、肉や魚は、ゆっくり時間をかけてもどすと、水っぽくならず、生に近くなります。

反対に野菜は、ゆっくりもどすとスポンジ状になるので、冷凍のまま急速に加熱するようにします。

冷蔵庫で

包装のまま冷蔵庫に移し、時間をかけて解凍します。

加熱解凍

凍ったまま加熱し、解凍と調理を同時に行います。油で揚げるときは、油の温度が下がるので、１度にたくさん入れないようにします。

電子レンジ解凍

半解凍、完全解凍、加熱解凍と、かける時間によって好みの状態までもどせます。

どの方法も、使う分だけ解凍します。指で押してみたとき、まわりがやわらかく、中心がまだ凍っている状態が半解凍。中までやわらかくなった状態が完全解凍です。

流水解凍

ポリ袋に入れて、水が入らないように密閉し、ボールなどに入れ、水を流しかけて解凍させます。急いでもどしたいときの方法です。

あとかたづけ

調理に使った鍋、ボール、へらなどは、使い終わったらすぐに洗い、こまめにしまいます。

調理が終わったときには、流しやレンジの上がほとんどかたづいているようにするのが、台所を有効に使える、上手なやり方です。

こげついた鍋は

1 ちょっとしたこげつきなら、その場でクレンザーをつけて軽くこすってもとれます。少しこすってみてだめなら、湯を張っておきます。

2 さめてから、スチールウール、たわしなどでこすります。ただし、ほうろう鍋は傷がつきやすいので、スポンジを使います。これでだめなら、無理にはがそうとせずに、酢をつけてこすったり、水を入れて何回か煮てとります。

汚れはすぐにふく

調理台やレンジまわりに煮こぼれしたり、油がはねたりして汚れたら、すぐに使い捨て用の布などでふきとります。熱いうちなら簡単にとれますが、時間がたつとこびりついて、とれにくくなるからです。

キッチンメモ

●冷蔵庫のかしこい使い方

冷気の吹き出し口は、ふつう上奥にあり、ファンによって上から下へと冷気が循環します。早く冷やしたいもの、より冷たくしたいものは、吹き出し口の近くか、各段の奥に置きます。

詰めすぎると、冷気がさえぎられるので、小分けにしてすきまを作るようにしましょう。

肉や魚は、細菌（腸炎ビブリオやサルモネラ菌）がほかの食品につくおそれがあるので、きちんと包装して、いつも決まった場所に置くようにします。

扉を5秒開けておくと、中の空気が全部入れかわってしまうといわれます。開閉はむだなく、す早くしましょう。食品によって置き場所を決めておくと、探すむだが省けます。

ごはん茶碗

洗う前に、ごはん茶碗には水か湯を入れておきます。こびりついたごはん粒がふやけ、とれやすくなります。

洗剤液を作る

洗いおけやボールに湯か水を入れ、表示に従った濃度の洗剤液を作ります。牛乳パックの大が1ℓ入り、直径18cmのボールが約1ℓ。水量のめやすになります。

●洗剤の使いすぎに注意

スポンジやネットに直接、洗剤をつけると洗剤を使いすぎてしまいます。濃くしても、洗浄効果があがるわけではありません。手荒れや水質汚染の原因にもなります。

台所仕事の始めに、正しく薄めた洗剤液を作る習慣をつけましょう。

食後のあとかたづけ

同じ形の食器を重ねる

お盆に同じ形の食器を重ねて、台所に運びます。骨や皮など残りものがあれば、ひとつの器にまとめ、いちばん上に重ねておきます。

▲油汚れのついたものと、そうでないものを、一緒に重ねないように注意します。

ごみを捨てる

水気の多いものは、流しのごみ入れに入れ、水気をきってから捨てます。水気のないものは直接ごみ入れに捨てます。

食器に残った油やソースなどは、洗う前にゴムべらや紙でできるだけとります。

油気のない食器

油気がなく汚れの少ない食器は、洗剤を使わず、湯で流しながら洗えば充分です。

油汚れのひどい食器

油汚れのひどい食器は、あらかじめ使い捨て用の布や、ゴムべらなどで汚れをとったあと、洗剤液で洗います。

糸底もよく洗う

器の表側だけでなく、裏側の糸底の部分も、よくこすって洗います。

●洗う順序

グラスや湯のみなど、汚れの少ないものから、汚れのひどいもの、あるいは、形の小さいものから大きいものへと進むと能率的です。

ガラス類

1

1 最初に割れやすいガラス類を洗います。続いて汚れの少ない湯のみ、汁椀、茶碗を洗います。

2

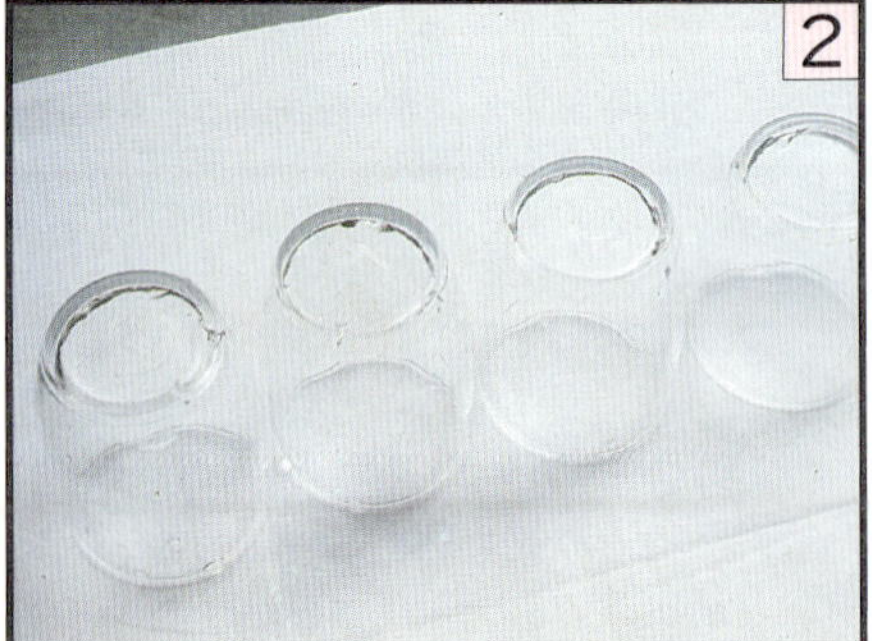

2 調理台に乾いたふきんを広げ、熱めの湯を通したグラスをふせて、自然乾燥させます。このほうがくもりが出ません。

▲ふきんでふくなら、麻のふきんなどケバの残らないもので、キュッキュッとみがくようにふきます。

水きりかごにふせる

水きりかごにふせて置きます。湯ですすぐと、水きれがよくなります。

ふきんでふく

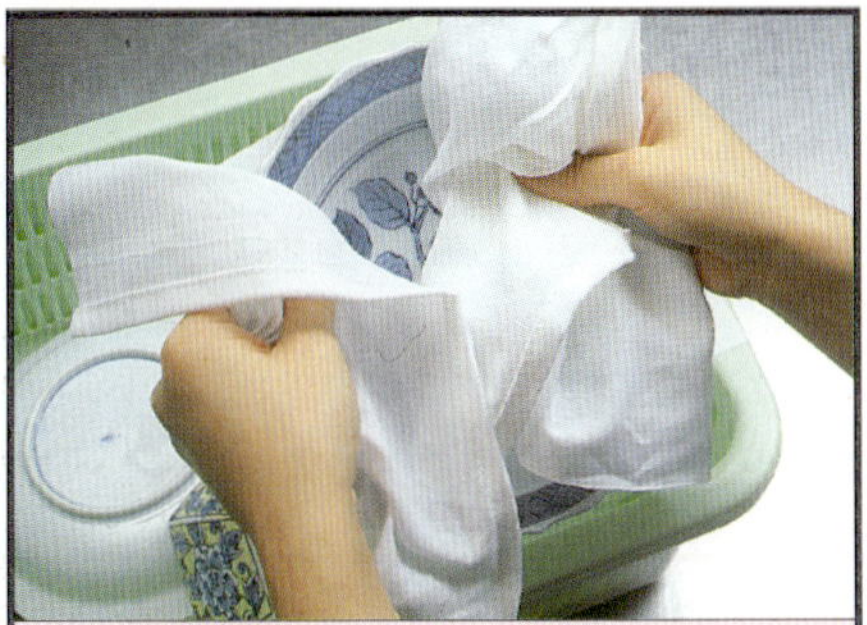

ふきんでふいて、収納します。

茶しぶは漂白する

湯のみ、カップ、きゅうすなどに茶色いしみ(茶しぶ)がついたら、洗いおけに水を張り、漂白剤を薄めた中につけておくと、白くきれいになります。

塗り箸はていねいに

箸は、塗りをはがさないように、ていねいに洗います。

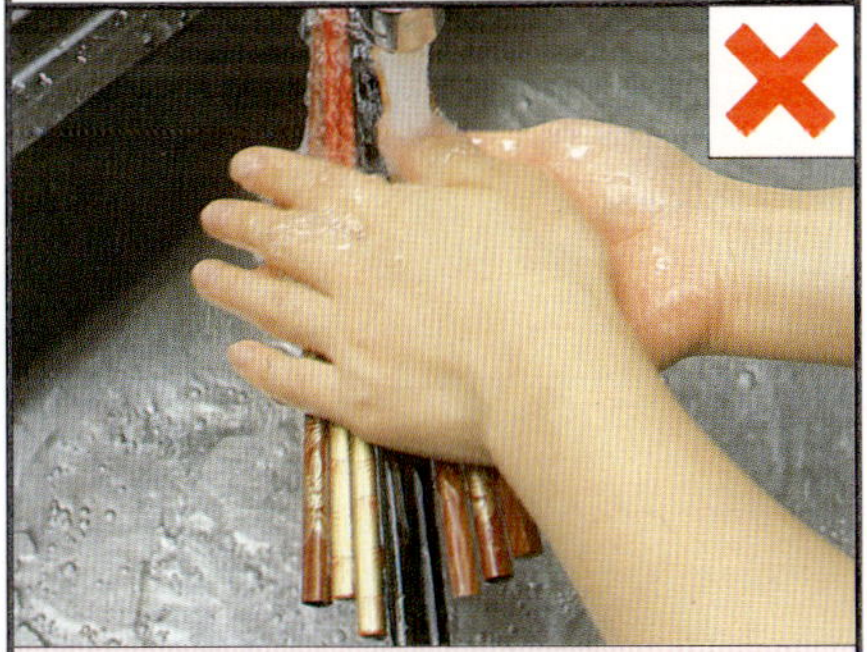

束ねて持って、もむようにガチャガチャ洗ったり、たわしでこすると、塗りがはげる原因になります。

よくすすぐ

洗剤液で洗い終わったら、充分にすすぎます。

タ行

ナ行

ハ行

サ行

ア行

カ行

ベターホームのお料理ブック

（価格はすべて税別です）

シリーズ	書名	内容	ページ	価格
実用料理シリーズ（A5判） キッチンで使いやすい大きさ、じょうぶで汚れにくいカバー	1 かあさんの味	四季の素材をいかした和風おそうざいとおせちが172品	144ページ	1000円
	2 家庭料理	家庭でよく作られている、和洋中人気のおかず152品	144ページ	1000円
	3 おもてなし料理	行事やおもてなしに向く、豪華なごちそう106品	144ページ	1000円
	4 お菓子の基本	スポンジケーキからチョコレートまで家庭で作れる洋菓子65品	160ページ	1500円
	5 手づくりパン	バターロールから本格的パンまで46品。基本を詳しく解説	144ページ	1500円
	6 お料理一年生	お料理以前の基礎から写真でわかりやすく説明	192ページ	1400円
	7 お料理二年生	定番の家庭料理が絶対おいしく作れるコツをプロセス写真で	192ページ	1400円
	8 手づくり食品	ジャム、そば、梅干し、みそなど楽しく手づくり69品	160ページ	1200円
	9 スピード料理	手早く作れておいしい料理200品と、手早く作るコツ	160ページ	1200円
	10 きょうのお弁当	毎日作れるかんたんお弁当71メニュー。おかず245品	160ページ	1200円
	11 野菜料理	50音でひける野菜別、おいしくヘルシーな料理308品	192ページ	1400円
	12 電子レンジ料理	電子レンジで作れる、かんたんでスピーディな料理158品	160ページ	1200円
	13 おとなの和食	四季の素材をおいしく味わう献立集。カロリー・塩分控えめ	160ページ	1400円
	14 ダイエットのひと皿	健康的にやせられる低カロリーのおかず150品	144ページ	1000円
	15 ひとり分の料理	ひとり暮らし、単身赴任の方に、栄養満点かんたん100献立	144ページ	1000円
	16 パーティ料理	ホームパーティ・おもてなしに。気のきいた献立と料理135品	160ページ	1200円
	17 お魚料理	50音でひける魚介類98種の料理250品と、扱い方のコツ	192ページ	1400円
	18 きょうの献立	月ごとの献立100例、料理417品。毎日の悩みを解消します	224ページ	1500円
	19 お肉料理	かんたん、ボリューム、経済的な料理187品を肉ごとに紹介	160ページ	1200円
	20 お米料理	おいしいごはんの炊き方と、丼、すし、ピラフなど200品	160ページ	1200円
	食品成分表	日ごろ食べる量の栄養成分がひと目でわかります	320ページ	1000円
先生シリーズ（B5判） 料理教室の先生のおかず	お気に入りおかず	超かんたんで経済的なベターホームの先生たち自慢のレシピ集	96ページ	1200円
	体にいいおかず	体調が悪い、風邪ぎみ…ちょっと気になるときの料理194品	96ページ	1200円
	作りおきのおかず	さめてもおいしい、まとめづくり等、便利なおかず157品	96ページ	1200円
	すぐできるおかず	20分以内、ひと鍋で作れるおかず等約150品。共働き主婦必携	96ページ	1200円
	みんなで食べよう！	ホットプレート料理、鍋もの、手巻きなどみんなで楽しめる料理集	96ページ	1200円
	ムダなしかんたんおかず	冷蔵庫の残り野菜や調味料を利用した料理276品	96ページ	1200円
ホームメイド・シリーズ（B5判） 楽しみながら作れるレシピ	すぐできるお菓子	マドレーヌやクレープ、ハーブクッキー…手軽なお菓子68品	96ページ	1500円
	焼くだけのお菓子	材料を混ぜてオーブンで焼くだけ。素朴でおいしい43品	96ページ	1500円
	冷たいお菓子	ゼリー、プリン、レアチーズケーキ、杏仁豆腐など57品	96ページ	1500円
	記念日のお菓子	誕生日、クリスマス、結婚式…記念日に作る私のお菓子48品	96ページ	1800円
	私が作る和菓子	草もち、水ようかん、月見だんごなど四季折々の和菓子77品	96ページ	1500円
	私が作るパン	本格的な作り方と、ポリ袋でかんたんに作れる方法で46品	96ページ	1500円
	口福の一皿	プロ山岡洋が披露する美味のコツ。家庭で作れる中国料理75品	96ページ	1600円
	初めて打つ そば・うどん	そばとうどんの打ち方を詳しいプロセス写真で説明。レシピ付き	96ページ	1200円

お買い求め方法

＊ベターホーム出版局の本は、大手書店で販売しています。お近くの書店からもご注文いただけます。

＊ベターホームブッククラブで、通信販売も承ります（送料は1冊100円、2冊以上無料）。本のカタログは右記へご請求ください。ホームページでもご案内しています。http://www.betterhome.or.jp

＊ベターホームのお料理教室案内や商品カタログを差しあげます。当社にご請求ください。

編集　財団法人ベターホーム協会

発行　ベターホーム出版局

〒150-8363　東京都渋谷区渋谷1-15-12

TEL 03（3407）4871　FAX 03（3407）1044

発行日　初版1985年11月20日

改訂2版1991年3月20日　25刷2001年3月1日

ベターホームの　お料理一年生